JN061380

トピック 労働法

〔第 2 版〕

山田省三・石井保雄 編著

信 山 社

第 2 版 はしがき

　今から振り返れば，本書の初版が刊行された2020年 4 月は，その前年の年末に確認された新型コロナウイルス（COVID–19）が世界的な規模で拡大し，日本は第一波感染拡大期の入り口段階であった。街を行きかう人々の数は大きく減る一方，赤や黒い四角い箱を背負って疾駆する自転車の多くみかけた。それはフリーランスという働き方の普及を目の当たりした光景であった。これを契機に，在宅勤務などのテレワークが普及し，人びとの「働き方」が大きく変化した。また飲食や宿泊業を中心に休業や解雇・雇止めが増加した。詳しくは本書の各項目を参照していただきたいが，この間には，労基法をはじめとする法改正や新たな立法の制定や，新たな司法判断も見られる。パンデミックが終結し，現在でも募集・採用段階における選抜手段として使用される AI の活用の範囲が拡大したとき，現在の職場は大きく変容するであろう。

　このように労働法を取り巻く状況は，急速に変化している。しかし，「わが国の現在の労働法をめぐる状況がどのようになっているのか，読者に伝えたい」という初版「はしがき」でのべた思いは，今も変わらない。なお第 2 版では，担当替えも含めかなり大幅な改訂を施した。原則として，それぞれ 1 章を一人が担当することとし，全体的なわかりやすさをさらに深めることができるように工夫した。

　読者が本書を通じて，労働法的な視点から，「現在」と「遠からぬ将来」の労働について，そして，働くことに関する考え方や姿勢をつちかい，理解することに役立ててほしいと願っている。

　2023年 3 月

執筆者を代表して

山田　省三・石井　保雄

はしがき

　本書の編集作業を行っている3月中旬現在，いわゆる新型コロナウイルス（COVID-19）が世界的規模で蔓延し，終息の目途もたっていない。これにより，社会のあらゆる分野に影響が生じている。このことは雇用（労働）の世界においても変わりなく，むしろ深刻化する一方である。経営環境の急激な状況変化に対応することが困難な会社では解雇，そして4月の入社を待っていた新卒採用者の内定取消の問題も現実化している。今回の私たちが直面している状況は，雇用（労働）のあり方が社会における様々な現象と無関係には存在できないことを改めて明らかにした。

　本書は，好評を博している本沢巳代子・新田秀樹〔編〕『トピック社会保障法』（信山社）の姉妹版であり，わが国現在の労働法をめぐる状況がどのようになっているのか，読者に伝えたいと意図している。本書の特徴は，書名が示すように，各節ごとに若者たちの目線で働くことの意味を考えるトピックが設けている点にある。もう1つの本書の特徴は，AI（人工知能），少子化，グローバリゼーションといった新しい状況が，今後雇用（労働）にどのように影響を及ぼしているかにも関心をよせ，言及している点である。それは私たちにとって，遠からぬ将来「働き方（雇われ方）」が大きく変容せざるをえないと考えたからである。

　本書の執筆者は，全体で13名と比較的大人数であり，その文体や表現も多様である。けれども，これをあえて統一することはしなかった。これも執筆者の個性としてお許し願いたい。執筆者はそれぞれ，読者に労働法の「今」を伝えようと努力した。私たち執筆者一同は，本書が読者にとって，労働法の現在と将来を考える手掛かりとなることを願っている。

　最後になったが，本書を出版するにあたっては，厳しい出版事情にもかかわらず出版を快諾し，編集の労をとっていただいた信山社の袖山貴さん，稲葉文子さん，そして今井守さんに謝辞を呈したい。

　2020年3月
　　WHOによるパンデミック宣言のなかで

　　　　　　　　　　　　執筆者を代表して
　　　　　　　　　　　　山田　省三・石井　保雄

目　次

第2章　雇用関係法

第3章　集団的労働法

◆凡　例◆

〈法令略記〉

育児介護休業法(育介法)	育児休業，介護休業等育児又は家族介護を行う労働者の福祉に関する法律
求職者支援法	職業訓練の実施等による特定求職者の就職の支援に関する法律
給特法	公立の義務教育諸学校等の教育職員の給与等に関する特別措置法
均等法	雇用の分野における男女の均等な機会及び待遇の確保等に関する法律(男女雇用機会均等法)
研究開発能力強化法	研究開発システムの改革の推進等による研究開発能力の強化及び研究開発等の効率的推進等に関する法律
憲　法	日本国憲法
健康法	健康保険法
高年齢者雇用安定法(高年法)	高年齢者等の雇用の安定等に関する法律
国公法	国家公務員法
個別労働紛争解決促進法	個別労働関係紛争の解決の促進に関する法律
最賃法	最低賃金法
裁判員法	裁判員の参加する刑事裁判に関する法律
次世代法	次世代育成支援対策推進法
障害者雇用促進法	障害者の雇用の促進等に関する法律
職安則	職業安定法施行規則
職安法	職業安定法
組織的犯罪法	組織的な犯罪の処罰及び犯罪収益の規制等に関する法律
地公法	地方公務員法
地公労法	地方公営企業等の労働関係に関する法律
特独労法	特定独立行政法人等の労働関係に関する法律
賃確法	賃金の支払の確保等に関する法律
入管法	出入国管理及び難民認定法
パート・有期労働者法	短時間労働者及び有期雇用労働者の雇用管理の改善等に関する法律
働き方改革関連法	働き方改革を推進するための関係法律の整備に関する法律
不正競争法	不正競争防止法
民訴法	民事訴訟法
労安衛法(安衛法)	労働安全衛生法
労基則	労働基準法施行規則
労基法	労働基準法
労契法	労働契約法
労災保険法	労働者災害補償保険法
労組法	労働組合法
労調法	労働関係調整法
労働契約承継法	会社分割に伴う労働契約の承継等に関する法律
労働時間等設定改善法	労働時間等の設定の改善に関する特別措置法
労働者派遣法(派遣法)	労働者派遣事業の適正な運営の確保及び派遣労働者の保

	護等に関する法律
労働審判規則	労働審判法施行規則
労働施策総合推進法	労働施策の総合的な推進並びに労働者の雇用の安定及び職業生活の充実等に関する法律
労働保険料徴収法, 徴収法	労働保険の保険料の徴収等に関する法律
同一労働同一賃金推進法	労働者の職務に応じた待遇の確保等のための施策の推進に関する法律
女性活躍推進法	女性の職業生活における活躍の推進に関する法律
若者雇用促進法	青少年の雇用の促進等に関する法律
(厚)労告	(厚生)労働省告示
発　基	都道府県労働(基準)局長あて(厚生)労働事務次官通達
基　発	都道府県労働(基準)局長あて(厚生)労働省労働基準局長通達
基　収	(厚生)労働省労働基準局長(が疑義に答えて発する)通達
発　地	都道府県労働(基準)局長あて(厚生)労働省大臣官房長通達

〈判例集等略記〉

民　集	最高裁判所民事判例集
刑　集	最高裁判所刑事判例集
集　民	最高裁判所裁判集民事
労民集	労働関係民事裁判例集
労　判	労働判例
判　時	判例時報
判　タ	判例タイムズ
労　旬	労働法律旬報
労経速	労働経済判例速報
労判ジャーナル	労働判例ジャーナル
命令集	不当労働行為事件命令集

※掲載誌については、本文中には入れずに判例索引に掲記している。

TOPIC
トピック

労 働 法

〔第 2 版〕

◆イントロダクション◆

「働くことは生きること」──なぜ労働法を学ぶのか

「定年より前に大学を辞める決断をした私の同僚は，卒業式で，こんな挨拶をした。彼は学生たちに慕われる良き教員だった。

『卒業おめでとうとはいえません。なぜなら，あなたたちは，これから向かう社会で，あなたたちを，使い捨てできる便利な駒としか考えない者たちに数多く会うからです。あなたたちは苦しみ，もがくでしょう。だから，そこでも生きていける智恵をあなたたちに教えてきたつもりです。』

卒業生たちは静かに，食い入るように彼の顔を見つめて聴いていた。同じ機会を得たら，わたしも同じことをいっただろうか」（高橋源一郎「ブラック化する，この国」朝日新聞2014・4・23）。

人は何のために働くのだろうか。お金のため？　もちろんそれもあるかもしれない。でも，「人はパンのためにのみ生きるのではない！」というではないか。働くことは，経済的自立を獲得するだけではなく，自己実現をすることでもある。

働くことは生きることなのだ。

働く者は，長時間労働すれば過労死や過労自殺してしまう身体的存在であり，さまざまなハラスメントを受ければ，こころを病んでしまう精神的存在でもあり，同時に家庭では家事，育児や介護を行い，余暇を楽しむ生活人でもあるのだ。わが国でも「働きかた改革」が喧伝されているが，フランスでは勤務時間終了後の上司によるメールが禁止されたという。わが国の働きかた改革では，時間外労働の上限規制，年次有給休暇の取得促進等の法制度ばかりに目が行くが，そもそも労働者一人当たりのノルマ（作業量）が減らなければ，ネット残業をせざるを得ない事態に変わりはない。これでは，残業の場所が，社内からカフェや自宅に移動したに過ぎない。わが国でも，一人当たりの仕事の分担（job demarcation）の明確化が求められており，これにより，個々人の仕事内容が明確になるだけでなく，それが過重であるか否かの判断材料となるであろう。まさに，個人の生活と仕事との分離と両立が求められているのである。

だからこそ，働くことの意味を知るためにも，まず働くことにまつわる制度がどうなっているかを知る必要がある。はたして，働く社会と法はどのようになっているのだろうか。さあ，未来へのドアを開けて，学びのトラベルに出かけよう！

2

第1章　労働法総論

トピック　フード・デリバリーは「労働者」か，独立自営業者か

　本書の初版が刊行された2020年4月は，日本でも新型コロナウイルス COVID-19の
感染拡大が大きな社会問題となり，学校の入学式はもちろん，講義も始まらない時
期であった。その頃，急に眼につくようになったのは，黒や赤の目立つ色の四角い
箱を背負って，街中を自転車で疾走する一方，ファストフード店などの飲食店付近
に自転車を止めて，所在無げにスマートフォンの画面を見る若い男女たちの姿であっ
た。彼らは食事の宅配代行サービスを手がける事業者とのあいだに顧客が注文した
料理を届ける仕事をする「フード・デリバリー」というわれる人たちであった。ア
メリカでは2014年から，日本では2016年からサービスの提供が開始されたという。
この仕事は，アプリをオンラインにするだけで好きな場所で，自分の都合に合わせ
た時間だけ働くこともできる。だから3年前は，正社員の仕事のかたわらに副業と
して就いていたり，コロナ禍を契機に始めた人たちも，一定数いたようだ。

　法形式上，彼らと事業者とのあいだには，学生アルバイトとは異なり，労働契約
関係（民法623条，労契法6条）はない。つまり「労働者」ではない。今日よく耳にす
る「業務委託」というものである。法的に表現すれば，民法632条以下に規定されて
いる「請負」ということになる。これは「仕事の完成」を目的とし，その実現まで
のあいだの作業手順には，仕事を引き受けた側に幅広い裁量があるのが特徴である。
講学上，大工さんの仕事が典型であると説明される。

　労働者でないとすれば，労働法の適用はない。バイク便で仕事をしているときに
交通事故にあったとしても，それは労働者災害補償保険法（労災保険法）が適用され
る「労働災害」に当たらず，保険が適用されず，ケガの治療費は自分で負担し，働
けない期間は無報酬とならざるをえない（詳しくは，第2章第8節「安全衛生・労災補償」
を参照）。昔職人の世界でいわれた「けがと弁当は自分持ち」ということになってし
まう。2007年9月27日，厚労省はバイシクルメッセンジャーとバイクライダーが「労
働者」であることを肯定する旨の行政通達を発した（基発0927004号）。しかし会社員
として雇い入れるのであれば，当然に加入する社会保険（医療・年金・介護・労災・
雇用の各保険）の適用はなく，それを意図して請負や委任形式の契約を締結しようと
する例も見られる。労働者か否かは，使用者に対する実質的な「従属性」の有無によっ
て判断されるとされてきた。しかし今日では，そのような考え方では対応できない
例も増えている。法的に労働者とはいったい，だれのことかという問題は，労働法
とは何かを考える糸口である。

1　労働法の意義——労働法ってどんな法？　労働法学って何？

(1)　「労働法」とは何か？

「法」とは何か。その答えは，どのようなことに着目するかにより，いろいろなものが考えられよう。ここでは，ひとまず，法は人の社会関係のなかで起きる紛争やトラブルを解決するための「ルール」だとしておこう。では，このような理解を前提にすると労働法とは，どんな法なのであろうか。労働法とは，人の「労働者」としての社会生活，つまり「使用者」に雇われて，その指揮・命令にしたがって働き（労務提供），これに対する対価としての報酬＝賃金を得る（民法623条，労契法6条）ことを規制対象としている。このような特徴により，労働契約は，同じく役務（サービス）提供型契約類型としてまとめられても，「請負」（民法632条）や「委任」（同643条）とは区別される。労働法とは，有償労働に従事する人たちをめぐる問題を規制対象とし，労使のあいだの紛争やトラブルの解決を図ったり，その予防を目的とする法分野である。なお家庭における家事・育児・介護やボランティア活動などの無償労働は規制の対象外である。

(2)　なぜ社会は労働法を必要とするのか？

(a)　私たちが生きる社会とは，いかなる特徴をもつものなのか？

21世紀もすでに4分の1を経過しようとている今日，私たちが生きている社会とは，いったいどんな社会なのだろうか。その特徴に着目して，たとえば「現代社会」「自由社会」「市場経済社会」など，多様な呼び方があるだろう。しかし歴史的にみたとき，それは17ないし18世紀以降，フランス革命を典型とする近代市民革命やイギリスの産業革命などを通じて本格化した近代市民社会の延長線上にあるものと捉えることができる。では，近代市民社会というのは，いったいどんな仕組みや特徴をもって成り立っているのであろうか。

歴史的に近代市民社会に先行する封建制社会は，自給自足経済のもとでの身分社会という特徴をもっていた。すなわちそこでは，一方で，人びとが生活する際，必要なもの（衣食住）は自分自身が生産ないし制作し，消費・利用するという自らと家族による自給自足を基本とする社会であった。そこでは，ほかの地域や他国の人びととの接触や「関係」＝結び付きがほとんどなくとも，さほど不便を感ずることなく生活することができる（なぜならば，自分にとって必要なものは，自ら作り出すから）。つまり他者とのあいだのモノ＝商品の「交換」は例外的なもの

として位置づけられていた。他方では，人と人との関係は，社会的身分制度（西欧社会では封建領主や貴族と農奴，日本では江戸時代の士農工商が典型的なものであった）と「土地」に拘束された社会であった。人は生まれた土地からはなれることなく，親と同じ職業について一生を終わることを当然とする社会のなかで生きていた。これに対し，たとえばイギリスの名誉革命（1688年）やフランスの大革命（1789年）などを典型とする近代市民革命をへて成立した社会は，その経済体制に着目したとき，それは資本制社会というべきもので，そこでは社会の隅々まで「商品交換」を基礎として成り立っている。そこでは，人が社会生活を営むにあたり，必要な物は他人から金銭を支払って（を媒介して）交換して手に入れることを基本とする社会である。私たちが生きている社会とは，そのような仕組みのもとに展開する社会の延長線上に位置付けられる。このことを理解するには，たとえば，君たちが朝目覚めてから，今日，労働法の講義を聴くために大学の教室に来るまでのことを考えてみれば，容易に理解することができるだろう。朝起きたとき，まず顔を洗うための水道の蛇口をひねって水を出したり，朝食として食べるパンやお米を手にいれたのも，それらの調理のために利用する電気やガスの利用も，通学のための電車やバスなど公共交通機関の利用も，すべて，そのようなモノやサービスを提供する人や会社とのあいだで締結した「契約」により，（購入・利用）代金（金銭）と交換（支払い）することによって可能となっている。それでは商品の購入やサービスの提供をうけるために必要なモノ＝お金は，どのようにして手に入れるのであろうか？結論的にいえば，それは君たち自身や父母のいずれかが，ほかの誰か──会社などの法人も「人」として扱われる（民法34条）──に雇われて，働いてえた報酬，すなわち労働の対価として手にした賃金によってである。日本国憲法は第14条で法のもとの平等を，第22条において居住・移転・職業選択の自由を，そして第29条で私的財産権の保有を保障している。このようなことは，君たちは当然のことと受け止めるかもしれない。しかしこれらのことが近代社会に先だつ封建制社会においては，何ら当たり前のことではなかったのである。そうであるがゆえに，近代国家は国民に対し基本的人権（自由権）として保障することを宣言したのである（日本の場合，明治維新〔1868年〕から数えてみても，せいぜい150年くらいしか経っていないのである。つまり人類の歴史を考えても，ほんのわずかな時間しか経過していない）。

　封建的な身分と土地から解放された人は，いかなる職業，どんな仕事に就くかは個人が自由に決めることができる。また誰も「働く」ことを他人から強制され

はしない（たとえば，だれも君たちに，アルバイトをしろなど命じたり，強制したり
はしていない。君たちが自分で決めて，働いている）。こうして，近代市民社会成立
当初のころは，国は国民（市民）の自由な経済活動を保障し，国防と治安の維持
や鉄道・道路や港湾などの社会的インフラ（ストラクチャー）を整備するだけで
いいと考えられていた（「夜警国家」観）。

(b) 近代市民法の建前と資本制社会の「現実」

このような近代市民社会を成り立たせるための法的原理は，法人格の平等，所
有権の絶対性，契約の自由そして，これを裏から支える過失責任主義というもの
である。まず民法によれば，人が労働者として雇われる労働関係とは，互いに対
等な人と人との労務提供と報酬の支払いに関する自由な合意に基づく「契約」関
係（民623条）と捉えられる。そのような関係は外部的な＝経済外的強制に基づ
くものではない。しかし法の建前とは異なり，雇う者（使用者，ただし今日，多く
は会社などの法人形態をとっている）と雇われる者（自然人である労働者）とのあい
だには，現実上の経済的実力の違い，つまり労働者は生産手段から切り離された
結果，使用者とのあいだで対等な立場で経済的な取引を行なうことができない。
にもかかわらず，近代市民社会はこれを無視するか，またはあえて見ないことに
した。近代社会では働かないという選択肢を持つ人，たとえば親が遺した家作（貸
家）があるから，食うに困らないという夏目漱石の小説の主人公のような「高等
遊民」は少ない。どんな職業に就くか選ぶことはできても，だれかに雇われなけ
ればならない。それが普通の人の生活のあり様であろう。つぎに労働条件や待遇
内容がいかに劣悪なものでも，それは自由な意思の結果であると捉えられる。も
しも嫌なら契約を結ばなければいいではないか，断ることもできたのに，自分で
契約したではないか（自己責任）と反論される。ここでは，不利かつ劣悪な労働
条件下での労働を自由な意思決定の結果として肯定する。労働者が低い労働条件
や劣悪な労働環境のもとで，より多くの金を稼ぐためには，長時間働くことにな
らざるをえない。ここでも雇う側は「嫌なら，働かなくてもいい。働きたい者は，
他にもいる！」と言い放つ。しかし労働者の労働力という商品は，ほかの商品と
は異なり，価格の上昇を待って売り惜しみすることができない。そして，もしも
労働者が働く過程で災害が発生し，ケガやときには命を失うことがあっても，「過
失責任」主義の原則——加害者と被害者の「立場」の互換性を前提とする——（民
法709条〔不法行為〕）のもとでは，現実に使用者の責任を問う（労働側が使用者の
過失を立証しなければならない）ことはむずかしい。結局多くの場合，泣き寝入り

せざるをえなかった。要するに，近代市民社会において，人が「働く」ことについては，建前＝法のあり方と本音＝現実のとのあいだには，大きな落差があったということができよう。

(c)　労働法の生成とその意義

このように近代市民法は，元来自由主義・個人主義的な性格を強くもつものであった。そして市民法が保障する自由とは，現実から遊離した形式的・抽象的なものであった。近代市民社会の基底をなすのは，資本主義経済社会であった。それが商品交換を通じて利潤の獲得を目的とするものである以上，それを規制する市民法は，そのような経済の仕組みに照応する構造をもつのは，当然のことであった。そこでは社会のなかで生きる人びとの具体的な生活状態がいかなるものかは考慮の外におかれ，現実の社会のなかに現われた，もろもろの不平等や不合理なことは，法の関知しないことと考えられていたのだ。こうして財産権の不可侵と個人の自由・平等の保障という市民法原理を貫徹させることは，労働者階級にとってきびしい生活苦と不自由・不平等をもたらすものであった。

これに対し労働法は，市民法原理に対する批判と反省を契機として，生まれ，発展してきた。労働法は市民法のもとでは当然とされたことが，労働者にとっては受け入れがたいとの自覚＝権利感情ないし意識のもと，労働者の自主的な運動を通じて，それを支える生存権──社会生活者として「人間」たるに相応しい生き方をする権利があるのだ──の理念（憲法25条）とともに，労働者の権利として認められたところに成立している。すなわち労働者たちは仲間と語らい合って，労働組合という団体を結成し，内では相互扶助的な共済活動を営み，外に向かっては使用者との個別交渉ではなく，集団的な取引──実際上は，労働拒否（同盟罷業）──で対抗した。しかしそれは市民法からみれば，私人間の「自由な経済取引」をいわば外部から妨害するものとして，当初は労働組合の結成それ自体「犯罪行為」とされた。ついでその存在が無視できなくなったとき，労働者らがストライキ＝要求受諾を求めて契約を無視して働くことを集団で拒否した（「赤信号皆で渡れば，怖くない！」）とき，それが脅迫（刑法222条）・強要（同223条）・威力業務妨害（同234条）などの犯罪行為にあたるとして刑事法上処罰の対象となったり，民事上は使用者から債務不履行（民法414条）であり，不法行為（同709条）にあたるとして損害賠償の請求がなされた。産業資本主義段階の展開のなか，当初は，女性や年少者を対象にして労働時間を一部規制する法律が制定された。しかしそれはあくまでも治安対策の一環として設けられた例外的かつ恩恵

7

的な労働保護立法にすぎなかった。それでも歴史が進むなかで労働者・労働組合の社会的存在を無視できなくなっていったとき，市民法の側からの後退ないし譲歩がなされた。すなわち団結の刑事責任からの解放（免責）にとどまらない，労働者の人間として生きる権利の要求を市民法上の個人的な自由としてではなく，労働者の社会的従属性を踏まえた権利として承認されるにいたった。かくして20世紀の第一次世界大戦以降，労働者の権利が広く承認されるにようになった。ベルサイユ条約（1919）により国際連盟とともに設立された ILO 国際労働機関 International Labour Organization は，最低限の国際労働基準を設定することにより，労働者の労働条件・待遇の向上させることにより，世界平和と社会正義が実現されるとの理念をかかげている（詳しくは，ILO のホーム・ページを参照）。

(d)　市民法における「人」と労働法における「人間」

　市民法と労働法の違いは，対象となるべき人をどうみるのか，その人間観に端的に現われている。民法は既述のように，人間を「人」として，一般的・抽象的な「権利能力」の主体という資格を付与した（民法3条）。ワイマール・ドイツの司法大臣を務めた，形法と法哲学の研究者として有名なラートブルフ Gustav Radbruch（1878〜1949）は市民法における人間について，中世の協同体的拘束から解放された利潤追求と打算に終始する商人として描いている（桑田三郎・常盤忠允〔訳〕「法における人間」同著作集第5巻〔東京大学出版会・1962〕，その原型であるハイデルベルク大学教授就任演説がなされたのは，1926年であった）。これに対して労働法を含む社会法における人間類型は，民法とは異なり，生活に密着した類型である。ラートブルフは，これを「社会における人間」「集合人」であるとのべていた。すなわち労働法における人間とは，より現実的・具体的な「労働者」であり，「使用者」（労基法9，10条，労組法3条，労契法2条参照）という類型化されている。労働法は，人間が資本制社会において自らの労働力を使用者の処分に委ね，その対価をえることにより，自らおよび家族の生活を実現するという現実，また労働条件や待遇の改善するために，仲間とともに労働組合を結成し，互いに助け合い，使用者に対しは賃上げや労働時間の短縮などを求めて集団的な労務提供を拒否し，ときには国家に対し抗議の声をあげる「集団としての人間」に着目したことに特徴がある。換言すれば，民法は人間に対して，自由な意思に基づく経済活動の自由のみを保障したのに対し，労働法では，人が「労働者」としての具体的な社会生活を実現すべき手立てにも関心を寄せている。

　要するに，労働法は市民法下での矛盾・不都合を解決し，労働者の「人間らし

い」生活を実現・確保（憲法25条）のために生まれ，発展してきたものであり，「社会法」の典型としてある。

2　労働法の体系と分類

(1)　3つの労働法分野

労働法には，民法や刑法などとは異なり，一つのまとまった法典 Code がない（外国のなかには，たとえばフランスのように，労働「法典」があるところもある）。日本では，労働に関わる多数の法律群を総称して「労働法」とよぶのである（なお，社会関係が複雑となるにしたがい，民法や刑法などの分野でも，多くの個別立法が「一般法」に対する「特別法」として制定されている）。いずれにせよ，一口に労働に関わる法律ないし法現象といっても，現代では，その内容は多岐にわたっている。そこで，これらをどのように分類して，整理して体系付けるか，いろいろな考え方がありえる。

国は一方で，国民に対し就労の機会を保障し，労働契約を締結するに際し賃金や労働時間などの労働条件の決定を，当事者の自由に委ねることなく，積極的に介入して，待遇や雇用条件の最低基準を定めたりする（憲法27条参照）。他方では国は，労働者自らが仲間と語らい，集団的に使用者側との労働条件や待遇について交渉・取引をすることができるような法的な枠組みを作る（憲法28条参照）。こうして，労働者の個人として使用者（＝雇用主）に対する関係を規制する分野を「個別的労使関係法」ないし「労働保護法」とよび，労働者が労働組合を結成・参加し，使用者側と集団的に交渉・取引を行なう場面を扱う分野を「集団的労使関係法」または「労働団体法」と呼んでいる。このような分類・体系化は，戦前から古くある捉え方であった。しかし1970年代以降では，失業や職業紹介，さらには雇用の創出を含めた，雇用そのものを保障する分野に関わる法の発展が著しい。このような法群については，かつて個別的労使関係ないし労働保護法に含まれるとして取り扱われていた。しかし今日では，このような法分野を「雇用保障法」「労働市場法」として，労働法に関わる第三の分野として位置付けるようになっている。

そこでこれら3つの法分野には，いかなるものが含まれるのか概観してみよう。なお個別的労働関係法の中心に位置する労働基準法（労基法）（1947年），集団的労使関係法の典型である労働組合法（労組法）（1945年）に加えて，労働関係調整法（労調法）（1947年）を併せて，しばしば「労働三法」と呼ばれる。ただし労調

法は，民間部門の労使紛争の解決に係わる法で，内容的には集団的労使関係法に
ふくまれるものであることに注意してほしい。

⑵　個別的労使関係法には，どのようなものがあるのか

　個別的労使関係法は，労働者が使用者——今日では，株式会社を典型とする法
人形態をとっているのが普通である——とのあいだで労働契約を締結し，労務を
提供して，その対価としての賃金が支払われるという関係について，労働者の保
護という観点から適用される法を総称する。言い換えれば，それらは憲法27条2
項の内容を具体化すべき，各種の立法である。まず，その中心をなす労働基準法
では，賃金や労働時間（休憩・休日・休暇をも含めて）などの基本的労働条件や労
働過程のなかで生じる労働災害に関する規定など，幅広い「最低労働条件の基準」
（同法1条2項）が定められている。そして同法を補充するものとしては，最低賃
金法（1954年），労働安全衛生法（1972年）などがある。なお海上労働の労働条件
については，船員法（1947年）で規定されている。国家公務員については労基法
が適用されない代わりに，国家公務員法（同前）と人事院規則があり，部分的に
は実質的な労働保護法としての性格をもっている。労働者が業務上の災害により
労働能力を失ったり，低下させた場合，使用者の補償義務については，労基法や
船員法に規定（前者は第八章75条以下，後者が第十章89条以下）があるが，その補
償の実現を確保するために社会保険方式——1人でも労働者を雇用している事業
所では，保険に加入しなければならないが，保険料を負担するのは事業主（使用者）
のみ——がとられている。これを補充するのが労基法と同じ年に制定された労働
者災害補償保険法（労災保険法）であり，船員保険法である。なお公務員について
は，社会保険方式ではないが，同趣旨のものとして国家公務員災害補償法（1951
年），地方公務員災害補償法（1967年）がある。
　そのほか，男女の雇用平等については，労基法は男女同一賃金原則（4条）を
定めるのみであった。しかし1985年に勤労婦人福祉法（1972年）を改正して男女
雇用機会均等法が制定され，その後，数次の改正をへて，今日では実質的な男女
職業平等法として機能している。また労働契約の締結・展開については従来，もっ
ぱら判例法理として形成されていた。しかし2008年から労働契約法が施行され，
労働契約の権利・義務，解雇や労働条件の変更等について重要な役割をはたして
いる。そのほか，労働者派遣法やパートタイム労働法（有期雇用契約労働者も含め
て，「短時間労働者及び有期雇用契約労働者の雇用管理の改善等に関する法律」となった。

2020年4月施行），育児・介護休業法（1992年育休法として制定され，1995年育児・介護休業法となり，その後数次にわたり改正されている〔直近では，2023年施行予定〕）も重要である。

(3)　集団的労使関係法

　労働組合の結成・運営，対使用者との団体交渉や労働協約の締結，労働争議に関する集団的労使関係は，先の労組法（現行法は1949年）・労調法のほかに，特定事業の争議行為の制限を定めるスト規制法（「電気事業及び石炭鉱業における争議行為の規制に関する法律」1953年），公務員に適用される国家公務員法（1947年），地方公務員法（1950年）などがある。これらの実定法の頂点に位置するものが，憲法28条である。労働団体法とも称される，これらの実定法は集団的な労使自治を促進するための基本的枠組みを設定するものである。しかし民間企業の労使関係と公務労働におけるそれとでは，自ずと基本枠組みも大きく異なることに注意したい。

(4)　雇用保障（労働市場）法

　雇用の安定は，個々の労働者のみならず，社会にとっても重要な課題である。今日では，雇用（失業）手当の給付・職業紹介から，労働者の労働能力の開発にいたるまで，広く雇用そのものの保障を規律する法分野となっている。雇用対策法（1966年）は，労働市場における労働力需給の調整や雇用機会の創出などに関する基本法である。まだ同法とあいまって労働者の能力の開発・向上の促進をはかるのが，職業能力開発促進法（1969年）である。職業安定法（1947年）は，労働市場——正確には，企業内部のそれに対する「外部市場」を意味する——における労働力需給の調整について規制する。つまり同法は公共職業安定所（通称「ハローワーク」）による職業紹介などを通じて，労働者の能力に適合した就職機会の提供を実現することを意図している。雇用保険法（1974年）は，労働者の失業時に失業等給付を行なったり，就職促進，失業予防や雇用機会の増大，労働能力の開発・向上などを図ることを目的としている。また特定層に対する雇用確保を実現すべき立法としては，高年齢者雇用安定法（1971年）や障碍者雇用促進法（1960年）などがあり，今日では多様な領域をカヴァーしている。

⑸ 3つの法分野の相互関係

　労働保護法は，国が労使関係に直接に介入して最低の労働条件を設定し，そのことを通じて労働者を保護しようとする。これに対し労働団体法は，労使の集団的な自治と交渉・取引——団体交渉を意味する collective bargaining という英語表記は，直訳すると「集団的取引」である——を通して，労働保護法が規定する法が定める最低の労働条件基準を上回る労働条件や待遇の実現・獲得を期待している。ただし今日，わが国の組合組織率は16%台となっている。単純化すると，働く人びとのなかで5人のうち，1人ですら組合に加入していないということである。このような状況を踏まえると，実際上職場に組合がないという人も多く，（日本では「世間並」といわれる社会的同調圧力が一定程度機能するけれども，）労働保護法が労働者の労働条件や待遇を確保するために果たすべき役割は大きいといわざるをえない。また雇用保障法は，労働者が現実の労働関係にある場合のみならず，むしろないときに機能する場面が多く，内容的に社会保障法に分類されたり，また行政法の領域で議論されるべき内容が多く含まれるという特徴がある。

3　労働法の適用対象と労働条件の決定システム

⑴　労働法の適用対象：「労働者」「使用者」とは誰か？

　法は人の様ざまな社会関係におけるルール設定とトラブルの解決を目指すことから，既述のようにそれぞれ，適用されるべき「人」＝人間類型を想定している。たとえば，民法は第3条第1項で「私権の享有は，出生に始まる」としている。これは人が生まれながらにして，だれもが等しく権利の主体となって，財産取引をすることができるということ意味している（ただし資格があるということと，現実に可能かということとは，別であるり，未成年者（18歳以下〔同法4条〕）のあいだは親が親権者ないし後見人が保護すべき役割をはたす）。このように民法は，権利主体として，抽象的な人を想定している。これに対し労働法では，具体的な「労働者」や「使用者」という社会的属性に着目した人間類型を前提としている。その際，労働法が適用されるかどうか，それぞれの問題領域における「労働者」「使用者」か否かを具体的に見極めなければならない。

⒜　「労働者」とはだれか

　広くは，雇われて，その指示命令のもとに勤務するという意味では，公務員も労働者である。しかし通常は，民間企業に働く人が念頭におかれている。法的な労働者が誰かということについては，個別的労使関係法と集団的労使関係法に分

けて考えなければならない。

①　個別的労使関係法における労働者

　誰かに雇われて働き，給料をもらう人であれば，工場で働く人（ブルー・カラー）のみならず，事務労働に従事する人（ホワイト・カラー）も，正社員であろうと，パートや派遣などの非正規雇用者であれ，同じく労働者に該当する。しかし第二次産業（製造業）から第三次産業（サービス業）への産業構造の転換，技術革新の進展，経済のグローバル化などを背景に，民法上の請負や委任の形式でありながら，裁量の幅の狭い働き方をする人たちも増えている。これまで裁判では，保険会社の外務員，電力会社やNHKの委託集金員，劇団員，ダンプカーなど自分の車を使った傭車運転手，一人親方，研修医などについて，労働者性の有無が問題となった（最近では，雑誌等の編集，ファッションなどの商品開発・企画などの分野で「フリーランス（サー）freelance(r)」と呼ばれたりする働き方を選択する人たちも増えている）。

　労基法9条によれば，①「事業」に使用され，②「賃金」が支払われているかどうかの二点がポイントである。つまり「使用・従属関係」があるか否かが重要である。具体的には，〔ア〕仕事の依頼や業務に従事すべき旨の指示等に対する諾否の自由の有無，〔イ〕業務遂行上の指揮命令の有無，〔ウ〕場所的・時間的拘束性や代替性の有無，〔エ〕報酬の性格，〔オ〕当該労務提供者の事業者性の有無，〔カ〕専属性の程度，〔キ〕その他の事情をも総合考慮して，保護を与えるに相当な関係があれば足りるとされている。なお労働契約の当事者は，労働保護法上の労働者よりも，少し広く捉えられることに注意したい（そこでは「事業」に使用されていることは必要ない〔労契法〈2008年〉2条参照〕）。

②　集団的労使関係法における労働者

　一方，労働組合と使用者・使用者団体との広義の団体交渉＝集団的な取引を規律する集団的労使関係法における労働者とは，その人が労働者保護の対象となるべきか否かではなく，労働組合の結成・運営や使用者との集団的取引の主体となるべき者か否かということが重要である。したって労組法上の「労働者」（3条）とは，「賃金，給料その他これに準ずる収入」により，「生活する者」とする。それは現に職に就いている者だけではなく，求職＝失業中の者も含まれるという意味である。

　ところでプロ野球選手やプロ・サッカー選手は「労働者」であろうか。彼らは球団やチームとのあいだで「業務委託契約」を取り結ぶ者＝個人事業主として，労基法上の「労働者」ではない。しかし労組法では，労働者である。つまりだれ

かに現実に雇われているかどうかは重要ではなく，そのような社会的な「地位」「立場」にあるかどうかが問題なのである（日本でも，2004年，当時の近鉄バッファローズとオリックス・ブルーウェーブの統合をめぐって，プロ野球選手がストライキ＝試合拒否を行なったことがある）。このように人が「労働者」にあたるかどうかは，当該関連法の立法趣旨に応じて，相対的に判断される。なお本章の「トピック」で取り上げたのは，最新の課題である。

(b)　「使用者」とはだれか

労働関係において「労働者」に対する者が「使用者」である。日常生活のなかでは，「雇い主」「雇用者」「経営者」などといわれるが，労働法の世界では「使用者」とよぶ（なお商法20条以下にいう「使用人」とは，特定の商人（営業主）に従属し，その商人の営業について補助する者のことで，労働法とは意味が反対である）。なお労基法以外では，「事業者」（労安法）とか「事業主」（雇用機会均等法，育児介護休業法，労働者派遣法）と呼ばれる。

労基法10条によれば，「使用者とは，事業主又は事業の経営担当者……をいう」。すなわち①　事業主：株式会社などの法人，②　事業の経営担当者：社長，専務，取締役，そして③「その事業の労働者に関する事項について，事業主のために行為をする」人事・総務部長，工場長などが該当する。これは日々の労務指揮のなかで労基法に違反した者に「使用者」としての責任を負わせるためである（行為者責任の原則）。なお労契法2条2項「この法律において『使用者』とは，その使用する労働者に対して賃金を支払う者をいう」とする。なお個別的労使関係法とは異なり，労働組合法には「使用者」を定義する法規定がない。それは具体的な事案・紛争類型に応じて判断されることになる。とくに労働者側からの団体交渉に応ずべき「相手方」か否か，不当労働行為の主体性の有無をめぐって議論されてきた。

(2)　労働条件の決定システム

人が「労働者」として働くとき，その待遇や条件はどのような仕組みのもとで決められるのだろうか。

(a)　個別労働（雇用）契約

労働者と使用者との関係は，労働契約の締結から始まり，労働条件や待遇の内容も，両者間の合意により決められる（民法623条，労契法6条）。労働関係も，契約を基礎とする人的結合関係であることでは，他の契約関係と同じである。すな

わち個別労使間の労働条件等に関する交渉・取引と合意による関係である。それは「労働者と使用者が，対等な立場において決定すべきものである」（同法 2 条 1 項，労契法 3 条 1 項）。しかし現実には，労使のあいだに取引＝交渉力は対等ではなく，偏りがある。現実には，一方（使用者）が決めたことを，他方（求職者）は受け入れるだけという場合も多かろう（「付従（合）契約」的性格）。また企業規模が大きく，雇用する労働者の数も多くなれば，個別に労働条件を取り決めるのは，時間的にも事務的にも煩瑣で，実際上難しいことから，就業規則や労働協約が職場の労働条件決定について，重要な役割をはたしている。

(b) 就 業 規 則

「就業規則」とは，多数の労働者を雇用し，統一的な労働条件を設定し，円滑な事業運営を確保することを実現するために，使用者が一方的に設定したルールである（秋北バス事件：最大判昭43・12・25参照）。ただし，それがはたして「契約」か「規範」かをめぐり，長いあいだ議論されている）。就業規則には，一方で，使用者が労働条件の統一的・画一的処理を実現するために設けたという側面がある。しかし他方，それは一定水準の労働条件を保障し，使用者の「恣意」から労働者を保護し，労使間の権利・義務関係の明確にするという役割もはたしている。つまり労働者のみならず，そのようなルールを設けた使用者も一旦設けられたルールには，自らも従わなければならない。それゆえに労基法は使用者が常時10名以上の労働者を雇う場合，その作成と届出（89条），それに周知（同105条）を義務付けている（詳しくは，第 2 章第 3 節「就業規則と懲戒」を参照）。

(c) 労 働 協 約

就業規則は上記のように，使用者が一方的に定めるものだ。そこで本当の意味での，労使の自由な交渉と合意に基づく労働条件の決定が実現されるためには，団結の力（労働組合の組織化と積極的な活動）を背景にした団体交渉により決定されることが重要である。労働協約とは何か。それは，労働条件や職場内のルールに関する労働組合と使用者とのあいだの取引・交渉 collective bargaining の結果としての「合意」「取り決め」を文書にまとめた＝書面化したものである。ただし集団的合意 collective agreement といっても「契約」ではなく，労働条件・待遇に関する規定は「規範 norm」としての効力がある点に特徴がある（労組法16条〔詳しくは，第 3 章第 4 節「労働協約」〕を参照）。なお残念ながら，現在日本の組合組織率＝組合に加入する労働者の割合は先にのべたように，16％台にまで低下している。それは，組合が職場の労働条件を規制する力が弱体化しているとい

うことを意味する。

(d) 労 使 慣 行

これらのほかに，労働者の労働条件が明文化された者ではないにもかかわらず，職場で長年にわたって実際上守られてきた「労使慣行」によって決定されているということもあることに注意したい。それは企業のなかで，労働条件の運用について，長年の労使の慣行（＝慣習）にしたがって，①長期間反復継続して実行され，②明示的に適用を排除されていない，③労使双方の規範意識により支持されていることを条件としている。このような例は，弾力的に運用されている事実たる慣習（民法92条）といってもいいかもしれない。ただし，明文化されていないがゆえに，その内容は曖昧であることもあり，労使双方に対する拘束力も自ずと弱いことになる。

(e) 労働条件決定方式の相互関係

以上のように，労働条件の決定方式は複数あることから，労働者に適用される労働条件が複数の方式により設定され，それら相互のあいだで実際の賃金や労働時間の基準が異なる場合，いったいどれが優先的に適用されるのか問題となることがある。この点については，まず就業規則の「最低基準的効力」に注意したい。これは就業規則の基準に達しない労働契約を無効とし，それを就業規則の基準に置き換えるいうことである（強行的効力・労契法12条〔旧労基法93条〕）。ただしその反面，就業規則の定める基準を上回る労働契約の内容は無効とならない（片面的強行性）。つぎに就業規則と労働協約の関係では，労働協約が優先する。労基法92条1項「就業規則は，法令又は…労働協約に反してはならない」と規定している。また労働契約と労働協約についても，後者が優先する（労組法16条）。ただし，それは労働協約が適用される組合員に対してであり，それ以外の者には原則適用されないことに注意してほしい（例外的に〔拡張〕適用されることについては，第3章第4節「労働協約」を参照）。

なお労働契約をはじめ，就業規則や労働協約のいずれの方法による労働条件決定も，労基法や最低賃金法などの強行法規に反することはできないことに注意されたい。そのうえで，労働条件は最低労働条件基準を定める個別労働法規を上回るものでなければならないことを前提に，労使間の自主的規範の法的効力の優劣（優先順位）＝相互関係は，労働契約＜就業規則＜労働協約という優先順位のもとにある。

(3)　労働法の実効性確保のあり方

(a)　労基法の実効性確保のための制度

　まずは，使用者に「最低労働条件基準」を定める労働基準法を順守させるための制度としては，どのようなものがあるのか。

　(i)　付加金（114条）

　解雇予告（20条），休業（26条）および年次有給休暇（39条6項）の各手当と，時間外労働に関する割増賃金（37条）について違反し，金員支払いを怠ったとき，使用者は本来支払わなければならなかった未払金に加え，それと同額の付加金支払いを，裁判所から命じられる。これは，アメリカの「二倍賠償制度」をモデルとするものである。付加金の請求は，違反があったときから2年以内に行なわなければならない（労基法114条）。この期間は時効ではなく，除籍期間と解されている（同前但書）。

　(ii)　罰則

　労基法は，同法が設定する基準を定める労働契約の私法上の効力を否定＝無効とするとともに，その違反した場合には罰則を科すると定めている（117条〜120条）。すなわち労基法には，特別刑法として罪刑法定主義が適用されるという側面がある。

　法違反の責任主体は「使用者」である。この場合，使用者とは「事業主」（事業の経営主体）のみならず，「事業の経営担当者」「その事業の労働者に関する事項について，事業主のために行為をするすべての者」を含む（10条）。違反行為者が「事業主のために行為をした代理人，使用者その他の従業者」である場合については，事業主が違反防止に必要な措置をしたと認められないかぎり，罰則の適用をうける（労基法121条1項）。これは「両罰規定」といわれるものである。

　(iii)　監督行政

　労基法は，専門的な行政監督機関による使用者への指導・監督を通じて同法違反の防止を図っている。労働基準監督署（97条1項）制度——その職務にあたるのが「労働監督官」である——である。これには，労基法だけでなく，最低賃金法，労災保険法，労働安全衛生法などの労働保護法規の施行についても，権限と責任がある。労働基準監督署の長には，労基法に基づく臨検，尋問，許可，認定，審査，仲裁等の権限が付与されている（99条3項）。労働基準監督官は，事業場，寄宿舎その他の建設物に臨検し，帳簿および書類の提出を求めたり，使用者や労働者に対する尋問の権限ももっている（101条1項）。さらに労基法違反や労安法違

反について捜査する場合，司法警察官と同様の職務権限（差押え・捜査・捜索・検証）を行使することができる（102条）。

(b)　労働者・労働組合による労働法規の実効性確保

法（労基法2条1項）は労働条件が労使「対等の立場において決定すべき」だと謳っている。それは実際には，労働者が自ら労働組合を結成し，使用者とのあいだでの集団的な取引のなかで実現されることを想定している（労組法1条1項参照）。そして労働組合には労働条件の決定のみならず，使用者が労基法をはじめとする労働保護法や労働協約を遵守しているかどうか，日常的に監視する（最近の流行り言葉でいえば「モニタリング monitoring」）の役割が期待されている。たとえば労基法は労働時間の延長や休日労働について，過半数代表組合やそれがない場合の過半数代表者との書面協定の締結と（提出）を条件に労基法の規制を解除する（三六協定〔詳しくは，第2章第6節5「時間外・休日労働義務」を参照〕36条）としている。これは，事業場に所属する労働者の意思を労働条件決定に際し反映させるとともに，労働者自身によって労基法の実施状況を見張らせるという意味もあるのである。

4　外国人労働者と労働法

基本的には，外国人であるからといって労働法の適用に際して何ら差異は存在しない。だが，日本人にはなくて外国人には必ず関連が生じるものがある。出入国管理及び難民認定法（以下，入管法）に基づく「在留資格制度」である。「在留資格」の存在が，労働法の適用にあたりどのような影響を及ぼすのかみてみたい。

(1)　在留資格と外国人労働者

(a)　概　　要

大前提として，外国人は在留資格を有することで適法に在留して生活をすることが可能となる（入管法2条の2）。しかし，収入を伴う事業を行ったり，報酬を受け取って働くことについては，在留資格を得て日本に在留している外国人であっても許される場合と許されない場合がある。

日本では，外国人が就労できるかどうか，また，どのような内容の就労ができるかどうかは，それぞれの外国人がもっている在留資格により異なる。在留資格の種類は，入管法の「別表第1」と「別表第2」に列挙されている（表1参照）。「別表第1」は日本で行おうとする活動動に応じて与えられるものである。一方，「別

表第2」はその者の有する身分または地位に基づいて与えられるものであり，就労の制限がない。現在は，「永住者」，「定住者」，「日本人の配偶者等」，「永住者の配偶者等」の4つが該当する。

(b)　就労内容の制限

(a)で述べた在留資格を除けば，日本では，専門的・技術的職種など限定された一定範囲のものに限り，就労を認めるというスタンスをとっている。たとえば，

表1　在留資格一覧表

		在留資格		在留期間
別表第1	就労が認められる在留資格	1. 外交		外交盾動の期間
		2. 公用		5年，3年，1年，3月，30日，15日
		3. 教授		5年，3年，1年，3月
		4. 芸術		
		5. 宗教		
		6. 報道		
		7. 高度専門職	1号	5年
			2号	無期限
		8. 経営・管理		5年，3年，1年，4月，3月
		9. 法律・会計業務		5年，3年，1年，3月
		10. 医療		
		11. 研究		
		12. 教育		
		13. 技術・人文知識・国際業務		
		14. 企業内転勤		
		15. 興行		3年，1年，6月，3月，15日
		16. 技能		5年，3年，1年，3月
		17. 特定技能	1号	1年，6月又は4月ごとの更新，通算で上限5年まで
			2号	3年，1年又は6月ごとの更新
		18. 技能実習		1年，6月，法務大臣が個々に指定する期間（1年を超えない範囲）
	就労不可の在留資格	19. 文化活動		3年，1年，6月，3月
		20. 短期滞在		90日，30日，15日以内
		21. 留学		4年3月，4年，3年3月，3年，2年3月，2年，1年3月，1年，6月，3月
		22. 研修		1年，6月，3月
		23. 家族滞在		5年，4年3月，4年，3年3月，3年，2年3月，2年，1年3月，1年，6月，3月
	就労の可否は指定される活動による	24. 特定活動		5年，4年，3年，2年，1年，5月，3月，法務大臣が個々に指定する期間（5年を超えない範囲）
別表第2	活動に制限のない在留資格	25. 永住者		無期限
		26. 日本人の配偶者等		5年，3年，1年，6月
		27. 永住者の配偶者等		5年，3年，1年，6月
		28. 定住者		5年，3年，1年，6月，法務大臣が個々に指定する期間（5年を超えない範囲）

※法務省のウェブサイトを参照して筆者作成

教授，報道，経営・管理，介護，技術・人文知識・国際業務などが，上述の「別表第 1 」の中に入っている。外国人技能実習制度は「別表第 1 」の「技能実習」という在留資格に基づくものである。さらに2019年には，新たに「特定技能」という在留資格が「別表第 1 」に加えられた。

　これらの在留資格をもつ外国人は，その在留資格の範囲内で，かつ与えられた在留期間の範囲内でのみ就労が可能となる。一般事務や販売，製造などのいわゆる単純労働を内容とする在留資格は，現行入管法においては基本的には認められていない"建て前"である。だが，後述するように，実際の労働現場においては，建て前が既に崩れているのが明白となっている。

　他方，入管法上の在留資格の制限を超えて就労している労働者は，いわゆる不法就労者として位置づけられる。そのなかにも，いったんは適法に入国したが，認められた在留期間を超えて滞在している場合（＝不法残留），当初から上陸許可を与えられず入国し就労している場合（＝不法上陸），適法に入国し，在留期間の範囲内で滞在しているが，就労内容が，在留資格により認められた範囲を超えている場合（＝資格外活動）など，様々な形が考えられる。

⑵　「外国人雇用状況」からみる動向

　外国人（「特別永住者」「外交」「公用」は除く）を雇用する事業主は，2018年に雇用対策法に代わり制定された労働施策総合推進法（労働施策の総合的な推進並びに労働者の雇用の安定及び職業生活の充実等に関する法律）に基づき，毎年「外国人雇用状況」を提出することが義務づけられている。以下，最新の統計から外国人労働者の動向をみておきたい。

⒜　総数ならびに内訳

　「外国人雇用状況」（2022年12月末現在／厚生労働省）によれば，外国人労働者数は172万7221人を記録し，前年比2893人増となっている。

　国籍別にみると，ベトナムが最も多く45万3344人であり，外国人労働者数全体の26.2％を占める。次いで，中国39万7084人（同23.0％），フィリピン19万1083人（同11.1％）の順となっている。対前年増加率が高い上位 3 か国をみると，ペルー（2327人増），フィリピン（6333人増），ブラジル（3865人増）の順となっている。一方，中国は前年比で 2 万2347人，韓国が1259人，ネパールが1368人，それぞれ減少している。

　在留資格別にみると，「身分に基づく在留資格 1 」が最も多く58万328人で，外

国人労働者数全体の33.6％を占める。次いで「専門的・技術的分野の在留資格2」が39万4509人（同22.8％），「技能実習」が35万1788人（同20.4％）の順となっている。

(b)　事業所規模・地域別・派遣ならびに請負の割合

事業所規模別の割合をみると，「30人未満」規模の事業所が最も多く，事業所数全体の61.1％を占めている。事業所数はいずれの規模において増加しており，「30人未満」規模の事業所が前年比で7.9％増と，最も高い増加率となっている。

都道府県別の割合をみると，東京が28.1％，愛知が10.3％，大阪が6.5％の順となっている。また，都道府県別に外国人労働者数の増加率をみると，山梨（前年比10.1％），茨城（同9.8％），和歌山（同8.8％）の順となっている。

労働者派遣・請負事業を行っている事業所に就労している外国人労働者数の割合をみると，滋賀が46.1％，静岡が43.2％，群馬が39.8％の順となっている。また，労働者派遣・請負事業を行っている事業所に就労している外国人労働者数の状況を産業別にみると，「製造業」では，同産業の外国人労働者数全体の14.9％にあたる69,461人，労働者派遣業を含む「サービス業（他に分類されないもの）」では，同70.0％にあたる19万7583人となっている。さらに，労働者派遣・請負事業を行っている事業所に就労している外国人労働者数の構成比を国籍別にみると，ブラジルとペルーで割合が高く，それぞれ52.8％，41.8％となっている。

(3)　外国人労働者に対する労働法の適用

(a)　準拠法に関する問題

外国人労働者に対しては，日本の労働法が適用されるのか，外国法の適用はあり得るかといった，いわゆる準拠法に関する問題が生じることになるが，労働法等私法におけるこのプロセスは，かつて「法例」により規律されていた。

その後，2006年に法例の大幅な改正がなされ，「法の適用に関する通則法」（以下，「通則法」）として新たに成立した。通則法7条によれば，法律行為の成立および効力に関しては，「当事者の合意による選択」を認めることになっている。したがって，労働契約に関しても，原則として本条に則って判断することになる。

ただし，通則法12条1項は，こうした当事者の法選択により適用すべき法が当該労働契約に最も密接な関係がある地の法，すなわち「最密接関係地法」以外の法である場合，労働者側が最密接関係地法のうち特定の強行規定を適用すべき旨使用者に意思表示した場合には，当該強行規定を適用するということも定めてい

る。労働契約については，原則として労務提供地の法が最密接関係地法と推定されるので，日本で就労する外国人労働者については，その選択に応じて，労務提供地である日本法の強行規定が適用されることになる。

　他方，労働契約の当事者が準拠法の選択を行わなかった場合には，原則として労務提供地の法が最密接関係地法と推定されるため，強行規定かどうかに関わらず日本法が適用される。したがって，日本で就労する外国人労働者については，日本の労働法が適用される可能性がきわめて高くなる。

(b)　不法就労と労働法規の適用

　不法就労とは，入国管理局の許可を受けずに就労する場合，在留資格を持たずあるいは在留期限が切れた後も滞在して就労する場合，認められた範囲を超えて働く場合を指す。不法就労者を雇用した事業主，業として外国人に不法就労活動をさせたり，あっせんした者は，「不法就労助長罪」として3年以下の懲役または300万円以下の罰金あるいはそれらの併科となる（入管法73条の2）。不法就労を行った外国人や不法滞在している外国人は，日本からの強制退去のほか，3年以下の懲役もしくは禁固もしくは300万円以下の罰金，またはそれらの併科となる（同法24条・70条）。

　労働法規の適用にあたり，外国人労働者が不法就労であるか否かは影響を与えないのが原則である。不法であるかどうかにかかわらず，すべての外国人労働者に日本の労働法規が適用されるため，外国人労働者は，民事および労働監督行政上の保護を受けられるような様々な措置が取られている。

　例えば，賃金未払等労働法規違反の事例においては，企業側へ賃金を支払わせる交渉や裁判等の手続に必要な期間については，労働基準監督署から不法滞在の事実を通報しないといった実務上の取扱いがなされることが多い。ただし，法を適用するにあたり，不法就労者であることが影響を与えることはあり得る。たとえば，不法就労者が労働災害に遭い，使用者に対して安全配慮義務違反等を理由に損害賠償を求める場合，災害による逸失利益の算定は日本の賃金水準によるか，出身国の賃金水準によるかが問題となった「改進社事件」（最判平9・1・28）が有名である。以下，本件の概要を紹介しよう。

　原告Xは，パキスタン国籍を有する者であり，昭和63年に短期滞在の在留資格で日本に入国しYに雇用されたが，在留期間経過後も不法に残留し，Yで製本の仕事に従事していた。ある日XはYの工場内で製本機を用いてパンフレットの中綴じ作業を行っていた際，製本機に指を挟まれ末節部分を切断するという事故に

遭った。そこでXは，安全配慮義務違反および不法行為に基づき，YとYの代表取締役に対して損害賠償を請求した。

裁判所は，被災労働者が日本に滞在して就労し得たと認められる期間については日本の賃金水準により，その後は出身国などの水準により逸失利益を算定するとして，「不法就労者が災害にあっても事実上日本に滞在し続けることはあり得るが，その期間は長期にわたるとは認められない」とし，離職後「3年」と限定したうえで，日本の賃金水準による逸失利益の算定を認めた。このように，労働法規の適用それ自体は合法か違法かを問わないものの，法的判断およびその効果においては様々な差異が生じることになる。

(c) 差別の禁止

労働基準法3条においては，使用者は「労働者の国籍，信条又は社会的身分を理由として，賃金，労働時間その他の労働条件について差別してはならない」という「均等待遇原則」が定められている。同条によれば，あらゆる労働の場面における外国人への差別は違法となる。

同条により差別が禁止されるのは，賃金，労働時間その他労働条件全般についてである。採用段階での差別については，労働条件とは採用後のものをいうとして，同条が禁止する差別の対象とはならないとするのが最高裁の立場だが（三菱樹脂事件：最判昭48・12・12），近年，男女雇用機会均等法において性別に基づく採用差別が禁止されたり，労働施策総合推進法（旧雇用対策法）において募集・採用時に年齢に制限を設けることを原則禁止としたり，障害者雇用促進法において募集・採用時に障害の有無にかかわらず均等な機会を与えることを定めるなど，採用段階を法規制の範囲に含めようとする動きがみられることに鑑みれば，国籍や人種に基づく採用差別についても検討の余地があろう。

なお，同じ職種において，日本人については期間の定めのない無期労働契約を締結する一方で，外国人については期間の定めのある有期労働契約を締結するという取扱いが同条に違反しないかということが問題となる。この点に関して，有期労働契約の方が賃金等で有利な面があることなどを考慮したうえで，外国人労働者と日本人労働者との間で雇用形態を区別することは合理性があるとして，同条違反を否定した判例（東京国際学園事件：東京地判平成13・3・15）がある。しかし，外国人労働者も日本人労働者も，同じ職種であるにもかかわらず，外国人だけが，なぜ最初から有期労働契約しか選択できない状況に置かれるのか，その"合理性"を見出すことは困難であるように思われる。

┌───┐

コラム1-1　労働法の実効性確保

　労働法の存在意義は，労働市場の自由取引に対する介入ができるように，罰則や行政監督による履行確保，私法上は強行規定であるという厳格さをもつ，「ハード・ロー」の面であろう。

　しかし，法律には，「ソフト・ロー」の側面もある。典型的な例として，努力義務の存在がある。努力義務には大別すると「①訓辞的・抽象的努力義務規定」と「②具体的努力義務規定」の2つがある。①の例として，労働基準法1条2項（この法律で定める労働条件の基準は最低のものであるから，労働関係の当事者は，この基準を理由として労働条件を低下させてはならないことはもとより，その向上を図るように努めなければならない），②の例として，旧男女雇用機会均等法7条（事業主は，労働者の募集および採用について，女子に対して男子と均等な機会を与えるように努めなければならない）を挙げておこう。

　努力義務規定には私法上の効果はなく公序違反の根拠にもならない。しかし，努力義務から出発した条文がやがて強行法規となる事例も数多くある。たとえば，先に挙げた男女雇用機会均等法，障害者雇用促進法，育児介護休業法，高齢者雇用法などなど，もともと努力義務規定であったものが，現在は強行法規となっている。

　法的効力がないならば努力義務規定なんてあっても意味がないなどと，つい考えてしまいがちであるが，歳月を経て，ソフトからハードに形を変えていくプロセスを無視してはいけない。法律は作りっぱなしではなく，社会の中に生きる一人一人が醸成していくものなのである

└───┘

第2章　雇用関係法

第1節　労働契約の締結過程

トピック　就職活動，終わっても不安がいっぱい!?

　就職活動（シューカツ）まっただ中の某ゼミ所属の4年生。久々に学校で顔を合わせて，就活談義で盛り上がっている。

＊　　　　　＊　　　　　＊

A君「シューカツって本当疲れるよなあ。僕は第一希望の最終面接の結果待ちだけど，昨日H食品から内定出たから，もうそっちでもいいかなって。」

Bさん「私も昨日内定1つもらえて，やっと『無い内定』から脱出できそう！でもさ，面接で彼氏の有無とか聞かれて。「クリスマスの時期とか忙しいから」っていうけど，なんかキモいよね。」

Cさん「私，地元のスーパーから内定もらって，人事の人親切だったしそこにしようと思ってんだけど，親にいったら，『せっかく○○大学まで行ったんだから，安定している公務員受けなさい』ってしつこくって。」

D君「そりゃへこむなあ。でも公務員のほうが仕事は楽なのかなあ。」

A君「どうだろう。僕の兄貴，親にしつこくいわれて民間から町役場に転職したけど，人手が全然足りてないらしくて，毎日夜10時すぎにしか帰れないし，民間にいたときのほうがよっぽどマシだったってよく愚痴ってるよ。」

Bさん「そうなの？公務員も結構ブラックなのかなあ。」

D君「僕は人事の人から『内定です』って電話がきたけど，その後2か月何にも連絡なくって。これって本当に内定なのかなあ。他のとこ断っちゃったけど，ちょっと浅はかだったかなあ。」

Cさん「そういえば私の彼氏，J不動産に内定承諾書出したんだけど，そのあとで第一希望のK商事から内定もらっちゃって。で，内定辞退の電話したら，『了解です。では，内定誓約書に書かれている違約金5万円，今月中にお支払いください』って連絡来ちゃって…。」

＊　　　　　＊　　　　　＊

　4人とも内定をもらっても，それぞれ不安や心配はつきないようだ。採用や内定には，こんなふうに色々な問題が見え隠れしているが，労働法のルールではどうなっているのだろう。ここから見ていこう。

新型コロナウィルスの影響で，内定を取り消したり，入社時期を遅らせる企業も あったようだ。一方では経団連が採用スケジュールに関するルール（いわゆる就活 ルール）を廃止するとの声明も出されている。「採用」や「内定」には，実はこの ように，いろいろな問題が見え隠れしているが，労働法のルールではどんなふうに なっているのか。ここから見ていこう。

1　募集・採用

「就職する」ということは，法的には「雇う側（使用者）と雇われる側（労働者） とが労働契約を結ぶ」（労働契約の締結）ことを意味する。労働契約とは，簡単に いえば，労働者が労務を提供し（＝働き），使用者がそれに対して賃金を払うと いう契約のこと（労契法6条）。契約なので，基本的には「申込」と「承諾」で成 立するが，それ以前に，まずは契約相手を探すことが必要である。ここではそん な労働契約締結の「入口」段階のルールを見ておきたい。

(1)　労働者の「募集」をめぐるルール

労働契約は，使用者が募集広告などを出し，労働者のほうがそれを見て応募し （＝申込），使用者が選考のうえ採用を決める（＝承諾），というパターンが多いで あろう。

使用者が労働者を募集するやり方としては，使用者が自分で直接募集する方法 と，職業紹介機関（ハローワークや民間の転職エージェントなど）を利用して募集 する方法とがある。いずれも，募集に際し，賃金，労働時間その他の労働条件を 明示しなければならない（職安法5条の3第2項）。また2015年10月からは，新卒 労働者の募集に際して，募集広告や求人票に，いわゆる固定残業代を除いた基本 給，対象となる労働時間数などを明記しなければならなくなった（若者雇用促進 法13条）。また，職業紹介機関を利用する場合は，間に第三者が介在する関係上， 何かとトラブルが起きやすいこともあり，使用者が自分で直接募集する場合に比 べ，厳しい規制が置かれている。

ところで，募集広告やハローワークの求人票の内容と，入社時の実際の労働条 件が異なっていた場合はどうか。裁判例は，基本的には，当事者間の別段の合意 など特段の事情がない限り求人票の内容が雇用契約の内容となる，との立場を取 るものが多い（千代田工業事件：大阪高判平2・3・6，福祉事業者A苑事件：京都 地判平29・3・30）。一般的には，労働者も求人票の内容を見てそれを前提に応募

するわけだから，特に最初から特定できる労働条件（定年制の有無，有期雇用か無期雇用か等）については，そのように考えるべきであろう。ただし裁判例の中には，求人票記載の賃金額見込と，実際の賃金額に9％強の差があったという事案で，求人票記載額が「見込」であったこと，内定後にオイルショックといった予期せぬ景気悪化があり内定者にも一応の説明があったこと，（小差とはいえないまでも）前年度実績よりは高い額であったこと等から，差額請求が退けられたものもある（八州測量事件：東京高判昭58・12・19）。

(2)　採用の自由

　通説の立場によれば，使用者が，応募してきた労働者を採用するかどうかは，基本的には使用者の自由である（採用の自由）。使用者には営業の自由（職業選択の自由（憲法22条）の一環）があるし，労働契約も契約である以上，「誰と契約するか」は自由（契約自由の原則）。裏を返せば，契約自由だからこそ，学生や労働者も，自分の好きな会社に応募できるともいえるだろう。

　後述する三菱樹脂事件判決（最大判昭48・12・12）もこういった観点から，使用者が，誰をどのような基準で採用するかは「法律その他による特別の制限がない限り」自由だ，と述べている。なお「採用の自由」には，採用するかしないか，といったことだけではなく，雇入れ人数決定の自由（何人雇うか），募集方法・選択の自由（どういう手段で，何を基準として選考するか），質問・調査の自由などもあるとされる。この判決を根拠に「企業はどんな人をどんな基準で採用してもいいんだ」といった見方も根強い。

　もっとも昨今は，職業生活における人格権尊重などの観点から，通説・判例の立場を批判する学説も有力になってきている。また三菱樹脂事件判決自体も「法律その他による特別の制限がない限り」といっているが，そもそも，採用に関する制限が殆どなかった時代の判決であることには留意が必要である。現在では，例えば，募集・採用に関しては，性別や年齢，障害の有無などにかかわらず，均等な機会を与えなければならない（均等法5条，労働施策総合推進法9条，障害者雇用促進法43条）し，組合活動を理由とする採用拒否は禁止されている（労組法7条）。もっとも，血液型，容姿，喫煙などのように，それを理由とする採用拒否が法で明確に禁止されていないものもあるが，基本的には本人の変えられない属性や「生き方」に関わるものであるので，それを理由とする採用拒否は，公序良俗（民法90条）違反となる可能性が高いであろう。また派遣先が違法派遣と知り

ながら派遣労働者を受け入れている場合，派遣先はその労働者に直接雇用の申込みをしたものと見なされる（派遣法40条の 6 ）といった制度もある。

　採用の自由の中で特に問題となるのは，調査の自由である。三菱樹脂事件判決は，労働者の採用にあたっての思想・信条調査も当然に違法とはならないとするが，憲法の「内心の自由」の観点から，この考えには批判も強い。基本的には，予定された職務遂行と無関係な事項の調査や，その結果を理由とする採用拒否は，公序良俗（民法90条）違反の可能性が高いといえよう。職安法 5 条の 4 も，社会的差別などの原因となりうる個人情報の収集は同意なければ認められないとしている。最近では，就活生の SNS アカウントを調査・特定する企業も増えているとされる。誰でも見られる状態の SNS を企業が閲覧すること自体は違法とまではいえないが，職務遂行と無関係な個人情報まで企業が収集することにもなりかねない（本人の同意なく，無関係な個人情報を収集することは職安法に抵触する）という点で，使用者はもし実施するのであれば，最低限，本人の同意を得て行うことが求められよう（同意さえあればいいのかは疑問もあるが）。なお労働者は，職務と関連する内容については，基本的には使用者から求められれば真実を答える義務がある（メッセ事件：東京地判平22・11・10）が，聞かれていないことまでわざわざ自分から申告する義務はない（学校法人尚美学園事件：東京地判平24・ 1 ・27）。

⑶　労働条件の明示

　労働契約の締結時（基本的には，次節で述べる「内定時」と考えられている）には，使用者は，労働者に対して，賃金，労働契約期間，就業場所や従事すべき業務などを明示しなければならない。その中でも，特に労働者にとって重要な①契約期間，②（契約期間がある場合には）契約更新の基準，③就業場所，従事する業務，④始業・終業時刻，休憩・休日，⑤賃金の決定方法，支払時期，⑥退職（解雇事由を含む）については書面で交付しなければならない（労基法15条 1 項, 労基則 5 条）。ちなみに法律上は「書面」となっているが，労働者が希望した場合には，メールや SNS などで送る形でも可能となっている（2019年 4 月〜）。これは結局，あとから「最初に聞いていたのと違う！」というトラブルを回避する目的の規制なので, それ以外の労働条件についてもできるだけはっきりと示すことが望ましい（労契法 4 条）。

　なお，労働契約が成立するためには，一方からの「申込み」と，それに対する「承諾」があれば足りる。採用時に契約書を交わしていない場合，上記の労働条

件の明示義務違反となる可能性が高いが，労働契約自体は書面でなくても（口頭でも）成立する。

2　採　用　内　定

(1)　採用内定とは

わが国では，特に正社員の採用に関して，新規学卒者（以下，新卒者）を一括して採用するという慣行（新卒一括採用）が定着している。新卒者は，在学中から就職活動を行い，何度かの選考を経て企業から「採用内定」の通知を受け，卒業後の 4 月 1 日から働く，という流れが通例であろう。中途採用の場合も，応募→選考→内定→入社という流れをとることが多いだろうが，特に新卒者の場合，「内定」から入社までの期間（以下，内定期間）がかなり長いというのが 1 つの特徴である。なお，内定の前段階で「内々定」の通知を受けることもある。トピックに登場する 4 人は「内定をもらった」といっているが，実際にはいずれも「内々定」である可能性が高い（コラムも参照）。

(2)　内定の法的性質

せっかく内定が決まったのに，後から取り消されてしまったらどうだろう。新卒学生であれば，すでに就職活動を終えているのが通例だろうし，中途採用者も，内定が決まったことで元の職場に退職の意思を伝えてしまっているかもしれない。使用者としては「あくまでも内々に決まっただけ」「まだ働いてないでしょ」という感覚かもしれないが，それでも労働者側からすれば，安易に内定を取り消されたらたまったものではない。

採用予定者が内定を取り消されたとき，どのような法的救済を受けられるかは，内定の法的性質をどう理解するか，言い換えれば「内定によって労働契約が成立したと言えるかどうか」で変わってくる。内定時には「まだ労働契約は成立していない」と考えれば，せいぜい慰謝料等の損害賠償請求ができるにすぎない（労働契約上の地位を主張することはできない）が，もし内定時には「労働契約が成立している」と考えれば，内定取消は法的には「解雇」と同じ意味を持つため，合理性のない内定取消は無効となる（労契法16条）。

この点につき最高裁は，新卒者の内定取消事案（面接試験の時点でグルーミー（ネクラ）な性格と感じたものの，一応内定を出したが，後からそれを打ち消す材料が出なかった，として内定を取り消した）につき，あくまでもこのケースでは，としつつ，

学生からの応募が労働契約の「申込み」であり，これに対する企業からの「採用内定通知」が申込みに対する「承諾」となるから，（内定通知に同封されていた）誓約書の提出とあいまって，誓約書記載の内定取消事由に基づく解約権を留保した労働契約（解約権留保付労働契約）が成立した，との立場を示した（大日本印刷事件：最判昭54・7・20）。

この当時は，採用試験を受けるためには大学の推薦が必要なことが多く，また，大学が2社に限って推薦し，うち1社の内定が決まった段階でもう1社の推薦は取消す，という仕組みが一般的であった。厳密には，判決が触れた「あいまって」をどう理解するのかという疑問も残るが，結果的にこの判決以降，「内定通知＝解約権留保付労働契約成立」との立場が通説的となった。ただしコラムでも触れているように，内定通知がなくても，「解約権留保付労働契約が成立している」と評価される場合もありうることには注意が必要である。

(3)　内定取消の適法性

次に，この「解約権留保付」とは何だろうか。文字通りに読めば「自由に解約できる権利＝内定取消しできる権利」となりそうである。しかし上述の大日本印刷事件判決は，誓約書に記載された内定取消事由（履歴書の虚偽記載，卒業できないなど）についての解約権が使用者に留保されているとしつつ，内定の取消事由は「採用内定当時知ることができず，また知ることができないような事実であって，これを理由として採用内定を取消すことが解約権留保の趣旨，目的に照らして客観的に合理的と認められ社会通念上相当として是認することができるものに限られる」との基準を示し，結果的には解約権の濫用と判断した。つまり，ネクラな印象は面接段階で分かってたのだから，それを理由に内定を取り消すことはできない，としたのである（中途採用者の事案だが，内定期間中に前職へのバックグラウンド調査を実施し，その結果に基づいて行った内定取消が無効とされたケースとして，ドリームエクスチェンジ事件：東京地判令元・8・7がある）。

なお，内定当時に知ることが困難だったとしても，内定取消が合理的と認められない場合には，内定取消は認められない。例えば，学生時代の水商売でのアルバイトや，SNSでの書き込みが後から発覚したとしても，それだけで内定が簡単に取り消せるわけではないのであろう（無届けデモへの参加を理由とした逮捕・起訴猶予を理由とする取消が認められた例として，後述の電電公社近畿電通局事件）。程度にもよるが，「内定通知や誓約書に書いておきさえすれば，企業が自由に解

約（＝内定取消）できる」わけではないことは覚えておこう。

　なお，内定取消は，労働者側に何らかの理由がある場合だけではなく，企業側の経営悪化等を契機としてなされることもある。その場合も，基本的には「内定＝解約権留保付の労働契約」との理解を前提としつつ，こちらは後述する整理解雇法理（第12節 2 参照）を踏まえた判断がなされることになる。新卒学生の事案ではなく，中途採用者の事案ではあるが，そういった観点から慰謝料支払いを認めた事案がある（インフォミクス事件：東京地決平 9・10・31, 乙山事件：福井地判平26・5・2）。新型コロナウイルスの感染拡大等による景気悪化を理由とした内定取消も，裁判例はまだないが，労働者側に落ち度があるわけではないので，やはり整理解雇法理に沿って判断されることになろう。したがって「この先の見通しが不透明だから」といった程度での内定取消は認められない可能性が高い（内定取消ではないが，コロナ禍での整理解雇を否定した裁判例として，森山事件：福岡地決令 3・3・9）。ちなみに公務員の採用内定は民間と異なり，採用発令を支障なく行うための事実上の行為と考えられている（東京都建設局事件：最判昭57・5・27）。このため，内定を取り消されても，公務員としての身分を主張することは難しい（名目的な損害賠償請求ができるに留まる）と考えられている。

(4)　内定中の義務

　特に新卒者の場合，内定期間中に研修参加を求められたり，レポート提出を求められることもあろう。この場合，内定者は応じなければならないのだろうか。

　大日本印刷事件判決は，「解約権留保付」というだけでなく，働き始める時期を大学卒業後とする労働契約が成立した，とも述べている（就労始期付）。この考えに従えば「働き始めるのは卒業後だけど，内定時点で労働契約は成立しているのだから，会社の研修やレポート提出の指示には従う必要がある」となろう。他方，最高裁判決には「効力始期付労働契約の成立」とするものもあり（電電公社近畿電通局事件：最判昭55・5・30），この考えに従えば「まだ労働契約の効力が発生していないから，研修への参加等は内定者の同意がなければ指示できない」となろう。「就労始期か効力始期か，結局どっち？」といいたくなるかもしれないが，実態によってケースバイケースといえよう。いずれにしても，研修への参加に関しては，特に新卒者の場合は学業が本分なのだから，「内定者の同意」が必要と考えるべきであろうし，特に，学業への支障が大きいために後から研修参加等が困難となった場合は，内定者がいったん同意していたとしても，会社もそ

れを免除する信義則上の義務を負うと解される（宣伝会議事件：東京地判平17・1・28は，効力始期付労働契約が成立していたとされたが，仮に就労始期付であったとしても同様と解されるとしている）。

この他，入社前研修ではないが，教育の必要性がないにもかかわらず，労働者に天井清掃や除草を命じたことが不法行為にあたるとされた裁判例がある（JR西日本（森ノ宮電車区・日勤教育等）事件：大阪高判平21・5・28）。入社前研修も，内容次第では，人格権侵害（本章第11節参照）として違法と評価されることもありうるのである。

(5)　内 定 辞 退

ところで，内定者の側から内定を辞退することはできるのか。いわゆる正社員なら，結論からいえば，法的には2週間前に申し出ればいつでも辞退を申し出ることができる（民法627条）。すでに入社誓約書や承諾書を提出していても，使用者は労働者の意に反して労働を強制することはできない（労基法5条）から，法的な制約はない。なお，内定辞退時の違約金額の取り決めは，場合によっては労基法16条（賠償予定の禁止）に抵触する可能性もあろう。

とはいえ会社の立場からすれば「再募集にかかった費用など，内定辞退で発生した損害くらいは請求したい」といいたくなるかもしれない。理論的には，かなり悪質な形での内定辞退ならば，信義則（労契法3条4項）等を根拠に損害賠償請求が認められる可能性も皆無ではないだろうが，損害額の算定自体が困難であるし，再募集も，内定辞退と相当因果関係にあるとは一般的には言いがたい（通常は，一定数の内定辞退者を見越して内定を出すため）であろうから，実際に請求が認められることは困難であろう。なお，入社日前日に内定辞退の申入れをしたというケースで，「信義則上の義務に反し，その程度もかなり大きい」としつつ，入社前研修中の社員の発言がかなり厳しいものであったこと等から，企業側の損害賠償請求を認めなかったという事案がある（アイガー事件：東京地判平24・12・28）。

3　試 用 期 間

(1)　試用期間とは

わが国では，入社してから一定期間（3〜6か月程度が多い）の試用期間が設けられ，その期間を経て本採用されるという流れが通例である。また就業規則な

どで「試用期間中に当社の従業員として不適格と認めた場合は，本採用しない」といった規定が置かれていることもある。ちなみに公務員の場合も「条件付任用」として，採用から原則 6 か月間，同じような期間が法律の中に置かれており（国公法59条，地公法22条 2 項），その間職務を良好な成績で行ったときに正式採用とする，とされている。

　試用期間も内定同様に法的な定義はないが，一般的には「採用した労働者が正社員にふさわしいかを，実際に働かせて確認するための期間」だといえよう。たしかに実際に働かせてみないと分からない，という面はあろうが，といって労働者のほうからすると，やっと就職したのに「当社の従業員として不適格」などといった曖昧な基準でクビにされてはたまらないだろう。

(2)　試用期間の法的性質

　試用期間に関しては，労基法21条但書 4 号に「試の使用期間中の者」は，14日を超えない段階なら解雇予告（後述）は不要，という規定があるものの，その他には特に規定はない。結局，試用期間中の労働者は，どういう立場なのだろうか。

　前述の判例（三菱樹脂事件・最判）では，試用期間を「解約権留保付労働契約」つまり「試用期間が満了すれば原則的に正社員となるが，もしその期間に正社員にふさわしくないと判断されれば，解約権が行使される（＝本採用拒否）こともあるという労働契約」が成立している関係，としている。この理解に従えば，一般的な試用期間においては，既に（解約権留保付きとはいえ）期間の定めのない労働契約（無期契約）が成立している，といえよう。試用期間中も「正社員」といえるかは，就業規則の規定などによるだろうが，少なくとも正社員と同一の職務（あるいはそれを前提とした研修）に従事させていたり，労働条件が本採用後も変わらなかったり，特に本採用後に特別な手続きが取られていなかったり，といった場合には，期間の定めのない労働契約（無期契約）が成立していると考えてよいであろう。

(3)　試用期間と本採用拒否

　試用期間満了時に本採用を拒否された場合，これはまさに，使用者が留保している解約権を行使した，という状態である。しかし上のように，試用期間中でも無期契約が成立しているとの理解に立てば，法的には本採用拒否は「解雇」となる。したがって本採用拒否が，客観的に合理的な理由がなく，社会的に相当であ

ると認められない（労契法16条（後述）参照）場合は，留保解約権の濫用として無効ということになる。

　では留保解約権の行使（＝本採用拒否）が可能なのは，具体的にはどんな場合だろうか。この点についての考えを示しているのが，前述の三菱樹脂事件：最判である。この事件は，大学卒業後に入社した労働者が，採用面接時に虚偽の解答をした（学生時代の生協での役員歴や，学生運動等を隠していた）こと等が，管理職要員としての適格性を欠くとして，試用期間満了後に本採用を拒否された，というものであるが，同事件で最高裁は，本採用拒否（留保解約権の行使）は通常の解雇より広く認められるとしつつ，解約権留保の趣旨，目的に照らして，客観的に合理的な理由があり，社会通念上相当と認められる場合のみ解約権の行使が許される，としたのである。

　もっとも，「通常の解雇より広く認められる」とはいっても，特に新卒採用者の場合，最初から労働者に高い職務遂行能力を期待することは難しい。そのため，仕事ができないとか，多少態度に問題があっても，指導や教育で是正可能であれば本採用拒否は基本的には許されない（日本軽金属事件：東京地判昭44・1・28等）。ただ，それを踏まえても極端に仕事ができないとか，協調性が皆無で注意しても改める姿勢もないなど，改善の見込みが全くないような場合であれば本採用拒否も許されよう（日本基礎技術事件：大阪高判平24・2・10等）。ちなみに三菱樹脂事件・最判は，採用決定後の調査結果，または試用期間中の勤務状態等で「当初知ることができず，また知ることが期待できないような事実」を知った場合で，「その者を引き続き当該企業に雇用しておくことが適当でないと判断することを，解約権留保の趣旨・目的としている。なお，中途採用者の場合は，一般的には当初から能力を期待されていることが多いため，能力不足を理由とする本採用拒否は新卒採用者よりも認められやすい（空調服事件：東京高判平28・8・3，ヤマダコーポレーション事件：東京地判令元・9・18等）。

　この他，「試用期間満了前に（試用期間の途中で）解雇される」というケースもあるが，解雇が許容されるのは「試用期間満了を待つまでもなく……従業員としての適性に著しく欠ける」（ニュース証券事件：東京高判平21・9・15等）と判断されるような場合に限られよう。

(4)　試用期間代わりの有期契約

　こうして見てくると，「『解約権留保付』」という割には，本採用拒否って結構難

しいんじゃないの？」と思う読者もいるだろう。実はまさにその通りなのだが，「じゃあ最初は有期雇用で契約しておいて，そこで成績が良ければ，改めて無期契約を結ぶ，ってことにしたらどうだろう」という使用者も出てくる。最近は，有期労働者を無期に転換すると国から補助金（キャリアアップ助成金）が出るということもあってか，そのような形での採用も増えているようである。

　単なる有期契約なら，契約期間が満了すれば，改めて雇用契約を結ばない限り原則として（労契法19条に抵触しない限り）そのまま終了する。しかし，労働者の能力や適性を見る目的なのに，「本採用拒否ができないのは嫌だから有期契約で」というのは脱法的であろう。判例では，形式的には有期契約として採用されていても「期間の満了により右雇用契約が当然に終了する旨の明確な合意」が当事者にあるような特段の事情がある場合を除けば，そのような場合の期間は契約の存続期間（＝有期雇用の契約期間）ではなく無期契約を前提とした試用期間となる，との立場を採っている（神戸弘陵学園事件：最判平2・6・5）。従事している職務内容が無期雇用労働者と同一だったり，契約更新手続きも厳格でなかったりするような場合には，「特段の事情」があるとは言えないであろう。

(5)　試用期間はいつまで？

　試用期間がやたら長いとか，何度も試用期間が延長・更新される，という場合はどうであろうか。上で見たように，いくら採用当初から（一応は）無期契約が成立しているというのが通説・判例の立場だとしても，労働者にとって不安なことには変わりない。そもそも，従業員としての適格性を見るために置かれる期間なのだから，やたら長い場合は公序良俗違反となろう（ブラザー工業事件：名古屋地判昭59・3・23）。延長や更新も同様であり，「本来なら本採用拒否だが，もう少しだけチャンスを与えよう」といった場合（雅叙園観光事件：東京地判昭60・11・20，明治機械事件：東京地判令2・9・28）でもない限りは認められないであろう。

4　労働契約の期間

(1)　契約期間上限の原則

　労基法14条は，労働契約は「期間の定めのないもの」を除いては，原則として3年を超える期間について締結してはならない，とされている。要は「契約の期間を決めなくても問題ないが，決めるなら上限は原則3年まで」ということなの

だが，なぜこのような規定が置かれているのだろうか。

　後述するが，期間の定めのある労働契約（有期契約）は，やむを得ない事由がなければ期間途中での解約はできない（民法628条。ただし5年経過後は3か月前の予告で契約解約できる〔同626条〕）。労基法がなかった戦前には，労働者を長期の契約で縛り，身柄を拘束して長く働かせるという労働慣行が広く見られた（女工哀史などの世界がまさにそれである）ため，それを根絶するべく労基法に，こういった契約期間上限を定める規定が置かれたのである（同様の趣旨の規定は，この他にも労基法5条（強制労働の禁止），16条（賠償予定の禁止），17条（前借金相殺の禁止），18条（強制貯金の禁止）などにも見られる。憲法18条とも関連が深い）。

　ちなみに，そういった「足止め」が特に懸念されたという経緯もあり，契約期間が短いこと（契約期間の長さの下限）は，労基法では規制されていない。しかし現実には，短期間の労働契約を反復継続して使用することで，雇用の不安定性を増大させているという問題のほうがむしろ深刻であるため，労契法に規制が置かれている。いわゆる雇止め問題（第12節）であり，これについては労契法17条2項が，使用者に「労働者を使用する目的に照らして，必要以上に短い期間を定めることにより，その有期労働契約を反復して更新することのないよう」配慮を求めている。しかし実効性が十分でないといった批判もあり，2012年の労契法改正で，労契法18条（有期契約が5年を超えて反復更新された場合，無期契約への転換を請求できる。第4節5参照），同19条（客観的合理性・社会的相当性を欠く雇止めを無効とする。第12節5(2)参照）が創設された。

　なお，労基法制定当初は「原則1年（例外3年）」であったが，さすがに今どきそんな働かせ方はないだろう，むしろ契約期間上限を長くすれば労働者の雇用機会も増えるはずだ，といった声が（主に経済界から）高まり，2003年改正で現行のしくみ（原則3年，例外5年）となった。もっとも，労働者が不当な足止めを受けないように，(2)で述べる労働者を除いては，契約期間が1年を超えるものであっても，1年経過後は使用者に申し出れば自由に退職できるとされている（労基法附則137条）。

　ところで一般的には，労基法14条にいう「期間の定めのない」契約（無期契約）で働いているフルタイム労働者のことを「正社員」ということが多い（ちなみに厚生労働省の一般向けリーフレットでは，パート・有期法の「通常の労働者」を「正社員（無期雇用フルタイム労働者）」として解説しているものもある）。また，労働法18条によって無期転換した場合も，それだけで「正社員」になるわけではない（基

本的には，転換前の労働条件が引き継がれる）。ただし，正社員についての厳密な定義は労働法の中には置かれていない。

(2) 契約期間上限の例外

「契約期間3年」の例外は3つあり（第4節1も参照），1つは「一定の事業の完了に必要な期間を定めるもの」という場合である（例えば，6年で完了する土木工事で，設計技師を6年契約で雇うようなケースが考えられよう）。ただし，「工事が終了するまで」といった不確定な定め方はできないし，あくまでも「事業」なので，社内のプロジェクトなどについて3年を超える期間を定めて雇用することはできない。他の2つの例外は，高度の専門的知識，技術，経験等を有する労働者（下表①～⑦のいずれか）が，その専門的知識等を必要とする業務に就く場合と，満60歳以上の労働者，についてであり，こちらはいずれも上限が5年とされている。後者については，高齢者の雇用機会を増やす目的から設けられたものであるが，前者については，立法当時の付帯決議を見る限り，かなり高度の専門的な知識や技術を有している労働者であれば，「自らの労働条件を決めるに当たり，交渉上劣位に立つことのない」労働者だろう，といった発想が背景にあったようである。

専門的な知識，技術又は経験（以下「専門的知識等」という。）であって高度のものとして厚生労働大臣が定める基準（平28・10・19厚労告376号）に該当する専門的知識等を有する労働者

① 博士の学位を有する者
② 公認会計士，医師，歯科医師，獣医師，弁護士，一級建築士，税理士，薬剤師，社会保険労務士，不動産鑑定士，技術士又は弁理士のいずれかの資格を有する者
③ システムアナリスト試験又はアクチュアリー試験に合格している者
④ 特許法に規定する特許発明の発明者，意匠法に規定する登録意匠を創作した者又は種苗法に規定する登録品種を育成した者
⑤ 大学卒で実務経験5年以上，短大・高専卒で実務経験9年以上又は高卒で実務経験7年以上の農林水産業の技術者，鉱工業の技術者，機械・電気技術者，システムエンジニア又はデザイナーで，年収が1075万円以上の者
⑥ システムエンジニアとしての実務経験5年以上を有するシステムコンサルタントで，年収が1075万円以上の者
⑦ 国等によりその有する知識等が優れたものであると認定され，上記①から⑥までに掲げる者に準ずるものとして厚生労働省労働基準局長が認める者

⑶　上限規定に違反した場合

　労基法14条に違反して，上限を超える期間が契約によって定められた場合はどうなるのか。行政解釈によれば，その場合は労基法の強行的直律的効力（労基法13条）によって，契約期間は労基法の上限（一般の労働者については 3 年，⑵で述べた例外的な労働者については 5 年）に改められる，とされている。ただし学説の中には，使用者側が労基法所定の期間を超える拘束を主張できないだけであって，労働者のほうは契約期間満了までの雇用保障を受けられる，とする学説（片面的無効説）も有力である。

```
╭─   コラム 2-1　採用内々定とは？   ──────────────────────
│
│　「内々定」といった言葉を聞いたことあるだろうか。一般的には，採用担当者
│などが，正式な内定通知に先立って，採用の意向を口頭やメールなどで示すこと
│を指す。内々定に法的な定義はないが，通説は大日本印刷事件・最判以降，内定
│を「始期付・解約権留保付労働契約」の成立と解した上で，原則としてその前段
│階でなされる内々定はいまだ労働契約が成立していない状態（契約締結の一過程あ
│るいは内定予約にすぎない）である，とする。実際に内々定取消が争われた裁判例
│（コーセーアールイー（第 2 ）事件：福岡高判平23・ 3 ・10，学校法人東京純真女子学園
│事件：東京地判平29・ 4 ・21等）でも，内々定段階では労働契約締結の意思が使用
│者側にないとして，労働契約の成立を否定している（損害賠償請求のみ，一部認め
│ている）。
│　ただし通説は，たとえ企業が「内々定」と称していても，具体的事実関係等から，
│その時点で契約成立に関する両当事者の意思が明確であれば，法的には「労働契
│約が成立していた」と解されうる，ともする。例えば，内定通知はまだ出されて
│いなくても，企業から学生に対して入社承諾書の提出や就職活動停止などが要請
│され，学生もそれに従って承諾書等を提出したり就職活動を停止していれば，両
│当事者の採用／入社の意思は明白なのだから，労働契約が成立していた，と評価
│されよう。そもそも採用権限のない人間が，独断で応募者に採用の意図を伝える
│こと自体，そんなにないだろう（稀有な例として，フォビジャパン事件・東京地判令 3 ・
│ 6 ・29）。上述したコーセーアールイー（第 2 ）事件も，学生も企業の要請に従っ
│て入社承諾書を役員宛に提出し，内々定通知を受けていた他の企業等を断ってい
│た事案であった。そう考えると，内々定だから労働契約成立が認められない，と
│いえるほどのケースはそう多くないのかもしれない（なお筆者は，内々定の連絡に
│より，学生の承諾書提出を停止条件とする始期付・解約権留保付労働契約が成立すると
│みるのが理論的にも実態としてもしっくりくるように考えるが，どうであろうか）。
│　ところで最近は，内定と内々定を使い分けずに用いる学生も多いようである（筆
│者が授業内で100人弱を対象に聞いたところ，「違いが判らない」「内々定という言葉は知
```

らない」との回答が 8 割強を占めていた）が，いずれにせよ，企業が「内定」と称しているか「内々定」と称しているかということと，法的に労働契約が成立していたと評価できるのかは別であり，企業が内々定と称していても，労働契約が成立していると評価されるケースもあるということには注意したい。

第 2 節　労働契約の展開

トピック　わが国の労働契約の特徴

　物事の特徴を記す際には，比較対象を用いることが有用である。日本の労働（雇用）契約についても，欧米諸国と比較したときに，その重要な特徴が見出せるかもしれない。なお，欧米型雇用と日本型雇用のどちらが優れているのかというような解説をここでするつもりは全くないことを始めにお断りしておく。

　近時では，欧米型の雇用＝「ジョブ型」雇用と表現されることも多い。この表現が示すように，欧米の場合には，特定の職務（ジョブ）について人を雇い入れ，賃金もジョブの難易度・価値によって決めることが一般的である。更に，産業別・職業別労働組合が強い力を持つ国であれば，労働組合と使用者団体が結ぶ労働協約によって，当該産業・職業におけるジョブの価値（賃金）が決定されることになる。こうして，ジョブをもとに採用や労働条件が決められる世界では，労働者がある特定のジョブを遂行でき，かつ，そのジョブを遂行する人材を求める企業さえあれば，理屈の上では，いつでも転職が可能になろう。

　これとの対比で，日本で一般的とされてきた雇用を見ていくと，労働者を雇い入れる際の基準とされるのは（潜在的な）職務遂行能力であり，雇い入れの時点で明確に労働者のジョブが確定されているわけでもない。賃金も，労働者が現在どのジョブを遂行しているのかに関わらず，各人の職務遂行能力を基礎とする職能資格によって決定される。更に言えば，日本にも労働組合の産業別・職業別組織が無いわけではないが，一般には賃金等の重要な労働条件が産業別労働協約で規制されることは少なく，これらの労働条件は企業別の労働協約か，使用者が作成する就業規則によって設定されることになる。加えて，採用や賃金設定の基準となる労働者の能力の評価（査定）に際しては，使用者の裁量的判断がなされることが多い。「情意・協調性・勤続年数」といった事柄が能力評価の考慮要素とされることも少なくない。これらは当該企業での労働者の能力を示す要素と言いうるかもしれないが，他の企業におけるポータビリティを必ずしも持つものではない。能力評価がポータビリティを持たないことは，労働者の転職行動・意欲にも影響を与えうるだろう。

　ほかにも例えば，その他の契約類型（例：売買契約）と比較した際には，労働契約は人的・組織的・継続的性格が強いといわれる。以下，本節で解説していく労働契約の展開をめぐる判例法理や学説の形成に際しても，こうした我が国の労働契約の特徴が（なおも）強く影響を及ぼしているものといえる。

1　労働異動（配転，出向，転籍）

⑴　労働異動とは

　長期雇用を前提とする日本の雇用システムの下では，企業内部や関連企業単位で労働者を育成・評価し，雇用機会を確保するための人事異動制度が構築されてきた。この人事異動は，「タテ」の異動と「ヨコ」の異動に大別できる。タテの異動は，昇級・昇格・昇進や逆に降格といったように，企業内での労働者の等級・資格・役職の上下変動を指す。他方，ヨコの異動は，配転・出向・転籍のような労働者の職務内容・勤務場所・勤務先企業の変動を指す。

　これらの人事異動は様々な影響を労働者にもたらしうる。例えば，合理的理由が無いまま昇級・昇格・昇進を認められず，あるいは降格を命じられる場合，労働者は自尊心を傷つけられるとともに，職業能力を発展させるチャンスを奪われることになる。転居を伴う配転は家庭生活を犠牲にするような苦渋の決断を労働者に迫るものである。また，「就社」という言葉に端的に示されるように，特定企業への帰属に価値を見出す労働者にしてみれば，勤務先企業の変動を伴う出向や転籍によって帰属意識を喪失することもあろう。

　こうした様々な影響をもたらしうる人事異動の命令に，労働者は常に応じなければならないのか。逆に使用者からすれば，異動を命ずる権利を当然に有し，何らの法的制約を受けることなく，権利を行使できるのか。以下ではまず，こうした問題意識の下でヨコの人事異動を中心に検討を行い，タテの人事異動については，本節末尾のコラムにて解説していく。

⑵　配　　転

⒜　配転命令権の根拠

　配転（配置転換）とは，同一の使用者の下での勤務場所・職務内容の変更をいう。言うまでもなく，どの場所（地域）で・どの職務を遂行するのかは，労働者にとっての重要な関心事であり，配転は使用者による重要な労働条件の一方的変更ともいえる。労契法が**当事者の合意**の下での労働条件変更を要請していることからすれば（1条・3条・8条を参照），使用者は労働者の同意なく，一方的に勤務場所・職務内容を変更しうるのかとの疑問が生じるが，**判例**（東亜ペイント事件（最判昭61・7・14），以下「判例」）は，契約当事者間に勤務地・職種を限定する合意がなければ（＝明示黙示を問わず，それらを限定しない旨の合意が交わされたものといえ

るのであれば），就業規則や労働協約の中の配転に関する条項を通じて，広範囲で配転を命ずる権利が使用者には生ずるとの立場を示している。

　他方，勤務地・職種を限定する合意がある場合，使用者はその合意に拘束されることになり，労働者の同意なくして，合意の下で限定された範囲を超える配転を命じえない。最近では，勤務地・職種を予め合意の下で限定しておく「限定正社員」としての働き方も広がりつつあり，これらの労働者については，あくまで契約で限定された範囲内でのみ，使用者の配転命令権が認められることになる。

(b)　配転命令権の濫用

　上記判例を前提にすると，勤務地・職種を限定する合意が無く，就業規則の中に「使用者は業務上の都合により配転を命じることがある」旨の規定があるだけで，使用者には広範な配転命令権が生じることになる。

　しかし，権利があるからといって，それを濫用してはならない（労契法 3 条 5 項）。配転命令権についても，判例が次のような濫用審査の枠組みを示している。すなわち，①業務上の必要性が認められず，②不当な動機・目的を有し，あるいは③労働者に対し通常甘受すべき程度を著しく超える不利益を負わせる配転は権利濫用として無効になるというのが，判例の見解である。

　一般に，①については，「余人をもって替え難い」という高度な必要性は求められておらず，労働者の適正配置や業務運営の円滑化に資する事情があれば必要性が肯定されると考えられている。②については，例えば，労働者を退職に追い込むことを目的とする場合には，目的の不当性が認められることになる。

　もっとも，①・②の審査で権利濫用が肯定されるケースは稀であり，多くの場合には③の審査が重要となる。しかし，この点については，労働者にとって単に不利益が生じるだけでは十分ではなく，「通常甘受すべき程度を著しく超える」不利益が生じて初めて権利濫用と評価するのが判例の立場であり，当該事案では，大阪で家族と同居していた労働者への広島や名古屋への転勤命令については，こうした不利益が認められないと判示している。

　その後の裁判例も，判例の示す（厳格な）濫用審査の枠組みを踏襲しているが，より緩やかに権利濫用を肯定しようという傾向もみられる。例えば，業務変更の際に，労働者の専門的能力・経験への相応の配慮を求める事案や（安藤運輸事件（名古屋高判令 3・1・20）），育児介護責任を負う労働者への使用者の配慮を求める育児介護休業法26条や労働者の「仕事と生活の調和」への配慮を要請する労契法 3 条 3 項を踏まえて，配転命令権の濫用を審査する事案がみられる（ネスレ日本

（配転本訴）事件（大阪高判平18・4・14）。

(3)　出　　　向

　出向もヨコの人事異動であるが，現在の使用者との契約関係を維持したまま，他社の下で労務に従事する点に特徴がある。

(a)　出向命令権の根拠

　労契法は人事異動のうち，唯一，出向についてだけ，「使用者が労働者に出向を命ずることができる場合において，当該出向の命令が，その必要性，対象労働者の選定に係る事情その他の事情に照らして，その権利を濫用したものと認められる場合には，当該命令は，無効とする」（14条）と規定している。これは出向命令権の濫用についての規定であるが，前提として，「そもそも，使用者は出向命令権を有するのか。有するとして，何を根拠にそのような権利が認められるのか」を確認しておく必要がある。

　出向は勤務場所・職務内容のみならず，一時的であれ，労務提供の相手方である使用者の変更をもたらす。「誰のために」働くのかということも労働者にとっては重要な労働条件の一つであり，出向が雇用関係にもたらす変動・影響は配転の場合よりも大きい。

　こうした事情や「使用者は，労働者の承諾を得なければ，その権利を第三者に譲り渡すことができない」とする民法625条1項等を根拠として，一般には，使用者（出向元）が労務給付を請求する権利を第三者（出向先）に譲渡する際には，労働者の同意が必要と解されている。もっとも，入社時点で同意を得ておけば，その後，人事異動が問題となる度に労働者の個別同意を得る必要はないというのが，現在の多数説の立場である。しかし，このような立場をとる論者においても，出向が労働者にもたらす影響を踏まえ，就業規則や労働協約の中に出向労働者の利益に配慮した合理的な規定を置くことが要求されている（新日本製鐵（日鐵運輸第2）事件（最判平15・4・18））。

(b)　出向命令権の濫用

　配転命令権と同様に，使用者は出向命令権についても濫用してはならない。労契法14条は出向命令の「必要性，対象労働者の選定に係る事情その他の事情に照らして」権利濫用の成否を判断すると規定しているため，配転命令権の場合よりも多くの考慮要素を取り入れることが可能といえる。

(c)　出向中の労働関係

　出向期間中，労働者は出向元との契約を維持したまま，出向先との間でも労働契約関係に入るため，使用者が複数存在することになる。このような場合には，出向先・出向元のどちらが使用者としての責任を負うべきなのかが曖昧になりやすい。一例として，労基法39条 7 項は，年間で最低 5 日間の年次有給休暇を労働者に取得させることを使用者の義務として規定するが，年度途中で出向が行われる場合，出向元・出向先のどちらがこの義務を負うのか（あるいは，出向元と出向先は当該労働者の年次有給休暇の取得日数を通算することで，この義務を果たしたといえるのか）。出向元・出向先間の権限・責任配分をめぐるこうした問題は，基本的には両者間の出向契約や適用が問題となる法規の趣旨に照らして解決されるべきといえる。

(d)　出向からの復帰

　出向先から出向元へ復帰することも労働者にとっては労働条件の変更といえるが，判例（古河電気工業・原子燃料工業事件（最判昭60・ 4 ・ 5 ））は，出向元との当初の契約において出向元での就労が合意されている以上，基本的には労働者の個別同意を要することなく，出向元が復帰を命ずることができるとしている。

(4)　転　　籍

　転籍の場合にも，労働者は他企業のために労務を提供することになるが，労働者が現在の企業（転籍元）との雇用契約を終了させたうえで他企業（転籍先）との間で新たに雇用契約関係に入るという点で，出向との重要な違いが存する。

　理論上，転籍は①転籍元との契約の合意解約＋転籍先との新契約の締結として，あるいは，②転籍元から転籍先への労働契約上の使用者としての地位の譲渡として整理できるが，いずれの場合にも労働者の同意を要する。すなわち，①の場合には，労働者の同意なく合意解約と新契約の締結はできないし，②の場合にも，出向の解説で触れたように，民法625条 1 項が労働者の同意を要求している。

　出向とは異なり，転籍は転籍元との契約終了や転籍後のリスク（転籍先の経営悪化・倒産等）について転籍元が責任を負わない等の重大な影響を労働者にもたらすものであり，転籍時の労働者の個別同意なくして，使用者は転籍を命ずる権利を有しないと解されている（一例として，国立研究開発法人国立循環器病研究センター事件（大阪地判平30・ 3 ・ 7 ）を参照）。

2　安全配慮義務・職場環境配慮義務

(1)　付随義務とは

「合意は拘束する」，「合意は守られなければならない」(pacta sunt servanda) は契約法の大原則である。労働契約の場合，労働者が労務提供義務を負い，使用者が賃金支払義務を負うことを合意することで契約が成立するため（労契法 6 条），契約当事者はこれらの主たる義務を遵守しなければいけないことになる。

これを反対解釈してみれば，合意していない事項について，当事者が義務を負うことはないとも言えそうである。しかし，それでは，労務提供という主たる義務さえ果たしていれば，労働者は何をやってもいいのだろうか。例えば，勤務先の機密情報を漏洩したり，ライバル企業に利益をもたらすような競業をすることで勤務先に迷惑をかけてもいいのだろうか。あるいは，使用者は「こっちはカネを払っているのだから，文句を言わずに働けよ」という具合に，主たる義務としての賃金支払さえ履行していれば，労働者をどのような職場環境の下で働かせようとも，法的な責任を問われることは無いのだろうか。

こうしてみると，たとえ，明示又は黙示に合意を交わしていない事項であったとしても，契約当事者は相手方を尊重・配慮した行為をしなければならないと考える方が自然である。民法や労契法もこうした基本的な発想を当然に有しており，「信義則」と呼ばれる大原則（契約当事者は，信義に従い，誠実に権利を行使し，義務を履行しなければならないとする原則）を定めている（民法 1 条 2 項・労契法 3 条 4 項）。「信義に従い，誠実に」行動するとは，かなり漠とした言い回しであるが，消極的には，契約相手方が有する法的な利益・財産を害してはならないことが，積極的には，契約の趣旨を踏まえつつ，契約相手が労働契約を通じて利益・目的を適切に獲得・達成できるように配慮・協力すべきことが信義則の下では要請されているのであろう。このようにして，信義則を媒介として契約当事者に課される義務は「付随義務」と呼ばれる。

契約当事者にある義務が課されるということは，その義務が果たされない場合には，法的な責任を問われうることを意味する。すなわち，契約の相手方としては，付随義務が果たされないことに対して債務不履行に基づく損害賠償を請求したり，付随義務の履行を請求するような対応をとるかもしれない。しかし，当事者が契約において明確に合意する主たる給付義務とは異なり，付随義務は「信義に従い，誠実に」行動しなさいという抽象的な法原則から導かれるものであり，

義務違反に対する法的責任を追及しうるとしても，そもそも具体的義務内容を特定すること自体が困難である場合も少なくないだろう。

　以下では，労働契約上の特徴的な付随義務を解説していくこととするが，予め，労働契約の特質を簡単に整理しておくことが有用である。第一には，物の売買とは異なり，労働者が労務を提供するという行為はその人格と切り離して考えることができない。したがって，使用者には，労働者の人格権・人格的利益を守るための配慮が求められることになる。第二に，労働契約は一般に継続的性格を有するため，当事者（特に，労働者）は契約が継続することそれ自体に利益を見出している。このような利益は，例えば，整理解雇の際の使用者の解雇回避義務といった形で付随義務に結び付きうる（詳細な解説は第12節を参照されたい）。第三に，一般に，労務提供は使用者の管理する組織・集団において行われ，また，使用者は市場で利益をあげるために，あるいは，その他の目的を実現するために労働者による労務提供を求めるものであるから，労働者には使用者の組織内秩序を遵守し，使用者の利益を害さないような行動をとることが求められうる。

(2)　労働者の人格的利益

　まず，労働者の人格的利益をめぐって使用者に要請される付随義務について簡単に整理していく（詳細な解説は第11節を参照されたい）。労基法をはじめとする労働関係法令は，労働者の人権保障のためのルールを既に様々に規定しているが，これらが直接の規律対象にしていない事項，例えば，労働者の生命・身体・健康・自由・名誉・プライバシー等の人格的利益についても，職場内で利益侵害が生じることが多い。そのため，人格的利益を被侵害利益として使用者の利益侵害行為を不法行為として構成したり，人格的利益の尊重を労働契約上の付随義務と位置づけるべきとの見解が有力に主張されている。

　労働者の生命・身体・健康については，後述するように，安全配慮義務や職場環境配慮義務が不法行為法上の注意義務として，あるいは，労働契約上の付随義務として観念されている。その他の労働者の自由・名誉・プライバシー一般についても，それらを法的保護に値する利益として捉えたうえで，不法行為あるいは債務不履行構成の下での救済が考えられよう。例えば，企業が特定政党の支持者であることが疑われる労働者に対して，職場内外で監視・尾行・所持品の無断チェックをしたり，他の従業員にその労働者との交流を控えるように働きかけたことについて，「職場における自由な人間関係を形成する自由を不当に侵害する」

とともに，名誉・プライバシー等の人格的利益の侵害に当たると判示する事案や（関西電力事件（最判平7・9・5）），使用者が本人の承諾なく，労働者がHIVに感染している旨の情報を職場内で共有したことについて，プライバシー侵害による不法行為を認定した事案がある（社会医療法人A会事件（福岡高判平27・1・29））。その他にも，ダイバーシティの尊重が謳われる今日では，労働者が身だしなみを自由に選択しうるのか，職場内で宗教的配慮を求めうるのか，職場で通称（旧姓）を使用することを要求しうるのかといったような形で，労働者の人格的利益に対する使用者の配慮が問題となりうるといえよう。

(3)　安全配慮義務・職場環境配慮義務

　労契法5条は，過去の判例法理の蓄積を踏まえ，労働契約上の付随義務としての安全配慮義務について，「使用者は……労働者がその生命，身体等の安全を確保しつつ労働することができるよう，必要な配慮をするものとする」と規定している。特に，近時では，長時間労働や業務上の過重な負荷によって労働者が精神疾患等にり患したケースにおいて，安全配慮義務違反の成否が争われることが多い（電通事件（最二小判平12・3・24）等を参照）。

　他方で，これと密接に関わる義務として，使用者は，不法行為法上の注意義務ないし労働契約上の付随義務として「働きやすい職場環境を維持・整備する義務（職場環境配慮義務）」を負うことが有力に指摘されている。特に，企業内でのセクシャル・ハラスメントやパワー・ハラスメントについての使用者の責任を問う際に，職場環境配慮義務違反の成否が論じられることが多い（福岡セクシャル・ハラスメント事件（福岡地判平4・4・16）等を参照）。

3　その他の権利義務

(1)　就労請求権

　著名なドイツ判例によれば，働くことは労働者が自尊心を形成したり，家庭・友人・同僚等との生活関係の中で尊敬や評価を得る上で重要な役割を有すると同時に，自己の能力・人格を開花させるための重要な機会ともいえるのであり，こうして，働くことが労働者にとっては金銭的利益（賃金）を得る以上に人格的利益にも深く結びついていることを踏まえ，労働者には「就労を請求する契約上の権利（就労請求権）」があり，使用者には労働者を就労させる信義則上の義務があると解されている。

　こうした外国判例をも踏まえつつ，使用者が正当な理由なく労働者の就労を妨害する際には，これに対する妨害排除や使用者の労務受領義務違反に基づく債務不履行責任を観念しうるのではないかということが，我が国でも長らく論じられてきた。

　この論点に関するリーディングケース（読売新聞社事件（東京高決昭33・8・2）以下，「先例」と表記））は，「労働契約においては，労働者は使用者の指揮命令に従って一定の労務を提供する義務を負担し，使用者はこれに対して一定の賃金を支払う義務を負担するのが，その最も基本的な法律関係であるから……**労働契約等に特別の定めがある場合（①）又は業務の性質上労働者が労務の提供について特別の合理的な利益を有する場合（②）を除いて**，一般的には労働者は就労請求権を有するものでない」として，原則的に就労請求権を否定しつつも，上記①・②の事情が存する場合には，例外的に当該権利が認められうるとしている。先例が指摘する①は，例えば，「いつ・どこで・どのように働くのか」といった就労請求権（労務受領義務）の具体的内容についての契約上の定めを求め，②は，単に働くことを通じて自己の能力・人格を開花させる利益を有するだけでは足りず，更に「特別の合理的な」利益を要求するものと理解できよう。

　一部，先例の立場とは異なる後続裁判例も見られる。例えば，高北農機事件（津地上野支決昭47・11・10）は，「労働契約等に特別の定めがある場合または業務の性質上労働者が労務の提供について特別の合理的な利益を有する場合は勿論……一般に労働者は使用者に対してその就労を請求し得る権利をも有している」と指摘する。しかし，大多数の後続裁判例や学説は先例の見解を踏襲しているところ，それらによれば，上記①・②のような事情が認められるケース（従って，労働者の就労請求権が認められるケース）は稀である。もっとも，就労妨害により，職業的技能が著しく低下する可能性のある調理人や（レストラン・スイス事件（名古屋地判昭45・9・7）），学生への講義活動を通じて自らの学問研究を深化・発展させることに対する特別の利益を有する大学教員（東京福祉大学事件（東京地判令4・4・7））については，労働者の就労請求権が例外的に肯定されうることを示すケースもみられる。

(2)　職務発明制度

　労働契約においては，労働者の労働の成果物は使用者に帰属することが原則である。例えば，弁当屋で働く労働者が手間暇をかけて弁当を調理しても，その弁

当の所有権が労働者に帰属するわけではない。しかし，労働者がその業務の中で
ノーベル賞を受賞するほどの大発明をする場合にも，発明の特許を受ける権利は
使用者に当然に帰属するのだろうか。このような職務発明が労働者の特別な創造
的営為の下で生み出されたものであることを踏まえれば，むしろ，労働者が特許
を受ける権利を有すべきともいえそうである。

　この点，特許法35条1項はまず，職務発明についての特許を受ける権利が労働
者に帰属し，労働者が特許を受けたときには，使用者がその特許権について通常
実施権を有すると規定している。しかし他方で，同条3項は，契約，勤務規則等
で予め使用者に特許を受ける権利を取得させることを定めたときは，職務発明に
ついての特許を受ける権利は，その発生した時から当該使用者に帰属すると定め
ており，この場合，労働者はその代償として「相当の金銭その他の経済上の利益」
を受ける権利を有するとされている（同条4項）。

　従前，この「相当の……利益」（旧法の下では，「相当の対価」）の請求をめぐる
紛争が少なくなく，裁判例においては巨額の対価の支払いを使用者に命ずるもの
も見られた。例えば，日亜化学工業事件（東京地判平16・1・30）では，青色発
光ダイオードに関する職務発明をした労働者が相当の対価として200億円を請求
する権利を持つと判示されている（もっとも，同事件では，その後，相当の対価を
大幅に減額する旨の和解が交わされている）。こうした状況を踏まえ，現行の特許法
35条5項は，「相当の利益の内容を決定するための基準の策定に際して使用者等
と従業者等との間で行われる協議の状況，策定された当該基準の開示の状況，相
当の利益の内容の決定について行われる従業者等からの意見の聴取の状況等を考
慮して……相当の利益を与えることが不合理であると認められるものであっては
ならない」として，相当の利益の不合理性を判断するためのいくつかの考慮要素
を示すとともに，同6項は，経済産業大臣が指針を定め，公表することとしてい
る。

(3)　兼業・競業避止義務

　以上は，労働契約に伴う労働者の付随的権利についての解説であるが，労働者
には労務提供に伴う義務も生じうる。以下では，その義務のうち，副業・兼業の
禁止と競業避止義務について解説していく。

(a)　副業・兼業の禁止

　就業規則において，労働者が他社で副業・兼業することを禁じている企業（本

業先）は少なくない。もっとも，本業先での労働時間以外の自由時間をどう過ごすのかは労働者が自由に決めるべき事柄である。更に近時では，労働者の職業キャリアの形成等の観点から，むしろ副業・兼業の促進が謳われている。このような事情からしても，本業先での労務提供に支障を来す等の事情が認められる場合に限って，副業・兼業の禁止に関する使用者の命令権が認められるべきといえよう（マンナ運輸事件（京都地判平24・7・13））。

　なお，上述のように副業・兼業の促進を謳う時流を受け，厚労省が作成するモデル就業規則においても，現在では副業・兼業が原則可能である旨の規定が置かれている。

(b)　競業避止義務

　労働者は，自己の勤務する企業（本業先）とライバル関係にある企業を立ち上げたり，ライバル企業に転職できるのか。労働者からすれば，自己の職業選択の自由として，こうした競業を望むかもしれないし，特別な職業能力やスキルを持つ労働者を一社で囲い込んでおかないで広く共有できる仕組みがあることは，ライバル企業や市場全体にとっても有益といえる。しかし，本業先の使用者からすれば，労働者の競業によって自己の営業秘密が漏洩したり，顧客をライバル企業に奪われるといった懸念を覚えるかもしれない。そのため，本業先使用者の利益を保護すべく，労働者は競業避止義務を負うことになるのかが問題となる。

　まず，労働者が本業先に在職する期間については，労働契約上の付随義務として競業避止義務が認められると一般的には解されている。他方で，労働者が本業先を退職した後の同義務については，当事者間の特約を要すると考えられている。そして，この特約の有効性は，①競業制限目的の正当性，②労働者が使用者の正当な利益を尊重しなければならない職務・地位にあったか否か，③競業制限の期間・地域・職業の範囲が妥当か，④代償措置の有無・程度等を総合考慮して判断されることになる（フォセコ・ジャパン・リミテッド事件（奈良地判昭45・10・23））。近時では，雇用流動化の時流を受け，退職後の競業避止義務の有効性を否定する裁判例が比較的多く見られるとともに，競業避止義務が人材獲得競争に与える影響を踏まえつつ，独禁法による規律の可能性も論じられている（公正取引委員会競争政策研究センター『人材と競争政策に関する検討会報告書』（平成30年2月））。

コラム 2-2　「人事権」とは

本節の前半部分では，人事（労働）異動について解説してきた。これらの人事異動を含む労働者の採用・配置・異動・昇格・降格・解雇等に関し，労働者を企業組織の中でどう活用・統制していくのかについての使用者が有する経営上の裁量権のことを指して，「人事権」という言葉が用いられる（バンク・オブ・アメリカ事件（東京地判平 7・12・4））。

既に「ヨコ」の人事異動（配転・出向・転籍）の解説の中でも触れたように，権利があるからといって，それを濫用して良いわけではない。このことは「タテ」の人事異動やその他の人事権行使についても同様である（例えば，人事評価・人事異動における裁量権の濫用を認めた事案として，マナック事件（広島高判平13・5・23）や医療法人財団東京厚生会（大森記念病院）事件（東京地判平 9・11・18）等を参照）。

もっとも，裁量とは「その人の考えによって判断し，処理すること」を言うのであり，したがって，人事権や上記裁判例が示す裁量権とは，労働者の人事上の処遇について「使用者の考えによって（一方的に）判断し，処理すること」を認める権利を意味することになる。このような前提に立つならば，そもそも使用者は広範囲の権限を持つのであるから，労働者が権利濫用を立証することは困難ともいえる。例えば，「人事考課は……裁量が大きく働くものであり……個々の労働者についてこれ（裁量権濫用：筆者付記）を適確に立証するのは著しく困難な面があることはいうまでもない」と述べる裁判例もある（光洋精工事件（大阪高判平 9・11・25））。

しかし，そもそも，使用者が人事権のような広範な裁量権を有すると考えるべきなのだろうか。確かに，労働契約の集団的・組織的性格や継続的性格から使用者が人事権を有することの根拠を説明する見解も少なくない。しかし，情報通信技術の発展等を背景として，企業システムの変容が囁かれる今日，集団・組織に包摂されることなく働く者が増えつつあることを踏まえれば，集団性・組織性を強調する議論には限界がありそうである。更に，継続的契約の下では，時間の経過とともに契約内容を調整する必要性が生ずるという発想自体は否定できないが，だからといって，使用者に対して，人事権という形で一方的な契約内容変更の権利を認めることには飛躍がある。合意原則を謳う労契法の下では，本来的には，労働者あるいは労働者の代表（従業員代表や労働組合）が対等な立場から契約内容変更についての協議・合意を行えるシステムを検討すべきであろう。

51

第3節　就業規則と懲戒

　労働条件のルールはどう決まる？

　もうすぐ社会人1年目を迎えるゼミの同期たち。今日はD君の誕生日が近いということで，A君がみんなに連絡をとって，仕事帰りに，ターミナル駅の近くのバーでD君の誕生日の前祝を兼ね，集まることになった。

A君「お，D君が来た！って，D君，少し疲れてないか？」

D君「あー，ごめんごめん。顔に出ちゃってたかな。営業で苦労しててね。今日もついさっき，いけると思った案件を他社に取られちゃってさあ。上司も気にかけていろいろ助言してくれるんだけど，うちの会社って入社2年目から営業成績のインセンティブ分がそのまま給料に出ちゃうからさ，気が重いんだよね。」

B君「え，D君のところって2年目から給与体系が変わるの？」

D君「うーん，基本的なシステムは変わらないよ。だけど，営業手当が給与全体の中でけっこうな比率になっていて，これが入社1年目までは，営業成績に関係なく一定の額で払われてるんだよ。まあ，見習い期間中は保障給があるみたいな感じかな。でも2年目から完全に自分の営業成績に連動するんだよね。入社前に聞いてはいたけど，入社のときの通知書だと『当社規定による』としか書いてなかったし，そのときは実感なかったんだよね。」

B君「あ，僕もそういうのあったよ。この前の夏，海に遊びに行ったらケガをして現地で入院しちゃって。1週間で復帰できたけど，そのときに，復帰まで年休にするか，事故欠勤にするかって人事の人に聞かれたときに，どっちがいいのかよくわからなくて。給料とか休みとか，具体的にどうなるかっていうのは就業規則を見ないとよくわからなかったからね。」

Cさん「そうそう。労働条件って，わりと大事なところでも就業規則で確認しないとわかんないこと，あるよね。」

B君「愚痴になっちゃうんだけど，A君ところは成績さえ上げれば給料も増えるんでしょ？僕のところなんてさ，この前就いた新しい社長が中期経営立直しプランとかいうのをぶち上げて，来年度に管理職も一般社員も全員給与とボーナスをカットされそうなんだよね。今，社内ネットワークで引下げの資料とか改正案が回ってきてるよ。この先だいじょうぶかなって感じ。」

Cさん「あー，そういえばB君の会社の業界って，海外との受注競争が激しくなっているってここのところ話題になってるもんね。どこも厳しいなぁ。でも私，今人事部に配属されてるから，上司とか先輩のしてる仕事を見てると，会社側のたいへんさもわからないわけじゃないんだけどね。」

D君「そうかぁ。Cさんは今，人事なのか。1年前とだいぶ違うよね。みんな社会
　　人になったんだなぁって実感するよ。ところでA君，さすがにもう寝坊で遅刻とか，
　　してないよね？」

A君「さすがに……というのは半分嘘で，入ったばかりの頃にさ，寝坊で2時間ぐ
　　らい遅刻したことがあって。2回目のとき上司に，次は懲戒処分になるかもしれ
　　ないぞって注意されてからは，さすがに気合入れて遅刻しないようにしてるよ。」

D君「A君もようやく社会人になったね。でも懲戒ってのは厳しいなぁ。社会人と
　　しては当たり前って言われるのかもしれないけど。そういえば自分と同期のやつ
　　なんだけど，懲戒解雇したって社内連絡が回ってきてびっくりしてたら，飲酒運
　　転でつかまったとかで。仕事はできるやつだったんだけどなぁ。」

Cさん「A君，今日は車で来てないわよね。」

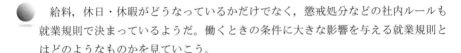

　　　給料，休日・休暇がどうなっているかだけでなく，懲戒処分などの社内ルールも
　　就業規則で決まっているようだ。働くときの条件に大きな影響を与える就業規則と
　　はどのようなものかを見ていこう。

1　就業規則の意義

(1)　就業規則は何のためにある？

　「就業規則」とは，法令上の定義はないが，事業場の労働者全体またはその一
部に適用される，労働条件や職場規律について使用者が定めた決まりごとである。

　企業が労働者ひとりひとりと話し合って異なる労働条件を定めることもできな
いわけではない。しかし，同一の基準に従って処遇した方が効率的だし，労働者
の数が多いと，個別に決めることはその手間から難しい。また，同じ基準で処遇
しないと労働者が不公平感を抱く可能性がある。効率よく企業を運営するために
は，多くの労働者を組織的・統一的に動かすことが必要である。そうした理由か
ら多くの国で，労働者を統一的に管理して，効率的に業務を遂行させ，かつ，統
一的・画一的に処遇するための就業規則が，自然発生的に登場してきた。

　そのような就業規則の中には，過酷な罰金制度や，労働者に理不尽な義務を課
すものも少なくなかった。そこまでいかなくても，就業規則は使用者が自由に内
容を定めるものである以上，使用者にとって有利な（労働者に不利な）内容にな
りやすい。このため就業規則には一定の法規制がされてきた。

　日本では，1926年の改正工場法施行令の中で，常時50人以上の職工を使用する
工場主に対して，就業規則の作成義務，地方長官への届出義務，周知・掲示義務，

一定事項の記載義務，地方長官による変更命令等が規定された。これらは，労働条件を明確にすることによるトラブル回避のほか，行政官庁への届出義務を課すことを通じて監督をするためであった。戦後の労基法では，過半数組合・代表からの意見聴取義務や，就業規則の基準を下回る個別合意を無効とするといった規定が加えられたが，基本的にはこうした戦前からのしくみがベースになっているといえる。

　では，現在の労基法にはどのような規定が置かれているだろうか。

(2)　就業規則に対する法的規制

①　**作成・届出義務**　　常時10人以上の労働者を使用する使用者は，一定の事項について記載した就業規則を作成し，行政官庁（労基署長）に届け出なければならない（労基法89条）。これによって事業場の労働条件を明確化し，使用者にそれを守らせようとしている。なお，ここでいう「労働者」は，正社員，パート，アルバイト等，その事業場で直接雇用されている者は含まれるが，派遣労働者のように使用者が異なる者は含まれない。また，雇用形態に応じて，別々の就業規則を作成することも可能である。

②　**記載事項**　　就業規則には，必ず記載しなければならない「絶対的必要記載事項」，制度を置く場合は記載しなければならない「相対的必要記載事項」がある（労基法89条）。実際の就業規則には，これ以外にも企業の理念や労働者の心得のように，法律上は特に記載する義務のない事項（任意的記載事項）が盛り込まれていることが通常である。また具体的な賃金の決定方式や額等の詳細を主たる就業規則に記載せず，別規程で定めることも多いが，基本的にはそれらの別規程も含めて就業規則である。

絶対的必要記載事項	相対的必要記載事項
始業・終業時刻，休憩時間，休日，休暇，賃金の計算・支払方法，退職・解雇に関する事項等	交代制の場合の就業時転換，退職手当，臨時の賃金（賞与），食費や作業用品の労働者負担，表彰・制裁等

③　**意見聴取義務**　　使用者は，就業規則の作成・変更にあたっては，事業場の過半数組合（過半数組合がない場合に労働者の過半数を代表する者）の意見を聴かなければならない（労基法90条1項）。また使用者は，就業規則の作成・変更時にそれを行政官庁に届け出なければならないが，その際に過半数組合（代表者）の意見書を添付する必要がある（労基法90条2項）。

就業規則は使用者が一方的に作成するものであるため，少しでも労働者の意思を反映させようという目的で意見聴取が義務づけられているが，あくまでも意見を「聴く」だけである（同意まで得る必要はない）。つまり過半数組合（代表者）の意見が「絶対に反対」であっても，作成・変更された就業規則の効力にただちに影響しない。このように労働者の意思をそのまま反映させるものではないが，意見聴取は罰則付きで義務づけられているとともに，使用者がこの手続きを果たさないことは，就業規則の不利益変更の合理性の判断（労契法10条）の中で考慮される一事情となるから，手続きとして重要である。

④　**周知義務**　労基法では，使用者に，就業規則を作業場の見やすいところに掲示したり備え付けたり，あるいは書面で交付したり，磁気ディスク等に記録して常時確認できるようにしたりすることを求めている（労基法106条1項，労基則52条の2）。　労働者が実際にその内容を見たことまでは要求されていないが，見ようとすれば見られることが必要である。どこでどうしたら見られるのかわからないような就業規則は周知されたとはいえない。

周知義務違反にも罰則が予定されているだけでなく，後に述べるとおり，周知されていない就業規則は，少なくとも労働者に不利な内容であるときはその拘束力がないと考えるのが通説である。

2　就業規則の法的拘束力

(1)　就業規則の法的効力

就業規則の法的な効力は，①職場の最低基準を設定するという効力（最低基準効）と，②個々の労働者の労働契約を規律し，労働条件を設定するという効力（労働条件設定効（労働契約規律効））とに分けられる。

(2)　最低基準効

使用者と労働者が，労働条件について就業規則で定める基準に達しない内容の個別の合意をした場合，労働条件はどうなるのだろうか。法的には，就業規則の基準に「達しない」部分は無効となって，無効となった部分が就業規則で定めた基準となる（労契法12条，労基法93条）。例えば，就業規則で「休憩時間70分」となっていれば，たとえ使用者と労働者の間に「休憩時間60分」という合意があっても，労働者は70分の休憩を請求できる。これは就業規則で定められた労働条件を職場の「最低基準」として，それを通じて労働者保護を図ろうという趣旨に基づいて

いる。従って，「休憩時間80分」のように，逆に労働者に有利な合意が別にあれば，そちらが優先されることになる。就業規則の定める労働条件の基準には労基法の最低基準と同じような効力がある。

　ただし就業規則は，法令や労働協約に反することはできず，行政官庁は，これらに抵触する就業規則の変更を命じることができる（労基法92条）。したがって，1で説明した労基法の定める手続きをとった就業規則であっても，そもそも法令や労働協約に反するような内容の就業規則の規定は効力がない。

(3)　労働条件設定効（労働契約規律効）

　①　就業規則と労働契約の関係は？　労働の場に就業規則が発生した当初から，就業規則で定められている労働条件は，事実としてそこで働く労働者に統一的・画一的に適用されてきた。このような状態の中では，就業規則に書かれた労働条件が事業場の労働者の「労働契約の具体的な内容」となって，労働者と使用者の関係を規律している。たとえば日常的な業務や配転・出向等さまざまな場面で就業規則に基づく業務命令がなされ，その命令に反すれば，就業規則に基づいて懲戒処分がされる。

　契約の一般論からいえば，契約の内容は「両当事者の合意」で決まる。このため，使用者が一方的に作成した就業規則に書かれていることが，なぜ（反対している＝合意していない労働者も含めて）契約の内容として労働者を拘束するのか？という点について，かねてから議論が続いてきた。

　②　学説・裁判例　これについて学説では，法規範説（旧労基法〈現労契法12条〉の最低基準効等を根拠に，就業規則それ自体が法規範としての性質を有するから，労働者の同意がなくても当事者を拘束する）と，契約説（就業規則それ自体は契約のひな型であって，労働者の同意によって契約の内容となる）を基軸としながら，多様な見解が展開されていた。

　一方で最高裁は，就業規則の効力に関する先例となった秋北バス事件（最大判昭43・12・25）で，それまでなかった定年制を就業規則で新たに定めたことについて「労働条件を定型的に定めた就業規則は…それが合理的な労働条件を定めているものであるかぎり，経営主体と労働者との間の労働条件は，その就業規則によるという事実たる慣習が成立しているものとして，その法的規範性が認められ…（民法92条参照）…，当該事業場の労働者は，就業規則の存在および内容を現実に知っていると否とにかかわらず，また，これに対して個別的に同意を与えた

かどうかを問わず，当然に，その適用を受ける」とした。

　この判示に対しては，法規範説か契約説かがはっきりせず（理論構成は契約説的だが，結論は法規範説に近い）理論的に不明確である，そもそも，民法92条（事実たる慣習）は当事者が反対の意思を示している場合にまで拘束するわけではない，等学説から批判が相次いだが，その後この判決を，就業規則を電気やガスの契約のような集団的な契約の際の「約款」に見立てて，法的な拘束力を認めようとしたもの（契約説の一種である定型契約説）と捉える見解が有力となった。この説では，就業規則が労働者に事前に明示されており，内容が合理的であれば，反対する労働者も含めて法的に拘束されることになる。最高裁は，その後もこの法理に沿った論理を展開し（民法92条には言及しなくなった），判例法理として定着した（健康診断受診義務規定が問題となった電電公社帯広電報電話局事件：最判昭61・3・13，時間外労働義務規定が問題となった日立製作所武蔵工場事件：最判平3・11・28）。なお，秋北バス事件では，労働者が就業規則の存在や内容を知らなくても拘束するとされていたが，その後の懲戒処分をめぐる事案で，あらかじめ就業規則に懲戒規定を明記しておくことだけでなく，その内容を労働者に周知させる手続きが取られていることが必要とした判例（フジ興産事件：最判平15・10・10）を経て，就業規則が労働者を法的に拘束するためには，合理性だけでなく「周知」も必要であると考える立場が通説となっていった。

　③　**労働契約法7条**　　就業規則の法的な性格に関する議論は収束しないまま，2007年に労契法の中で就業規則と労働契約の関係の定めが置かれた。その7条は，「労働者及び使用者が労働契約を締結する場合において，使用者が合理的な労働条件が定められている就業規則を労働者に周知させていた場合には，労働契約の内容は，その就業規則で定める労働条件によるものとする」とした。これにより，合理的な就業規則が周知されれば，労働契約の内容になるものとされた。同条は「労働契約を締結する場合」としているから，労働者の採用の場面に適用される。これに対して，採用後にそれまでなかった労働条件について新たに就業規則で定める場合は，同条ではなく労契法9条・10条が適用ないし類推適用される（ただし，定年後再雇用や労契法18条による無期転換の場合のように，新たな契約を締結するときは労契法7条の問題となるだろう）。

　労契法7条で問題となるのは，「合理性」と「周知」の判断基準である。

　同条の「合理性」の判断は，実はかなり難しい。後述する労契法10条に基づく不利益変更と違って，合理性を満たすか否かについての具体的な判断要素が条文

上も明らかではない。ここでいう合理性は，就業規則が使用者の一方的な決定で
作成されるものであることから厳格に解すべきとの学説や，労働者・使用者双方
の利益の比較衡量に加え，憲法や法令の趣旨を組み込んで判断すべきとの学説，
制度の目的や内容が，適用対象労働者の大多数の利益に反しない程度に正当であ
ることとする学説等があるが，定説はない。ただ，裁判例では，「就業規則の規
定自体が合理性を欠く」と述べるものはほぼ見られない。しかし就業規則の規定
に合理的な限定解釈をしたうえで，結果的に同規定に違反したことを理由とする
処分や解雇の効力を否定する例は少なくない（兼業許可制につきマンナ運輸事件：
京都地判平24・7・13，身だしなみ規制につきイースタン・エアポートモータース事件：
東京地判昭55・12・15，退職金不支給につきディエスヴィ・エアーシー事件：東京地判
平25・12・5等）。

　次に「周知」に関して行政解釈は，「労働者が就業規則を知ろうと思えば知り
得る状態に置くこと」としており，労基法106条で列挙されている周知方法以外
の周知（回覧等）でも差し支えないとされている。ただし学説は，労契法7条が
労働契約の内容そのものを規律する以上，労基法106条で挙げられているような
周知を形式的に行えばよいというものではなく，むしろ労働者への拘束を正当化
する程度の，実質的な周知（労働者が理解できるような周知等）であることが必要
とするものが多い。

3　就業規則の不利益変更

　就業規則を新設し，あるいは変更することで労働条件を引き下げることはでき
るだろうか。新たに就業規則を制定することで，労働契約として合意されていた
一定の労働条件を，使用者が一方的に引き下げることはできない。このことは，
労契法12条（旧労基法93条）が「就業規則で定める基準に達しない労働条件」を
無効としたうえで，就業規則の基準とすると定めていることから，当然とされて
きた。

(1)　労働条件の変更と就業規則

　しかし問題となるのは，明確に労使の間で合意されていた具体的な労働条件基
準を就業規則によって引き下げることではなく，労働契約の締結時には具体的に
定められていなかった労働条件を就業規によって定めることや，労働契約の締結
時に「就業規則の定める基準による」とされていた就業規則の基準を，後に就業

規則を変更することによって引き下げることができるかである。

　有期労働契約であれば，期間途中に労働条件を一方的に変更できるかという問題は，ほぼ生じない。いったん合意された具体的な労働条件基準は，労働者も使用者も相手方の同意を得ずに一方的に変更することができないのは当然だからである。期間中に労働条件を変更することは，相手方から同意を得られれば可能となるが，通常は当期中ではなく，次期契約の締結にあたって交渉する結果，新条件の下で新たな労働契約が成立するか，契約が不成立となるという形で対処される（もっとも有期労働契約が反復更新され実質的に期間の定めのない契約であると評価できるときや，契約の継続に対する客観的かつ合理的な期待があるときに，変更提案を拒否したことを理由に雇止めとすることができるかが問題となる余地はある）。

　しかし正社員の処遇として一般的な期間の定めのない労働契約の下では，労働契約が継続している中で労働条件を変更することになる。

⑵　就業規則と労働契約

　就業規則の内容が労働契約の合意内容そのものとなるという考え方（契約説）をとれば，労働者との合意がなければ不利益に変更できないということになるだろう。しかし，継続的な契約関係が長期化すればするほど，その時の情況次第で，当事者は，引き上げも引き下げも含めて労働条件を変更する事実上の必要性が高くなる。現在の契約上の条件を変更したいという申し出に相手方が同意しない場合，契約一般では，その契約を解除するという形で対応することになる。労働契約だと使用者による解除は「解雇」である。フランスやドイツでは労働条件の変更を労働契約の変更ととらえて（変更解約告知），解雇に対する補償金を払わせ，あるいは異議をとどめて契約を存続させたうえで裁判所に合理性を判断してもらう等，一定の制約を付している。これに対して日本では，その解雇が有効か否かという形で解雇権濫用法理（労契法16条）の中で争われる。この場合，労働条件の変更に同意しないことだけですぐに解雇の客観的かつ合理的理由になるわけではないという理解が一般的だ（大阪労働衛生センター第一病院事件：大阪地判平10・8・31）。

　一方，就業規則は労働契約で具体的に合意されていない内容を，その就業規則が存在する限りで契約の外から規律しているに過ぎない存在だと考えると（法規範説），就業規則の一方的な変更も可能とはいえるだろう。ただ，この考え方をとっても，労基法90条の意見聴取手続さえすれば，使用者はいつでもどんな内容にで

も変えられるのかという問題は生じる。

(3)　不利益変更の合理性

　企業が一方的に（個々の労働者との合意なく）定めたルールである就業規則と，企業と労働者の合意によって成立するルールである労働契約の関係をどのように理解すべきかについて，前掲最高裁秋北バス事件判決が「新たな就業規則の作成又は変更によって，既得の権利を奪い，労働者に不利益な労働条件を一方的に課することは，原則として，許されないと解すべきであるが，労働条件の集合的処理，特にその統一的かつ画一的な決定を建前とする就業規則の性質からいって，当該規則条項が合理的なものであるかぎり，個々の労働者において，これに同意しないことを理由として，その適用を拒否することは許されない」と判示して以降，裁判所は，これを先例として，就業規則が合理的なものである限り，個々の労働者が新設や変更に同意しないときであっても，拘束力を生じるとの立場を一貫してとってきた。

　また，実務もこれに従って対応してきた。秋北バス事件最高裁判決以降の裁判例を通じ，就業規則によるさまざまな労働条件変更の合理性が争われる中で，賃金や退職金等の重要な労働条件を不利益に変更するときは，高度の必要性がある場合に限って合理性を認めるべきとしつつ（大曲市農協事件：最判昭63・2・16），変更の必要性と内容，労働者が被る不利益の程度を踏まえて，代償措置の有無や交渉の経緯等の事情を総合考慮するという判断の枠組み自体は定着した。この判断の中では，変更にあたって倒産必至といった必要性までは求められておらず，事業運営に必要であれば変更の必要性を広く認めつつ，労働者が被る不利益の程度が大きくなるにしたがって，それに見合った必要性や代償措置を求めるとともに，経過措置や交渉の経緯等を考慮するほか，当該企業だけではなく同業他社の一般的状況も，考慮すべき事情のひとつとしてきた。

　たとえば，55歳から60歳への定年延長に伴い55歳以上の者のみ賃金を引き下げることを諸般の面からみて合理性があるとしたもの（第四銀行事件：最判平9・2・28）がある一方で，一部の者のみに不利益が大きく，多数派組合が合意したとしても合理性を欠くとしたもの（みちのく銀行事件：最判平12・9・7）もあり，事案ごとの諸事情が総合考慮されている。

⑷　不利益変更と労働者の同意

　2007年に制定された労契法は，基本的にそれまでの判例法理を前提として，労働者と合意しないまま，就業規則を変更することによって不利益に労働契約の内容である労働条件を変更することはできないとしつつ（労契法9条），就業規則変更によって労働条件を変更するときは，「変更後の就業規則を労働者に周知させ」ることに加えて，「労働者の受ける不利益の程度，労働条件の変更の必要性，変更後の就業規則の内容の相当性，労働組合等との交渉の状況その他の就業規則の変更に係る事情に照らして合理的なものであるとき」に，労働契約上の労働条件が就業規則の定める基準になるとした（労契法10条）。ただし，「労働契約において，労働者及び使用者が就業規則の変更によっては変更されない労働条件として合意していた部分」については，より有利な労働条件を定めているときに限るとされており（同条但書），労働契約によって合意されていた基準を上回っている労働条件，あるいは就業規則で変更しないものとして労働契約で具体的に合意していない労働条件については，周知と合理性が認められれば，不利益な変更であっても認められることになる。なんらかの事情で，使用者と労働者が通常の扱いと異なる労働条件を別途合意することは，まったくないわけではないが例外的であり，多くの場合に，就業規則の不利益変更は同条の問題となる。

　しかし，合理性の判断は必要性と不利益の程度，諸般の事情も考慮した総合判断であり，予見可能性が低いことは否定できない。このため，就業規則の変更にあたって，使用者が個々の労働者から変更の同意を得る対応がとられることがある。変更への同意をとることで，その変更内容が個別の労働契約として合意されたと考える余地もあるが，問題はある。交渉力が対等でない関係の下では，使用者が提示した変更提案を，内心は承諾しかねるものであっても同意せざるを得ない状況が生じるだろう。嫌なら拒否すればよい，同意したなら問題ないとしてしまうのは，いびつに形成された合意の効力を全面的に認めてしまうことになりかねない。

　学説上は，変更に労働者が合意した場合であっても合理性が問題になるとする立場と，合意があったという認定は慎重にするべきとしつつ，合理性は問題とならないとする立場の対立がある。これについて裁判例は，変更の合理性にかかわらず同意により適用されるとするものがあるほか（協愛事件：大阪高判平22・3・18，熊本信用金庫事件：熊本地判平26・1・24），最高裁は，単純に労働者から同意を得れば不利益変更が認められるわけではなく，「変更により労働者にもたらさ

61

れる不利益の内容及び程度，労働者により当該行為がされるに至った経緯及びその態様，当該行為に先立つ労働者への情報提供又は説明の内容等に照らして，当該行為が労働者の自由な意思に基づいてされたものと認めるに足りる合理的な理由が客観的に存在するか」を判断すべきとしており（山梨県民信用組合事件：最判平28・2・19），労働者の判断の前提となる正しい情報提供と説明があったか，自由な決定ができる状況でなされた同意であったかという面からみて不十分であったとすれば，その同意によって就業規則変更の効力が認められるわけではないとしている。

4　使用者の懲戒権

企業は一般的に，企業の秩序を乱した労働者に不利益処分を行う「懲戒制度」を設けている。懲戒制度は，単に就労しなかったため賃金を支払わないとか，成果を出していないから職能資格の評価を下げるといった処遇の変更を超えて，秩序に反する行為をした者に不利益を与え，非難を加える制度である。

(1)　懲戒処分の内容

民間企業には懲戒処分に関する法律上の定義はないが，国家公務員と地方公務員には，戒告，減給，停職，免職の懲戒処分が定められている（国家公務員法82条以下，地方公務員法29条以下）。明治以降，民間企業でも公務員の懲戒制度に準じて懲戒制度が整備され，定着したといわれる。このため一般的にはこのようになっているという意味であるが，次のような内容を定めていることが多い。

もっとも軽い処分としては，口頭や文書で将来を戒める戒告または譴（けん）責と呼ばれる処分がある。単に注意するにとどまることもあるが，反省文の提出を求めたり，人事評価を下げる要素としていたりすることがある。

次いで重い処分として，賃金の一部をカットして支給する減給処分がある。減給処分を行う場合は，処分1回について平均賃金の半額を超えてはならず，複数回の懲戒処分がなされたときも，その賃金支払い期の総額の1/10を超えてはならないとされている（労基法91条）。さらに重くなると，一定の期間出勤させない出勤停止があり，期間中は一般的に無給としていることが多い。

もっとも重い処分が，懲戒解雇である。懲戒解雇は，30日前に予告するか，それに満たない日数分の平均賃金を支払って行う普通解雇によらず，労基署長の許可を受けてただちに解雇する即時解雇とすることもできる（労基法20条参照）。ま

た，多くの場合，懲戒解雇された者には退職金の全額または一部を不支給とする規定が設けられている。

そして明文化されていないこともあるが，雇用を継続することが不可能な非違行為があったものの，ただちに懲戒解雇するのは酷であるというときに，一定の期日までに自己都合退職することを認めるが，本人が自主的に退職しないときは懲戒解雇するという，諭旨解雇ないし諭旨退職と呼ばれる処分を設けていることがある。

(2)　懲戒処分の定め

これらの懲戒処分の対象となる事由は就業規則のなかで列挙されているが，大別すると，①労務提供にかかわる規律違反，②企業施設・設備利用にかかわる規律違反，③職場秩序にかかわる規律違反がある。

①の労務提供にかかわる規律違反としては，無断の遅刻や早退または欠勤，業務命令に違反すること等があげられるほか，経歴詐称や職務上知った秘密の漏洩等もあげられる。②の企業施設・設備利用にかかわる規律違反としては，無断の企業設備や資材の使用や持出し，意図的な毀損等があげられる。そして③の例としては，同僚や第三者への加害行為，企業の財産や名誉信用を毀損する行為があげられる。均等法や育児・介護休業法は，セクシュアル・ハラスメントやマタニティ・ハラスメント，ケア・ハラスメントの防止・対応を事業主に義務づけており，それぞれの指針の中で加害者に対する懲戒処分を求めている。また，たとえ勤務時間外の私的な行動でも，企業の名誉や信用に悪影響を与える行為は懲戒事由とされている。

これら懲戒対象となる行為について，多くの場合に「その他各号に準ずる行為」といった包括的な定め方がされている。実際の懲戒処分でも，一つの行為を複数の懲戒事由に該当するとして行うことが多い。また，処分にあたって被処分者に対する告知・聴聞と弁明の手続も定められている。

(3)　なぜ懲戒処分ができるのか

企業に限らず一定の目的を持った人々が活動する社会集団（地域のコミュニティー，学校やクラブ・サークル，ボランティア組織，宗教団体，労働組合等あらゆる集団）は，程度の差こそあれ，その活動目的を実現するために構成員がすべきことやすべきでないことを定め，そのルールに違反したときに一定の制裁を設けて

いることが一般的である。ただ，それに対する制裁は，その集団の意思によって
行為者を排除することを超える不利益を与えることがそのまま認められるわけで
はない。企業が設けている懲戒処分制度も，事実として定着し，運用されてはい
るが，近代法の原則から考えると，一私人に過ぎない企業の行為なのだから，一
私人である労働者に対する人格的非難を含む不利益を与えることが当然に許され
るわけではない（企業以外の場面で，一個人が他者の名誉・信用を毀損することは違
法となることを想定して欲しい）。

　しかし，企業の懲戒権の根拠をどうみるかは，経営権や団体一般の権利とする
見解や，労働契約に求める見解に分かれ，一致していない。これに対して判例は，
企業はその存立と事業の円滑な運営の維持のために，秩序を定立し維持する権限
を有しており，労働契約を締結した労働者は企業秩序遵守義務を負うとしている
（富士重工業事件：最判昭52・12・13，関西電力事件：最判昭58・9・8等）。

(4)　懲戒処分の制約

　企業はそのような企業秩序維持のための権限を無制約に行使できるわけではな
い。懲戒制度は就業規則に定められていることが必要となる。懲戒制度を設ける
ときは就業規則に記載すべき相対的必要記載事項であることから（労基法89条9
号），懲戒権を企業の固有の権能とみるにせよ，労働契約に基づくとみるにせよ，
就業規則に内容と手続が定められていなければ行使できない。

　それを前提とした使用者の懲戒権の行使であっても，裁判所は権利濫用法理に
よって一定の制約をしてきた。現在ではこの制約法理が「当該懲戒に係る労働者
の行為の性質及び態様その他の事情に照らして，客観的に合理的な理由を欠き，
社会通念上相当であると認められない場合」は無効となるとして明文化されてい
る（労契法15条）。

　このため懲戒処分は就業規則の定める懲戒事由を対象として，一定の手続に従
い，あらかじめ定められた相当な範囲でされなければならない。

　就業規則でどのような行為を懲戒事由として定めておくかは，その内容が法令
や良俗に反するものでなければ認められるが，具体的な懲戒権の行使の場面で，
客観的に懲戒処分に値する行為であると評価できなければ結果的に無効となる。
行為の外形からみれば業務命令違反や職場秩序を乱す行為であったとしても，そ
の行為が労働者の故意や過失に基づいたものでなければ，懲戒処分の対象行為と
は認められない（精神的な不調が原因でなされた労働者の欠勤等に対する懲戒処分を

無効とした例として，日本ヒューレット・パッカード事件：最判平24・4・27）。また，問題とされた労働者の行為が，懲戒規定で想定されている程度の非違行為と評価できるかも問われることになる。処分時に使用者が認識していなかった事由を，懲戒処分を正当化する理由として事後的に主張することもできない（山口観光事件：最判平8・9・26）。

　相当性という点では，懲戒事由にあたるとされた行為と，それに対する処分の内容が社会一般の基準や前例と比べてバランスがとれていることも必要である。懲戒事由に該当することが認められたとしても，非違性の程度，企業秩序への影響，同種の事案の処分例との比較からみて，相当な範囲を逸脱していると無効とされる（上司への暴力行為から7年以上経過後の諭旨解雇処分は，処分時点では合理的理由があるとはいえず相当性を欠くとしたネスレ日本事件：最判平18・10・6）。

　また不利益処分一般に求められる原則として，同一事由に対する二重処分の禁止や告知・聴聞と弁明の機会を付与することも必要とされる。もっとも多くの裁判例では，就業規則の定めた手続が厳密に守られていなくても，実質的に告知や聴聞の機会が確保されていたと認められれば，必ずしも処分の効力を否定していない。

コラム2-3　就業規則と合意原則

　私たちが自由かつ対等な関係の中で，自律的に意思を示し，相手方も同様の条件で意思を示した結果，双方に一定の効果を発生させる合意があったと認められるから，契約は相互に拘束する。しかし，現実の世界では，情報が不十分であるために意思決定がゆがめられたり，対等でない関係の中で自律性を欠いた合意が形成されたりすることがある。

　このような不十分な合意は，錯誤（民法95条），詐欺や強迫（民法96条）によって効力を否定する余地もあるが，それが認められる範囲は限定的である。他方で，明確な嘘や脅しがあったとまではいえないものの，一定の背景や状況の下でそうせざるを得なかった合意について，そのすべてを無効にしてしまうと契約の存在意義が薄まってしまう。このようなグレーゾーンの中でなされた合意について，情報量や交渉力の対等性が成り立ちにくい実態を踏まえて一定の範囲で合意原則を修正しているのが，消費者保護法や労働法である。就業規則の制定や変更と合意にかかわる法制や法理も，このグレーゾーンがあることを前提としている。

　就業規則を使用者が一方的に制定することを踏まえると，契約に対する拘束力を否定してしまうというのも一つの対処法としてあり得る。フランスの労働法典は，基本的な労働条件決定を労働契約に委ね，就業規則で定められないようにしている。わかりやすい方法ではあるが，労働契約だけで労働条件を決めることを原則にしたところで，個々の労働者の決定を支える情報や自律性を担保する仕組みがなければ，いびつな合意が生み出され，それが承認されてしまう。

　もともと日本の労働法制は，就業規則自体に合意を実質化させることまでは求めておらず，その制定・改正時に過半数代表者からの意見「聴取」（労基法90条）を課しただけであった。自律的な決定の担保は労働組合による交渉と決定によることが期待されていた。しかし期待されたシステムが実際には機能していない場面で，論理としては脆弱で，予見可能性は低いとしても，就業規則の拘束力に「合理性」という制約を裁判所が付したことは，まっとうな問題意識に基づく対応だったといえる。

　2007年に制定された労働契約法は合意による労働条件変更を原則とし（労契法8条），合意による労使自治を実現することを目指したが，その理念を支える土台が実際に機能しているのか，どうしたら労働の場で自律的な意思決定ができるのかは，なお検討し続けなければならない課題である。「合意した」という形式をそのまま有効な労働契約の変更や，有効な就業規則変更への同意であると認めてしまうと，労働者は著しく高いリスクのある決定を「自らの意思で」することになる。労働条件変更の効力は，労働者の意思がどのようなバックグランドの中で示されたのかを考えて，判断しなければならない。

第4節　多様な就労形態

トピック　雇用の安定性を欠く非正規雇用労働者

～天気が悪くてお客がまばらなカフェ「56」（ゴロー）のアルバイター。カウンター周辺で一休み～

未悠「春香ちゃん，注文の取り方とか，会計の仕方とか，ずいぶん慣れてきたね。」

春香「ありがとうございます！常連さんも優しい人が多くて，ここでバイトできて良かったです！」

未悠「そうね。前働いていたファミレスでは，シフトの調整や売上の計算までしてたのに，社員の半分ももらえていなかったのはショックだったなぁ。」

亮「俺もいろいろやったけど，フードデリバリーのバイトは基本給プラス1件いくらの出来高で給料をもらえてやる気が出たよ。休みが全然なかったけどね。」

未悠「え？休みがなかったの？それっておかしくない？」

亮「そうなの？あのときは新しいスニーカーが出たからお金欲しくて，俺には週7が丁度良かったんだけど。」

未悠「あんたがいいならいいけどさ。フツーは休みがないってブラックよ。」

亮「そういや，契約書みたいなものもまともにもらってなかった気もするな。結局その年は単位もほとんど取れなかったから辞めて，ここにいるわけよ。」

春香「だから亮さん1年の私と英語同じクラスなんですね。でもときどき休んでませんか？」

亮「それは寝坊とかバイトとか………。」

未悠「えー！懲りずにまたバイト増やしてるの？」

亮「いや，雑貨の仕分けとか，メール便のシール貼りとか，単発で入れる派遣が結構あって。派遣って登録しておけば融通が利いて便利なんだよ。ほら，就活の資金もためなきゃだろ？」

未悠「それはそうなんだけど。卒業できなきゃ元も子もないよね。」

亮「そのあたりは春花やJoeにノート貸してもらったり，勉強教えてもらったりとか。」

Joe「僕，webのマッチングサイトを使って英語の先生のバイトもしているから，その料金でひきうけるよ。」

亮「カネ取るのか～！卒業できなくて，一生日雇や派遣をやるよりは安いか！」

春香「フリーターは，自分の時間は確保できそうだけど，一生となると考えちゃいますね。不安定そう。」

未悠「ねぇ，ここで正社員に転換して働かせてもらうという手もあったりして？長

> ＜働けば認めてもらえないかな？」
> Joe「吾郎店長，もう一つお店出そうか何て話しをしていたね。」
> 亮「その手があるか！そうとなれば，ますます張り切って働こう！」

　世の中にはいろいろな働き方がある。せっかくならそれぞれの良し悪しを見極めて，自分に合った働き方を選びたいもの。アルバイターのみんなが就いてきた働き方には，それぞれどのような特徴があって，出会ったトラブルはどのような法的論点を抱えているのだろうか？この節で非正規雇用というタイプの働き方のルールについて学んでみよう。

1　働き方の多様化

　労働契約に基づいて働く，と一口に言っても，その契約の取り決め方によって雇用形態は様々だ。多くの人が就活で目指すのは「正社員」としての職だろうし，学生時代に居酒屋で「アルバイト」をした人も，アパレルショップの販売に従事する「契約社員」になった人もいるだろう。

　日本で比較的多数を占める雇用形態は，正規雇用（典型労働）である。これに従事する人は，一般に正社員（正規労働者）と呼ばれる。正社員は，①労働契約に期間の定めがなく（無期労働契約），②法定労働時間（週40時間，一日 8 時間）程度働き，③労務を提供する相手方と直接労働契約を締結している（直接雇用）という特徴がある。比較的難易度の高い仕事に従事して，昇進もあり，企業の基幹的な労働力として位置付けられることが多い。

　これに対し，正規雇用を構成する①～③の要素のいずれかを満たさない働き方は，非正規雇用（非典型労働）と呼ばれる。非正規雇用に従事する人（非正規労働者）は，従来，比較的単純，補助的，臨時的な労働に従事することが多く，その分，賃金等を低く抑えられてきた。しかし徐々に経営環境が厳しくなるにつれて，企業がコスト削減を主な目的に正社員を非正規労働者に置き換える動きが広まり（この点については，本節末のコラム「増大する「非正規」労働者」を参照），非正規労働者が基幹的業務に従事する例が増えてきた。にもかかわらず，コスト削減を目的として置換えが進んだ経緯などからこれに見合うほど非正規労働者の労働条件は改善されず，人間らしい生活を送ることができる収入を得られない労働者（ワーキングプア）も現れた。

　様々な働き方があることは，自由な経営を望む使用者にとっても，自身の価値観にあった働き方を願う労働者にとっても望ましい。しかし，非正規労働者の生

活は不安定になりがちで，正社員と比較して不釣り合いに低劣な労働条件下に置かれていることも多い。こうした課題を乗り越えて適切な雇用を実現するために，それぞれの非正規労働の特徴に応じた法的規制が整備されている。

　非正規労働者の労働条件保護は，パートタイム労働者と有期雇用労働者については，「短時間労働者及び有期雇用労働者の雇用管理の改善等に関する法律」（パート有期法。条文の引用では短有労）を中心に，派遣労働者については，「労働者派遣事業の適正な運営の確保及び派遣労働者の保護等に関する法律」（派遣法）を中心に行われている。それぞれに対する法規制について順に概説することにしよう。

2　パートタイマー

(1)　パートタイム労働者の定義

　パート有期法は，パートタイム労働者と有期雇用労働者を保護することを目的とした法律である。その内容は，両者を対象とするものと，特に有期雇用労働者を対象とするものに分かれる。以下，まずはパートタイム労働者を前提にその内容を概説し，追って有期雇用労働者向けの規制に触れることにしよう。

　まず，パート有期法の適用を受ける「パートタイム労働者」（短時間労働者）とは，一週間の所定労働時間が同一の事業所に雇用される通常の労働者の一週間の所定労働時間に比し短い労働者である（短有労2条）。ここでいう「通常の労働者」は一般的には正社員なので，おおまかに言い換えれば，正社員よりも労働時間が短い者が「パートタイム労働者」である。これによれば，日常用語でいうアルバイトの多くは「パートタイム労働者」だろうし，逆に「パート」として働いていたとしても正社員と同等の労働時間で働いていれば（「疑似パート」と呼ばれる），この法律の「パートタイム労働者」ではない。また，パートタイム労働者が期間の定めのある労働契約を締結していることも多い。この場合は，パートタイム労働者という属性と有期雇用労働者という属性が重複することになる。

(2)　共通規制
(a)　労働条件の明示・説明義務

　パートタイム労働者は，正社員よりも簡易な手順で採用されることが多いため，労働条件の内容も曖昧になりがちだ。そこで採用時には，労基法15条の明示義務事項に加えて，パートタイム労働において問題になりがちな昇給，退職手当，賞

与の有無についても労働者に文書の交付等により明示し（短有労 6 条 1 項），均等・均衡待遇を実現するための措置や転換制度について説明すること（短有労14条 1 項）等を事業主に義務付けて，労働条件の明確化を図っている。

(b)　通常の労働者への転換

パートタイム労働が正規労働よりも不安定であるならば，正規労働への転換を推進して雇用の安定を図ることが望ましい。この観点から，パート有期法は事業主に，①通常の労働者を募集する際に，その内容を当該事業所で雇用するパートタイム・有期雇用労働者に周知すること（短有労13条 1 号），②通常の労働者の配置を新たに行う場合に，当該事業所で雇用するパートタイム・有期雇用労働者に当該配置の希望を申し出る機会を与えること（同 2 号），③パートタイム・有期雇用労働者から通常の労働者への転換制度を設けること（同 3 号）のいずれかの措置を講じる義務を課している。

(c)　実効性確保

事業主は，パートタイム・有期雇用労働者からの苦情の申し出に応じ，その苦情を自主的に解決する努力義務を負う（短有労22条）。当事者は都道府県労働局長に対して紛争解決の援助を求めることも認められており，必要な助言，指導，勧告（同24条 1 項），紛争調整委員会による調停が実施される（同25条 1 項）。これらの申請をしたことを理由とする不利益取扱いは禁止される（同24条 2 項・25条 2 項）。

厚生労働大臣も，必要に応じて，事業主に対して報告を求め，助言，指導，勧告を行うことができる（短有労18条 1 項）。一定の事項について勧告に従わない場合には，企業名を公表することも認められている（同条 2 項）。

(3)　パートタイム労働者の年休

パートタイム・有期雇用労働者も労働者である以上，年休権が保障される。ただし，週の労働日が 4 日以下の場合や年間労働日数が216日以下の場合は，年休権の有無が判定される期間の週あるいは年間の労働日数に応じて，以下の図のように付与される日数が変化する。

週労働日数	年間労働日数	6月	1年6月	2年6月	3年6月	4年6月	5年6月	6年6月
4	169-216	7	8	9	10	12	13	15
3	121-168	5	6	6	8	9	10	11
2	73-120	3	4	4	5	6	6	7
1	48-72	1	2	2	2	3	3	3

3　有期雇用労働者

(1)　期間の定めの意義と規制の枠組み

　パート有期法における「有期雇用労働者」とは，事業主と期間の定めのある労働契約を締結している労働者を意味する（短有労 2 条 2 項）。「契約社員」や「嘱託社員」は，法律用語ではなく，各企業で様々な定義がなされるももの，それぞれ一般的には，正社員並みの労働時間働くものの労働契約に期間の定めがある者，定年退職後に有期労働契約で再雇用された者を指すことが多い。

　労働契約に期間の定めがあることは，一つには，その期間中，雇用を維持することが約束されていることを意味する（雇用保障機能）。この意味では，労働者にとっては期間の定めが長ければ長いほどメリットがありそうだが，逆の面からいえば，その期間中，労働者は退職することができないことを意味する（人身拘束機能）。劣悪な労働条件であってもこれから逃れにくくなるこの機能に着目して設けられたのが，期間の定めの上限を設定する労基法14条である（この点については，第 2 章第 1 節 4 .「労働契約の期間」参照）。また，期間の定めがあることは，その期間の満了によりその労働契約が終了することを意味する（自動終了機能）。もっとも，契約期間が満了しても引き続きその労働契約が更新されて継続することも多い。このような場合に期間の定め通りに契約を終了して契約を更新しないことが雇止めとして紛争化することもある（この点については，第 2 章第12節 5 .「雇止め」参照）。

　パート有期法は有期雇用労働者も保護の対象としている。その保護内容は，前述の「共通規制」の項に書かれた労働条件の明示・説明義務，通常の労働者への転換，実効性確保のほか，後述する雇用形態差別禁止について，パートタイム労働者のそれと同じである。これらの内容については各該当箇所を参照してもらうこととして，以下では有期雇用労働者に特有の無期労働契約への転換制度について説明しよう。

(2)　無期労働契約への転換

　使用者は仕事をさせるために労働者を雇うのだから，期間の定めの有無や内容は，その仕事をさせる必要がある期間に対応して決まるはずである。この考え方によれば，有期労働契約はイベントの開催準備やビルの建築作業など，期間の決まった仕事のために用いられることになる。しかし現実には，何年も続いている

塾の講師や企業の事務仕事のように，恒常的な仕事についても有期労働契約が用いられていることがある。このズレが生じる理由の一つは，労働契約を有期にしておくことで，雇用調整の必要性が生じたときに労働者を解雇するのではなく，雇止めをする——つまり契約期間の満了により労働契約が終了したにすぎない，更新するかしないかは採用の自由の範囲に含まれる——という形を取ることで，使用者が解雇規制を免れようとすることにある。もっともこれは実態的には解雇規制（→第 2 章第12節 2 ．「解雇」）を不当に免れているように見えるし，労働者の立場を不安定にするもので望ましい有期労働契約の利用方法ではない。そこでこのような利用方法を制限すべく，雇止めを規制する判例法理と，これを明文化した労契法の定め（労契19条）が設けられ（→第 2 章第12節 5 ．「雇止め」），他方で以下のような無期労働契約への転換制度が設けられた（労契18条）。

　使用者に対して無期労働契約の転換を求めることができる有期契約労働者とは，同一の使用者との間で締結された 2 以上の有期労働契約（契約期間の始期の到来前のものを除く）の契約期間を通算した期間が 5 年（高度専門労働者や定年後再雇用労働者が一定の要件を満たす場合について有期雇用特別措置法による例外がある）を超える有期契約労働者である。図 A の上段のように， 1 年契約を更新して 6 年目に入ったときがこの資格を満たす典型例だが，下段のように 3 年契約を 1 回更新して働き始めた場合も通算期間が 5 年を超えるのでこの資格を満たす。こうした有期契約労働者が，当該使用者に対し，現に締結している有期労働契約の契約期間が満了する日までの間に，当該満了する日の翌日から労務が提供される期

【図A】

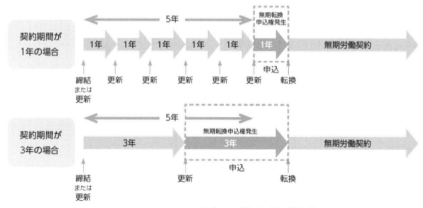

出典：厚労省「無期転換ルールハンドブック」

間の定めのない労働契約の締結の申込みをしたときは，使用者は当該申込みを承諾したものとみなされる（労契18条1項）。ただし，有期労働契約と次の有期労働契約との間に6か月以上（通算された期間が1年未満の場合はその2分の1以上）の空白期間（クーリング期間）が存在する場合は，期間の通算がなされない（同条2項）。

　この無期転換制度を用いた有期雇用労働者は，その使用者の下で正社員になることができるようにもみえる。これは望ましい取扱いだが，この制度が使用者に義務付けているのは有期労働契約を無期労働契約に転換することまでであって，転換される有期雇用労働者の労働条件を正社員（無期労働契約）のそれと同一にすることまでは含まれない。

4　派遣労働者

⑴　派遣労働の当事者関係

　労働契約を締結して労働者が働く場合，その労働者に対して指揮命令をするのはその労働契約の相手方である使用者であることが普通である。しかし派遣労働は，①派遣労働者，②派遣元，③派遣先の3つの当事者が登場し，①派遣労働者が労働契約関係の無い③派遣先からの指示を受けて働く点に特徴がある。

　三者の関係をもう少し丁寧に整理すると（図B参照），①派遣労働者は②派遣元と労働契約を締結し，その指示を受けて③派遣先で就労するが，賃金は②派遣元から提供される。②派遣元は，③派遣先と派遣契約を締結し，②派遣元から提

【図B】派遣労働の当事者関係

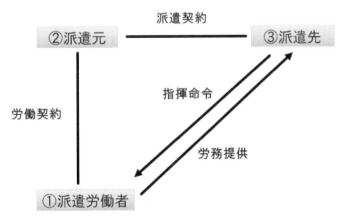

供される①派遣労働者の人数やこれらが担当する業務内容などを取り決め，派遣の対価としての派遣料金を受領する。③派遣先は，②派遣元から提供された①派遣労働者を実際に指揮命令し，自身の事業のために利用する，という関係である。このような，自身で直接労働者と労働契約を結ばずに，他人がその労働者と締結している労働契約を利用してその労働者を使用する雇用の形は，間接雇用と呼ばれる。

(2) 派遣労働の特徴と問題性

派遣労働は，派遣労働者にとっては，自身が働きたい仕事を派遣元に申し出ておけば，これに近い仕事に従事するチャンスが生まれる点などで便利な部分がある。また，派遣先にとっては労働者を雇用することに伴う負担が軽減され，臨時的な労働力需要に柔軟に対応しやすい利点がある。

反面，派遣労働には，派遣労働者の雇用に関する責任の所在が不明確になりがちという問題性もある。労働者を直接雇っている場合には，その労働者を辞めさせる場合には解雇に関する規制を受けるが，派遣先が派遣労働者を使用することを辞めることにはこのような障害はない。派遣元にとって派遣先は顧客であり，派遣労働者が派遣先でトラブルに遭ったとしても，派遣先に対して強く申出をしにくい。

こうした問題性をふまえ，派遣労働が，供給契約に基づいて労働者を他人の指揮命令を受けて労働に従事させる労働者供給の一種として位置付けられ，強制労働や中間搾取，使用者責任の不明確化を生じるとして全面的に禁止されていた（職安44条）時期もあった。しかし派遣労働は，企業にとって必要な専門性を持つ労働者を得やすい便利な雇用形態として社会で広く利用され，完全禁止をすることは現実的ではなくなっていった。そこで1985年に派遣法を制定し，職安法の労働者供給の定義から派遣労働を除外して（職安4条6項），派遣労働を認めつつ，規制を講じるという方針が採用された。こうして制定された法律が，数度の改正を経て現在の「労働者派遣事業の適正な運営の確保及び派遣労働者の保護等に関する法律」（派遣法）となった。

(3) 派遣法の規制

(a) 派遣事業の適正化

派遣法は，派遣事業の実施を許可制として派遣労働の適正化を図っている（派

遣 5 条）。許可を得るためには，特定の者に派遣労働者を派遣するために事業を実施するものではないこと，派遣労働者のキャリア形成を支援する制度を整備することなどの条件を満たす必要がある（派遣 7 条 1 項）。法令や許可条件に反した場合は，事業の停止や，許可の取消が行われる（派遣14条）。また，事業所ごとの派遣労働者数やマージン率等の公表を派遣元に義務付けている（同23条 5 項）。

派遣法が懸念していることの一つに，正社員が派遣労働者に置き換えられてしまうこと（常用代替）がある。これを防止するために，派遣会社がこれが属するグループの企業に労働者を派遣する割合は，派遣する労働者全体の 8 割以下にしなければならないこと（派遣23条の 2 ），ある企業を離職した労働者を同じ企業が派遣労働者として受け入れるためには，その労働者の離職から 1 年以上経過していなければならないこと（派遣40条の 9 ）というルールが設けられている。

(b)　派遣対象業務と派遣期間

派遣労働の解禁は当初特定の専門的業務に限定して行われたが，現在では港湾運送，建設，警備，医療関係等（派遣 4 条 1 項）を除く全ての業務への派遣が認められている。但し，常用代替を防止する観点から，派遣可能な期間について，派遣先事業所単位，派遣労働者個人単位という 2 つの単位から制限が設けられている。

まず同一事業所における派遣労働者の受入は，原則 3 年までである（派遣40条の 2 第 1 項・ 2 項）。ただし，派遣先の過半数労働組合，これがない場合には過半数代表者の意見を聴くことにより上限なくこの期間を延長することができる（派遣40条の 2 第 3 項・ 4 項）。

もう一つの個人単位の期間制限とは，派遣先の同一の課やグループなどの組織単位（派遣26条 1 項 2 号，派遣則21条の 2 ）で，同一の派遣労働者を継続的に受け入れることができるのは 3 年まで（派遣35条の 3 ・40条の 3 ）というものである。

これらの派遣期間の制限は，派遣労働者が無期雇用，60歳以上等（派遣40条の 2 第 1 項， 2 項等）の場合には適用されない。また，派遣終了と次の派遣開始の間の期間が 3 か月を超えるときは，どちらの期間制限の計算においても前後の派遣期間が通算されず，次の派遣開始から改めて期間制限が起算される（クーリング期間）。日々または30日以内の期間を定めて雇用する日雇派遣は原則禁止される（同35条の 4 ）。

(c)　紹介予定派遣

派遣法では，派遣先が派遣前に面接を行うなどして，派遣労働者を特定するこ

とは認められていない（派遣26条 6 項）。しかし，派遣先に正社員として雇用されることを予定する紹介予定派遣（派遣 2 条 4 号）に限り，円滑な直接雇用への転換が見込まれることを理由に，例外的に派遣労働者を特定する行為が認められている。

(d)　派遣労働者の雇用安定

(i)　派遣契約に関する規制

派遣労働の不安定さを軽減するために，派遣法は派遣元，派遣先それぞれに対して派遣労働者の雇用安定に資する取組を求めている。

派遣労働者の仕事の有無や労働条件に強い影響を与える派遣契約の締結にあたり，派遣元・派遣先双方は派遣契約の解除に伴い派遣労働者の雇用安定に支障が出ないようにするための措置——派遣労働者の就業機会の確保や休業手当の負担関係等——をこれに定めておかなければならない（派遣26条 1 項 8 号）。仮にこのような定めを置かなかった場合でも，派遣先が自身の都合で派遣契約を解除する場合は，同様の措置を講じなければならない（派遣29条の 2 ）。

(ii)　派遣元による雇用安定

派遣元については，同一の組織単位に継続して 1 年以上派遣される見込みがあるなど一定の有期雇用派遣労働者について，派遣先へ直接雇用の依頼や新たな派遣先の提供，派遣元による無期雇用など，雇用の安定を図るために必要な措置（雇用安定措置）を講じるよう努める義務を負う（ 3 年以上については義務。派遣30条）。また，キャリアアップを図ることを目的として，雇用する派遣労働者に対して教育訓練を行うよう努める義務や，希望者に対してキャリア・コンサルティング等キャリアに関する相談を行う機会を確保する義務を負う（派遣30条の 2 ）。

また，派遣元は，派遣先が派遣就業を適正に行うよう適切な配慮をしなければならない（派遣31条）。派遣労働者を雇用，派遣する場合にはその待遇について説明し（派遣31条の 2 第 1 項〜 3 項），派遣労働者から比較対象者との待遇の相違の理由の説明を求められたとき（同条 4 項）には，これを理由として不利益取扱いをしてはならない（同条 5 項）。また，派遣元は派遣に関する料金の額を派遣労働者の雇い入れ時などに明示し（派遣34条の 2 ）。派遣労働者に係る事項について就業規則を作成，変更しようとするときは，派遣労働者の過半数代表者の意見を聴くよう努めなければならない（派遣30条の 6 ）。

(iii)　派遣先による直接雇用義務

派遣先には， 1 年以上継続して同一の派遣労働者が従事してきた業務に新たに

労働者を雇い入れようとする場合，右派遣労働者が希望した場合にはこの者を雇い入れるよう努める義務を負わせている（派遣40条の4）。また，違法な派遣労働（①禁止派遣業務への派遣の受入，②無許可・無届けの派遣事業者からの派遣の受入，③派遣可能期間の制限を超える派遣の受入，④偽装請負による受入）をさせた場合，これらが違法派遣であることを無過失で知らない場合でない限り，これらによる役務の提供を受け始めた時点で，右派遣労働者に直接雇用の申込みをしたものとみなすものとされた（派遣40条の6）。これを受けて派遣労働者がこの申込みを承諾すれば，派遣先との間に労働契約が成立することになる。

5 雇用形態差別

(1) 雇用形態間格差の問題状況

非正規労働者の賃金等の処遇は，一般的にいって正規労働者よりもよくない。この裏には，戦後，日本の働き方が正規労働中心に構成され，非正規労働は女性や学生が生活の足しにするために従事する補助的・一時的労働として位置づけられてきた歴史がある。

自分で応募して非正規労働に就いたのだから，処遇がよくないのも我慢すべきともいえそうである。しかし企業が正規労働者よりも割安と考えられた非正規労働者の活用を進めた結果，非正規労働者は雇用労働者全体の4割近くを占めるようになった。正規労働の働き方に場所的・時間的な「無限定性」が残ることで，家庭責任を負う人や体調に不安を感じる人が非正規労働を選ばざるを得ない実態もある。これを放置することは，個人の生存権を保障する意味でも経済政策的にも適切ではないだろう。

こうした認識を背景の一つに，労契法3条2項は，労働契約は，労働者及び使用者が，就業の実態に応じて，均衡を考慮しつつ締結し，または変更すべきことを定める。比較される当事者間で同一の取り扱いを求める均等待遇に対し，この規定が定める均衡待遇は，当事者間の働き方の違いに応じたバランスの取れた待遇を求めるものである。労基法3条2項は，ある取扱いに違法評価を与えるものではないが，労働契約の解釈のあり方を示す規定として，次の雇用形態間における均等・均衡待遇を求める規定を後ろから支えている。

雇用形態間の均等・均衡待遇を求める規定は，①フルタイム・パートタイム労働者間，②無期・有期雇用労働者間，③派遣・派遣先労働者間について定められている。③派遣と①②これ以外とでは考え方が異なるため，両者を区別して整理

してみよう。

⑵　パート・有期労働と雇用形態差別

パート・有期法は，フルタイム・パートタイム労働者間，無期・有期雇用労働者間の不合理な待遇の禁止（均衡待遇，8条）と，差別的取扱いの禁止（均等待遇，9条）を定める。

⒜　不合理な待遇の禁止

不合理な待遇の禁止とは，事業主は，その雇用するパート・有期雇用労働者の基本給，賞与その他の待遇のそれぞれについて，当該待遇に対応する通常の労働者（いわゆる正規労働者）の待遇との間で，当該パート・有期雇用労働者および通常の労働者の①業務の内容および当該業務に伴う責任の程度（これらを合わせて「職務の内容」という），②当該職務の内容および配置の変更の範囲，③その他の事情のうち，当該待遇の性質および当該待遇を行う目的に照らして適切と認められるものを考慮して，不合理と認められる相違を設けてはならない（短有労8条）というルールである。この規定は，改正前の本法（パートタイム労働法）8条と労契法20条を元にして制定されたため，この規定の解釈にあたっては，これらの条文に関する先例も参考になる。

均衡がとれていることを求められる待遇には，条文にある基本給や賞与はもちろん，教育訓練や福利厚生など一切の待遇が含まれる。本条は，「同一労働同一賃金原則」を定めたものと呼ばれることがあるが，同一労働に従事していなければ待遇差が不合理と認められないわけではない。問題の待遇の性質やその目的に着目して，待遇ごとに，問題の差が不合理とはいえない程度に釣り合いが取れたとれたものか検討される。

通勤手当や皆勤手当など，職務の内容等に直接関連しない待遇差については比較的不合理性が認められやすい（ハマキョウレックス事件・最判平30・6・1，長澤運輸事件・最判平30・6・11）。他方，基本給や賞与など職務の内容等との関わりが比較的強く，多様な人事上の目的や評価が関わる差についても不合理性を認めた裁判例が現れつつある（基本給：学校法人産業医科大学事件・福岡高判平30・11・29，賞与：大阪医科薬科大学事件・大阪高判平31・2・15，退職金：メトロコマース事件・東京高判平31・2・20。なお，賞与・退職金の各事件は，最高裁では不合理ではないと判断された（最判令2・10・13））。

本条違反が認められた場合には，当該行為は不法行為，法律行為であれば無効

となる。無効となった部分については，通常の労働者の労働条件を参考に，労働契約や就業規則の定めを解釈することなどを通じて補充される。

(b)　差別的取扱いの禁止

もう一つの差別的取扱いの禁止とは，「通常の労働者と同視すべき短時間・有期雇用労働者」については，パート・有期雇用労働者であることを理由として，基本給，賞与その他の待遇のそれぞれについて，差別的取扱いをしてはならない（短有労 9 条）というルールである。こちらは同一の待遇を義務づける点で不合理な取扱いの禁止とは異なる。法違反が認められたときの効果は，不合理な待遇の禁止と同様である。

「通常の労働者と同視すべき短時間・有期雇用労働者」は，①職務の内容が当該事業所に雇用される通常の労働者と同一のパート・有期労働者（職務内容同一短時間・有期雇用労働者）であって，②当該事業所における慣行その他の事情からみて，当該事業主との雇用関係が終了するまでの全期間において，その職務の内容および配置が当該通常の労働者の職務の内容および配置の変更の範囲と同一の範囲で変更されることが見込まれるものを意味する（短有労 9 条）。パート・有期雇用労働者が正規労働者のような昇進や転勤の取り扱いを受けることが珍しいことを考えると，特に②の要件を満たす例（ニヤクコーポレーション事件：大分地判平25・12・10）はそれほど多くない。

(c)　その他の均等・均衡待遇に関する定め

通常の労働者と同視すべきと認められないパート・有期雇用労働者についても，通常の労働者との均衡を考慮しつつ，当該パート・有期雇用労働者の職務の内容，職務の成果，意欲，能力または経験その他の就業の実態に関する事項を勘案して賃金を決定する努力義務が事業主に課されている（短有労10条）。

事業主は，職務の内容や責任が通常の労働者と同一のパート・有期雇用労働者については，通常の労働者が従事する職務の遂行に必要な教育訓練と同様の教育訓練を原則として実施する義務，同一でないパート・有期雇用労働者に対しても実施する努力義務が課されている（短有労11条）。福利厚生施設の利用機会については，事業主はすべてのパート・有期雇用労働者に利用機会を付与するよう配慮する義務（短有労12条）を負う。

(3)　派遣労働と雇用形態差別

派遣先労働者と派遣労働者との均等・均衡待遇も，パート・有期雇用に関する

それと同じような条文構造で定められている。均衡待遇については，派遣元事業主は，その雇用する派遣労働者の基本給，賞与その他の待遇のそれぞれについて，当該待遇に対応する派遣先に雇用される通常の労働者の待遇との間において，当該派遣労働者および通常の労働者の職務の内容，当該職務の内容および配置の変更の範囲その他の事情のうち，当該待遇の性質および当該待遇を行う目的に照らして適切と認められるものを考慮して，不合理と認められる相違を設けてはならない（派遣30条の 3 第 1 項）と定められる。均等待遇については，派遣元事業主は，職務の内容が派遣先に雇用される通常の労働者と同一の派遣労働者であって，当該労働者派遣契約および当該派遣先における慣行その他の事情からみて，当該派遣先における派遣就業が終了するまでの全期間において，その職務の内容および配置が当該派遣先との雇用関係が終了するまでの全期間における当該通常の労働者の職務の内容および配置の変更の範囲と同一の範囲で変更されることが見込まれるものについては，正当な理由がなく，基本給，賞与その他の待遇のそれぞれについて，当該待遇に対応する当該通常の労働者の待遇に比して不利なものとしてはならない（同条 2 項）と規定される。これら以外に，派遣元事業主は派遣先に雇用される通常の労働者との均衡の取れた賃金を決定する努力義務を負う（派遣30条の 5 ）。

　派遣労働に関する均等・均衡待遇規定に特徴的なのは，派遣元事業主が過半数代表者との間で労使協定を締結し，その内容が遵守されている場合には，これらの規定が適用されないものとされていることである（派遣30条の 4 第 1 項）。この労使協定には，適用対象となる派遣労働者の範囲（ 1 号），派遣労働者が従事する業務と同種の業務に従事する一般の労働者の平均的な賃金の額として厚生労働省令で定めるものと同等以上の賃金の額（ 2 号イ）と職務の内容，職務の成果，意欲，能力または経験その他就業の実態に関する事項の向上があった場合に賃金が改善されること（同号ロ），こうした賃金の決定が公正な評価の下に行われること（ 3 号），通常の労働者との比較において不合理でない賃金以外の派遣労働者の待遇（ 4 号），教育訓練の実施（ 5 号），その他厚労省令で定める事項（ 6 号）を記載し，雇用する労働者に周知する必要がある（同条 2 項）。

　均等・均衡待遇を実効化するには，実際に派遣労働者を使用している派遣先の協力を得ることが効果的である。派遣先は，派遣先労働者に業務と密接に関連した教育訓練を実施する場合，これを実施困難な派遣元の求めに応じて，派遣労働者にもこの教育訓練を実施する義務（派遣40条 2 項），派遣先労働者が利用する給

食施設や休憩室，更衣室について派遣労働者にも利用の機会を与える義務（同条3項）などを負う。

コラム 2 - 4　増大する「非正規」労働者

　全雇用者に占める非正規労働者の割合は，長期的に見れば増加傾向にある。総務省の「労働力調査」によれば，1984年には15.3％にとどまっていたが，2022年には36.9％になった。もっとも2011年（35.1％）と比べると増加幅はわずかで，2019年（38.3％）と比べると若干の減少傾向にあるなど，近年では増加傾向は収まり気味で，雇用者の4割弱が非正規労働者という構図が定着しつつある。数的には非正規労働者はもはや「非正規」とは言いがたい状態になっている。

　非正規労働者の増加によって懸念される点の一つとして，その雇用の不安定さ，労働条件の低さによって，その労働者の生活とともに社会も不安定になることがある。一般の正社員の1ヶ月の賃金の平均と非正規労働者の短時間労働者のそれを比べたときの差は，若いとき（例えば20〜24歳）は，正社員216.6千円，これ以外183.0千円と，そこまで大きくない。しかし定年が近づく55〜59歳になると，それぞれ393.0千円，201.5千円と大きく広がる（厚労省「令和3年賃金構造基本統計調査」）。正社員に対して教育訓練を実施している企業が非正規労働者にも教育訓練を実施している割合は，日常の業務に従事しながらの訓練にせよ，業務を離れて行われる研修のようなものにせよ，半分に満たず（厚労省「能力開発基本調査」（令和3年度）），キャリアを形成する機会にも恵まれない。一度非正規労働で働き始めると，なかなかそこから抜け出すことができない実態も見えてくる。

　正社員として働く機会がなく，非正規雇用で働いている者（不本意非正規雇用）の割合は2021年において10.7％であり，これは2013年の19.2％の半分程度になっている（総務省「労働力調査（詳細集計）」）。自身の労働観にあった働き方ができることは望ましいから，この傾向自体は悪くない。ただし，正社員の働き方が硬直的であるために，育児や体調不良などによって正社員として働く可能性をそもそも視野に入れていないケースがありうることにも留意が必要だろう。

　また近年では，非正規労働者の労働条件保護が進んだことともあいまって，労働者の代わりに労働法の適用を受けない個人事業主を活用する動きも生まれつつある。こうした個人事業主への法的保護のあり方を考えることも，「非正規」労働者の労働条件を支える意味を持つことになるだろう。

第 5 節　賃　金

トピック　お店の経営が悪化！労働者の賃金を守るには？

　お店が終業した後，スーパーで働くＡさんらは後片付けをしながら，今月の給料の支払いのことで話をしていた。

Ａさん「今日の店長の話，覚えてる？今月の給料も支払いが遅れるんだって。本当は15日が支払日なのに，先月は20日，今月は25日以降になるかもしれないなんて……今月も貯金を切り崩していかないと生活していけないよ」

Ｂさん「近くに大手のスーパーができたせいで売り上げが激減してるみたいだよ。店長の話だと，今月も売り上げが厳しいらしくて，給料も支払えるか分からないって愚痴っていたよ。それで，店で売れ残ったものは何でも持っていっていいらしいけど，持っていった分は給料から天引きするってさ。先々月，店長が野菜を持っていっていいよって言うから，いくつか持って帰ったんだけど，その分，先月分の給料からきっちり差し引かれていてびっくりしたよ。店の売れ残りを持ち帰った分を，給料から天引きするなんて，そんな話全く聞いてなかったよ。」

Ｃさん「給料からの天引きってことなら，僕も経験あるよ。先月，慌てて品出しをしていたときにカートをぶつけて壊しちゃったんだけど，修理費もきっちり給料から引かれていたよ。大丈夫だからって店長は言っていたから安心していたのに。」

Ｄさん「店長ってそこらへんはシビアだよね。半年前，子供が急に発熱しちゃって１日休んだんだけど，その分も給料から引かれてた。先月の給料が少し少ないから，どういうことですかって店長に聞いたら，半年前に休んだ分を引いたんだって。半年前のことなんて，私自身も忘れてたよ。」

Ａさん「店長も相当困っているみたいだから，給料で減らせそうなところは何とか削っていこうとしてるみたいだね。来月はもっと売り上げが厳しいかもしれないらしくて，冗談かもしれないけど，給料の支払いはもっと先，再来月になるかもなんて話していたよ。来月は親戚の結婚式もあって出費がかさむのに，頭が痛いよ。」

Ｂさん「このまま売り上げが厳しいと，開店時間を短くして，その分，私たちに交代で休みを取ってもらうことも考えていると言っていたよ。勤務時間が減るのはいいんだけど，休みが増えた分，お給料が減るのは困るわあ。うちは食べ盛りの子供がいるから，最近，食費がかかって大変なの。」

Ｃさん「今月の給料の支払いにも困っているのに，店長は新しいものが好きだから，『今後の給料の支払いはデジタル払い化する！』なんて意気込んでいたよ。僕は○○ペイとか使ったことないから，給料をデジタル払い化して欲しくないんだけど

大丈夫かな？」

Ｄさん「私はキャッシュレス決済を結構利用するから賛成だけどね。でもいつから，給料のデジタル払いを始めるのかな？それよりも前にやることがたくさんありそうだけどね。」

　Ａさんたちはこんなことを話しながら，店の後片付けを済ませた。近くに大手スーパーが出来たことで店の売上が減り，店は毎月の給料を従業員に支払うことに苦労している状況になっている。こうした状況にあって，労働者の賃金を守るため，労働法はどんなことを定めているのだろうか。

1　賃金の定義

　労基法11条によると，「賃金とは……名称の如何を問わず，労働の対償として使用者が労働者に支払うすべてのものをいう。」と定められている。このように，労基法上の賃金は，包括的で抽象的な規定になっている。これは，企業によって賃金の内容，支払い方法が様々であることから，賃金をできるだけ広く解釈しようとしたためである。

　同条にいう賃金に該当するかは，①労働の対償かどうか，②使用者が労働者に支払うものかどうかが問題になる。特に重要なのは①労働の対償かどうかであり，労働の対償といえるかは，問題となる賃金の性質・内容に照らして個別に判断される。しかし，使用者が労働者に支払うものは，様々な名目で支払われており，問題となる給付が，労働の対償かどうかの判断は実際には容易ではない。

　そのため，労基法制定以降，行政解釈は賃金ではないものを例示し，いわば消去法のような形で賃金の範囲を示すという手法を採ってきた。具体的には，①任意的恩恵的給付，②福利厚生給付，③企業設備・業務費という3つについては基本的に，賃金に当たらないと解してきた。

　任意的恩恵的給付に該当するのは例えば，結婚祝金や死亡弔慰金などである。退職金や賞与・一時金ももっぱら使用者の裁量によって支給されるものは任意的恩恵的給付であり，賃金には該当しないと考えられている。しかし，就業規則等で支給基準が明確化され，使用者に支払義務があるものは賃金に該当すると理解されている（昭22・9・13発基17号）。

　また，福利厚生給付も労働者の福利厚生のために支給されるものであれば，労働の対象とはいえず，賃金には当たらないとされている。例として，生活資金・教育資金などの資金貸付や住宅の貸与，レクリエーション施設等の利用が挙げら

れる。しかし，福利厚生給付である家族手当や住宅手当も，就業規則等で制度化されていれば，賃金に当たると考えられている。

この他，作業服や作業用品代，社用交際費等の企業設備・業務費についても労働の対象とはいえず，賃金ではないが，通勤手当や通勤定期券も，就業規則等に支給基準が定められていれば，賃金に当たる。

このように，賃金に該当するかどうかの具体的判断が容易でない場合が多いが，行政解釈は，就業規則等に支給基準が明確にされているかどうかから判断している。

労働の対償以外に，賃金の該当性について問題になるのは，②使用者が労働者に支払うものといえるかである。実際に問題になるのは，飲食店やホテル等で客が従業員に対して支払うチップである。チップについては，客が支払うものであり，使用者が支払うものではないので，賃金には該当しない。

2　賃金額の保障──最低賃金法

最低賃金制度とは，最低賃金法に基づき国が賃金の最低限度を定め，使用者は，その最低賃金額以上の賃金を支払わなければならないとする制度をいう。自由市場経済の下では，本来賃金額は，労働者と使用者との間の交渉によって決定され，賃金額は労使の自治によって決められることになる。

しかし実際には，労働者と使用者との間には大きな交渉力の格差が存在することから，経済情勢や労働市場の状況によって，労働者の労働力が安く買い叩かれた結果，労働者が生活に困難を来したり，経済社会全体の停滞をもたらしたりするなどの悪影響が生じる。

このような事態が生じることを防止するため，労働組合法によって，労働者が労働組合を組織し，使用者と対等な立場で団体交渉を行い，労働条件を決定するという集団的労働条件決定システムが構築されている。こうした労働組合による集合的な労働力の取引とは別に，最低賃金制度が，憲法27条2項にいう勤労条件の法定の中核をなす仕組みとして法定化されている。

1959年に最低賃金法が制定された当初，最低賃金法は業者間の協定に基づく最低賃金制度を中心的なモデルにしていたが，不完全で過渡的な制度にとどまっていた。日本が高度経済成長期にあって，本格的な最低賃金制度を導入すべきとの機運が高まる中，1968年に最低賃金法が大幅に改正され，地域別最低賃金と産業別最低賃金の仕組みが作られた。

　その後，地域別最低賃金が生活保護の給付水準よりも低いという「逆転現象」を契機として，2007年に法改正が行われ，地域別最低賃金は各都道府県に必置の制度として法律に明文化されることになった。

　こうした変遷をたどって現在の形になった最低賃金法は，賃金の低廉な労働者について，賃金の最低額を保障することにより，労働条件の改善を図り，もつて，労働者の生活の安定，労働力の質的向上及び事業の公正な競争の確保に資すると

令和4（2022）年度地域別最低賃金改定状況

都道府県名	最低賃金時間額【円】				
北海道	920	(889)	滋　賀	927	(896)
青　森	853	(822)	京　都	968	(937)
岩　手	854	(821)	大　阪	1023	(992)
宮　城	883	(853)	兵　庫	960	(928)
秋　田	853	(822)	奈　良	896	(866)
山　形	854	(822)	和歌山	889	(859)
福　島	858	(828)	鳥　取	854	(821)
茨　城	911	(879)	島　根	857	(824)
栃　木	913	(882)	岡　山	892	(862)
群　馬	895	(865)	広　島	930	(899)
埼　玉	987	(956)	山　口	888	(857)
千　葉	984	(953)	徳　島	855	(824)
東　京	1,072	(1,041)	香　川	878	(848)
神奈川	1,071	(1,040)	愛　媛	853	(821)
新　潟	890	(859)	高　知	853	(820)
富　山	908	(877)	福　岡	900	(870)
石　川	891	(861)	佐　賀	853	(821)
福　井	888	(858)	長　崎	853	(821)
山　梨	898	(866)	熊　本	853	(821)
長　野	908	(877)	大　分	854	(822)
岐　阜	910	(880)	宮　崎	853	(821)
静　岡	944	(913)	鹿児島	853	(821)
愛　知	986	(955)	沖　縄	853	(820)
三　重	933	(902)	全国加重平均額	961	(930)

https://www.mhlw.go.jp/stf/seisakunitsuite/bunya/koyou_roudou/roudoukijun/minimumichiran/ より

ともに，国民経済の健全な発展に寄与することを目的にしている（同法 1 条）。

　最低賃金法にいう労働者，使用者，賃金は労働基準法と同じであり，同法の適用範囲は労働基準法と同一である。つまり，最低賃金法が適用される労働者といえるためには，使用従属性の有無が重要となる。

　最低賃金法 9 条 1 項によると，地域別最低賃金は，あまねく全国各地域において決定されなければならないと規定している。地域別最低賃金は，地域における労働者の生活費及び賃金並びに通常の事業の賃金支払能力を考慮して定めなられなければならない（同法 9 条 2 項）。さらに，最低賃金額の水準は，労働者が健康で文化的な最低限どの生活を営むことができるよう，生活保護に係る施策との整合性に配慮したものでなければならない（同法 9 条 3 項）。

　地域別最低賃金は，厚生労働大臣又は都道府県労働局長が，公労使の三者構成からなる中央最低賃金審議会又は地方最低賃金審議会の審議に基づき，その意見を聴いて決定する（同法10条 1 項）。実際には，中央裁定審議会が厚生労働大臣の求めにより，全国の都道府県を ABCD の 4 ランクに分けて最低賃金の目安額を審議し提示している。

　そして，都道府県労働局長は，地方最低賃金審議会に対してこの目安額を参考にした審議を求め，その答申に基づいて都道府県の最低賃金額を決定する。現在，最低賃金額が最も高いのは東京で1,072円となっている。また，最低賃金額が最も低いグループでは，853円となっている。

　現行法上，地域別最低賃金が最低賃金の中心であるが，従来の産業別最低賃金も特別最低賃金制度という形で存在する。特別最低賃金制度は，特定の産業について，労使の申出により，厚生労働大臣又は都道府県労働局長が，地域別最低賃金を上回る最低賃金を特別最低賃金という形で補足的に設定するものである。

　特定最低賃金の額は，特定最低賃金の適用を受ける使用者の事業場が属する地域について，地域別最低賃金を上回るものでなければならない。2021年 3 月末日時点で，227件となっており，適用使用者数は約 9 万人，適用労働者数は292万人となっている。

3　賃金の支払方法──労働基準法

(1)　通貨払いの原則

　労基法24条 1 項は，労働者の生活の糧である賃金が確実に労働者の手に渡るようにするため，賃金の支払い方法について様々な原則を定めている。

　1つ目の原則が，通貨払いの原則である．この原則は，賃金は通貨で支払われ
なければならいとする原則である．ここにいう通貨とは，日本国において強制通
用力のある貨幣及び日本銀行券をいう．

　通貨払いの原則によって，現物給付は禁止される．他方，通貨払いの原則には
いくつかの例外が定められている．労基法24条1項但書によると，通貨払いの原
則の例外として，「法令に別段の定めがある場合」，「労働協約に別段の定めがあ
る場合」，「厚生労働省令で定める賃金について確実な支払の方法で厚生労働省令
で定めるものによる場合」がある．

　通貨払いの原則の例外として法令に別段の定めがある場合が定められているが，
法令の定めは特に存在しない．労働協約については，労組法14条にいう効力発生
要件を満たした協約のことをいい，過半数組合であることを必要としないと考え
られている．

　「厚生労働省令で定める賃金について確実な支払の方法で厚生労働省令で定め
るものによる場合」として，賃金の口座振込みがある．行政解釈によると，賃金
の口座振込みに関しては，①労働者の同意を得ること，②労働者が指定する口座
に振り込むことが要件になっている（労基法施行規則7条2項）．

　通貨払いの原則に関して近年，問題になっているのが，賃金のデジタル払いで
ある．賃金のデジタル払いに関して，上記の労基法施行規則の改正が必要となっ
ており，労働政策審議会労働条件分科会において議論が進められてきた．

　賃金のデジタル払いに関しては労働条件分科会での議論を経て，2022年11月28
日に，労基法施行規則の一部を改正する省令（令和4年厚生労働省令第158号）が
交付された．同省令が2023年4月1日に施行されることにより，賃金のデジタル
払いが可能になる．賃金のデジタル払いにあたって，2023年4月1日から，資金
移動業者が厚生労働大臣に指定申請を行うことが可能になっている．

　賃金のデジタル払いが可能になった場合でも，各事業場で利用する指定業者な
どを内容とする労使協定の締結をした上で，労働者の同意が必要である．労働者
が同意しない場合，当該労働者は引き続き，銀行口座への振込等によって賃金を
受け取ることができる．

⑵　直接払いの原則

　2つ目の原則が，直接払いの原則である．この原則によると，賃金は，直接労
働者に支払わなければならない．この原則の趣旨は，ピンハネや親が年少者の賃

金を奪うことを排除することにある。特に後者について労基法59条は，親権者又は後見人が未成年者に代わって賃金を受け取ってはならないことを定めている。

　なお，労働者の配偶者が本人に代わって賃金を受け取りに行く場合など，賃金を受領するための「使者」であることが明らかな場合には，直接払い原則に違反しないと考えられている。

⑶　全額払いの原則

　3つの目の原則が，賃金は，その全額を労働者に支払わなければならないという全額払いの原則である。この原則にもいくつかの例外が定められている。例外となるのが，「法令に別段の定めがある場合」であり，これに該当する場合として，給与所得税の源泉徴収，社会保険料の控除が挙げられる。

　もう1つの例外として，「労働者の過半数組合又は過半数代表との協定がある場合」がある。この労使協定の締結は，労基法の規制を解除する効果を発生させるが（免罰的効果），労働契約上有効に賃金の控除を行うためには，労使協定とは別に，就業規則の規定や労働者の同意等，労働契約上の根拠が必要だと考えられている。

　全額払いの原則に関して大きな問題になるのは，賃金債権の相殺の可否である。関西精機事件（最二小判昭31・11・2）において裁判所は，「賃金債権に対しては損害賠償債権をもって相殺をすることも許されない」と述べた。また，日本勧業経済会事件（最大判昭36・5・31民集15巻5号11482頁）では，労働者の賃金は労働者の生活を支える重要は財源であり，賃金を労働者に確実に受領させ，生活に不安のないようにすることは，労働政策の上から極めて重要であるとして，「労働者の賃金債権に対しては，使用者は，使用者が労働者に対して有する債権をもって相殺することを許されないとの趣旨を包含する」と述べ，全額払いの原則は相殺禁止の趣旨を含むとした。

　裁判所は全額払いの原則は相殺禁止を含むと解する一方，過払賃金を精算するための調整的相殺を一定の要件の下で認めている。裁判所は，行使の時期，方法，金額等からみて労働者の経済生活の安定との関係上不当と認められないものであれば，調整的相殺は全額払の原則に反しないと解している。

　具体的には，「過払のあった時期と賃金の清算調整の実を失わない程度に合理的に接着した時期においてされ，また，あらかじめ労働者にそのことが予告されるとか，その額が多額にわたらないとか，要は労働者の経済生活の安定をおびや

かすおそれのない場合」に，調整的相殺を認めている（福島県教組事件・最一小判昭44・12・18，群馬県教組事件・最二小判昭45・10・30）。

　この他，全額払いの原則との関係で問題になるのが，労働者が退職金債権を放棄した場合と労働者の同意による相殺の場合である。裁判所は，労働者の自由な意思に基づくものであると認めるに足りる合理的な理由が客観的に存在していた場合には，退職金債権を放棄する意思表示も有効だとしている（シンガー・ソーイング・メシーン・カムパニー事件・最二小判昭48・1・19）。

　また，労働者の同意による相殺の場合も，「労働者がその自由な意思に基づき右相殺に同意した場合においては，右同意が労働者の自由な意思に基づいてされたものであると認めるに足りる合理的な理由が客観的に存在するときは，右同意を得てした相殺は右規定に違反するものとはいえないものと解するのが相当」だとしている（日新製鋼事件・最二小判平2・11・26）。

　退職金債権の放棄及び同意による相殺に関して，裁判所は，労働者の自由な意思に基づく場合には有効だと判断しているが，これらの事例はいずれも退職金債権に関するものであり，この法理が賃金債権全般に必ずしも当てはまるものではないことには注意を要する。また，賃金の一部放棄を意味する賃金減額については，労働者の自由な意思に基づく同意は明確なものでなければならず，賃金の減額を労働者に通知したのみでは，労働者の自由な意思に基づいて承諾がなされたものとは認められていない（更生会社三井埠頭事件・東京高判平12・12・27）。

(4)　毎月1回以上一定期日払いの原則

　賃金の支払いに関する最後の原則として，毎月1回以上一定期日払いの原則がある。この原則によると，賃金は毎月1回以上，一定の期日を定めて支払わなければならない。この原則の趣旨は，賃金支払期日の間隔が長すぎること，そして，支払日が一定しないことよって生じる労働者の生活の不安定を防ぐことにある。そのため，「毎月15日から25日の間」などのように，支払日が特定されていないものは，この原則に違反することになる。

　この原則については年俸制が適用される労働者にも当てはまる。そのため，年俸制の場合には例えば，年俸額を16等分するなどして，毎月一定期日に支払い，夏と冬に賞与に相当する額が支払われることになる。

4　休 業 手 当

　労基法26条によると，使用者の責に帰すべき事由による休業の場合，使用者は，休業期間中，労働者に対して平均賃金の100分の60以上の手当を支払わなければならない。同条は，休業期間中，平均賃金の 6 割以上の休業手当を支払う義務を使用者に課すことによって，休業による賃金の低下と労働者の生活の不安定さを緩和することを目的にしている。

　労基法26条は当初，労働者の責に帰すべき事由によらない休業の場合に，労働者の最低生活の保障を図る目的で構想されていたが，不可抗力の場合にまで使用者の義務を広げるのは適当ではないことから，「使用者の責に帰すべき事由による休業」に限定して，立法化された。

　ところで，民法536条 2 項は，債権者の責に帰すべき事由によって債務を履行することができなくなったときは，債権者は，反対給付の履行を拒むことはできないと定めている。同項によると，使用者の責に帰すべき事由によって履行不能になった場合には，賃金全額を使用者に対して請求できることになる。そのため，民法536条 2 項と労基法26条にいう「責に帰すべき事由」の意味の異動が問題にされてきた。

　判例によると，労基法26条にいう責に帰すべき事由とは，民法536条 2 項にいう帰責自由よりも広いと考えられている（後述のノース・ウェスト航空事件）。また学説も，民法上は使用者の帰責事由とはならない経営上の障害も天災事変などの不可抗力に該当しない限りは帰責事由に含まれると考えられている（菅野和夫『労働法第12版』（弘文堂，2019年）457頁）。

　労基法26条にいう帰責事由が民法536条 2 項よりも広いと考えられているのは，労働者の最低生活保障のためである。そして，行政解釈によると，使用者の責に帰すべき事由ではない不可抗力とは，その原因が事業の外部より発生し，事業主が通常の経営者として最大の注意を尽くしても避けることのできない事故であると考えられている。使用者に休業手当支払義務が生じる休業の事由として，機械の検査，原料の不足，流通機構の不円滑による資材入手難などが挙げられる（菅野和夫・前掲書457頁）。

　労働者の休業手当請求権が問題になる具体的場面の 1 つとして，争議行為が行われた場合の争議行為不参加者の休業手当の問題がある。ノース・ウェスト航空事件（最二小判昭62・7・17）において裁判所は，「労働者の一部によるストライ

キが原因でストライキ不参加労働者の労働義務の履行が不能となった場合は，使用者が不当労働行為の意思その他不当な目的をもってことさらストライキを行わしめたなどの特別の事情がない限り，右ストライキは民法536条2項の「債権者ノ責ニ帰スヘキ事由」には当たらず，当該不参加労働者は賃金請求権を失うと解するのが相当である。」と述べた。

　判例は，スト不参加者の不就労が使用者の責めに帰すべき事由によるかという問題について，部分ストによって就労を成し得なかった組合員の不就労は，使用者側に起因する休業とはいえないと判断している。

　判例の考え方に対して学説は，他組合の組合員や非組合員の場合には，休業手当請求権は失われないとする見解が主張されている（例えば，菅野和夫・前掲書994頁以下）。

5　人事考課と賃金

(1)　人事考課の法的性質

　人事考課とは，使用者が賃金，昇進，適正配置，能力開発，雇用の継続等，様々な処遇の決定に利用するために，労働者個々の能力・業績等に対して行う評価制度や評価行為のことをいう。

　戦後，日本では年功序列型の処遇制度が企業に普及したが，1990年代以降，これまでの年齢や勤続年数を重視する年功的な処遇制度を見直し，成果主義的な処遇制度が徐々に増えていった。成果主義的な処遇制度が広まるにつれ，労働者の処遇を決定するために人事考課の重要性が増していった。その一方で，労働者をマイナスに処遇する際の法的問題が増加し，問題の出発点として，人事考課の法的性質が議論されるようになった。

　人事考課の法的性質についてはかつて，使用者の経営権の行使の一環として捉える見解が主張されたが，現在は，人事考課は労働契約に根拠を持つと考えられている。なお，人事評価の基準等が会社の就業規則に明示されていない場合にも，処遇規定の合理的解釈を通じて評価方法を導き出した裁判例が存在する（エフ・エフ・シー事件・東京地判平16・9・1）。

　使用者による人事考課は労働契約に根拠を持つと一般的には考えられているものの，「労働契約関係において，使用者が人事管理の一環として行う考課ないし評定については，基本的には使用者の裁量的判断で行われるべきものであり，原則として違法と評価されることはない」と裁判所は述べ，使用者の広範な裁量権

を認めている（日本レストランシステム事件・大阪地判平21・10・8）。

　ただし，人事考課が性別，国籍，信条，社会的身分等に関する事由を考慮して行われるなど差別的取扱いに該当する場合や，会社の意に沿わない言動を行った労働者に対する見せしめとして行われる場合（前掲日本レストランシステム事件）や，労働者退職勧奨を拒否した場合（フジクラ事件・東京地判平31・3・28など）に使用者の裁量権に濫用があったと認められている。

　また後述するように，使用者が人事考課を行い，労働者を査定する際，実施手順等に反する場合にも，使用者の裁量権に逸脱・濫用があったと認められている（例えば，マナック事件・広島高判平13・5・23）。

　このように裁判所は，人事考課を使用者の人事権の行使として捉え，使用者の裁量を広く認めている傾向にあり，使用者の裁量権に逸脱濫用があったと認められる場合も限定的に捉えている。人事考課を使用者の人事権の行使と捉える裁判所の見解に対して，学説の中には，人事考課を労働契約上の付随義務の履行として捉える見解が主張されている。

　学説では，使用者の労働契約上の義務として公正評価義務又は適正評価義務があり，これらの義務から使用者は，人事考課，査定にあたって労働者の能力，成績を公正，適正に評価しなければならず，こうした義務に違反する場合には，債務不履行として損害賠償を請求できるほか，適正な評価，裁定に基づく格付け請求ができるとする見解がある。

⑵　人事考課における「公正さ」の意味

　使用者による人事考課を人事権の行使として捉える見解においても，使用者の労働契約上の付随義務として捉える見解においても，これまで人事考課の「公正さ」が問題にされてきた。裁判所は，企業における勤務能力の評価は，「企業の将来にわたってその業績に大きな影響を持つものであるから，評定者の恣意的な判断を排し，的確かつ客観的な評価が行われるよう，制度としての考課のシステムが設けられるのが一般である」として，人事考課要領に基づいて公正に行われることを想定している（安田信託銀行事件・東京地判昭60・3・14）。そして，人事考課の公正さが求められる法的根拠には，労働契約法3条1項の労使対等の原則や，同条3項の信義則等が挙げられる。

　人事考課の「公正さ」といったとき，公正さには様々な意味が含まれる。「公正さ」の意味については例えば，評価基準等の制度自体の公正さや運用の公正さ

など様々なものが考えられる。公正さの具体的意味については学説上，①合理的な評価基準の設定・開示，②適正な評価，③評価内容の開示と苦情処理の手続適正が挙げられている（柳屋考安「人事考課・査定」土田道夫・山川隆一編『労働法の争点』（有斐閣，2014年）86頁）。

　①合理的な評価基準の設定・開示については，賃金規程等に人事評定の実施手順や評定の留意事項が詳細に定められているにもかかわらず，実施手順等に反する手続きが取られた場合に，使用者の裁量権の逸脱が認められている（マナック事件・広島高判平13・5・23）。

　次に，②適正な評価に関して，光洋精工事件（大阪高判平9・11・25）では，「人事考課をするに当たり，評価の前提となった事実について誤認があるとか，動機において不当なものがあったとか，重要視すべき事項を殊更に無視し，それほど重要でもない事項を強調するとか等により，評価が合理性を欠き，社会通念上著しく妥当を欠くと認められない限り，これを違法とすることはできない」とされている。

　最後に③の手続的適正に関して，使用者が恣意的に人事考課を行い，裁量権を逸脱又は甚だしく濫用したという場合に違法の評価の評価を受けるという判断がされている（ソニー，ソニーコンピュータサイエンス研究所事件・東京地判平15・11・17）。

⑶　不当な人事考課とその場合の救済方法

　不当な人事考課が行われた場合の救済方法について，使用者に裁量権の逸脱又は濫用があり，労働者の期待権を侵害したといえれば，労働者は使用者に対して不法行為による損害賠償を請求することが可能になる（前掲マナック事件など）。

　裁判所の傾向として，人事考課の手続面に着目をして，裁量権の逸脱又は濫用を認めるケースがいくつかある。降級の基準は従業員に明らかにされている基準で行うべきであり，「著しい能力の低下・減退」があったか否かが問題になるところ，労働者に著しい能力の低下・減退があった事実は認められないとして，使用者には裁量権の逸脱濫用があったと判断された事例がある（マッキャンエリクソン事件・東京地判平18・10・25）。

　また，人事考課をするにあたり，「評価の前提となった事実について誤認があるとか，動機において不当なものがあったとか，重要視すべき事項を殊更に無視し，それほど重要でもない事項を強調するとか等により，評価が合理性を欠き，

社会通念上著しく妥当を欠く」場合には違法と判断される（前掲光洋精工事件）。

　近時の裁判例においても，使用者が年俸制の下で賃金減額を行うにあたって，合理的で適正な評価や手続を履践したとは認められず，合理性や透明性に欠ける手続で，公正性・客観性に乏しい判断の下で，年俸決定権限を濫用したとして，使用者の裁量権の濫用を認める事例もある（インテリム事件・東京高判令 4・6・29）。

　使用者の裁量権の逸脱・濫用が認められる場合，不法行為による損害賠償請求が可能となり，不当な評価に基づく降格や賃金減額がなかった場合と実際に支払われた額との差額賃金相当額が認められている（前掲インテリム事件など）。

　しかし裁判例の中には，人事考課に基づく降級処分には権限の裁量の範囲を逸脱があったものとして無だとした上で，適正な資格等級にあることの確認請求を認めるものもある。前掲マッキャンエリクソン事件では，降級処分を無効とした上で，降級処分がなかった場合の等級で労働契約上の地位を有することの確認請求を認容している。

　今後，ジョブ型雇用制度の導入を進める企業が増え，労働者の能力や評価を基準とした賃金制度の導入が進むと考えられる。そうした制度において，使用者による人事考課等の評価が重要となり，評価をめぐって争いが増えることが予想される。これまでにも使用者の人事考課をめぐっては多く争いになっていることから，労働者の納得を得られる制度を構築し，適正に運用していくことがますます求められる。

6　賞与・退職金

⑴　賞　　与

　日本の多くの企業では毎月支払われる給与とは別に，夏と冬の 2 回に分けて，賞与，一時金，ボーナスという名称で金銭が支払われる。賞与の起源は江戸時代まで遡ることができ，夏の盆入りに丁稚や手代に支給された小遣いや，年の瀬に支給された餅代が起源である。

　こうした起源をもつ賞与はもともと，任意的恩恵的給付としての性格を持つものであったが，時代を経て様々な性格を持つようになり，従業員一般に支給されることになったことから，会社の賃金規程の中に支給時期や支給基準が設けられている。

　賞与の性格については，使用者の裁量によって支給される恩恵的性格が強かっ

たが，労使の交渉の結果，支給時期や支給方法等が決定されるに従い，徐々に，労働者の生活保障的な性格が強くなった。また，労働組合側は賃金の後払い的性格を主張するなどしていた。このように，今日の賞与は複合的性格を認められるようになっている。実際に，企業において賞与がどのような性格を持つのかは，個別の具体的事例による。

このような様々な性格を持つ賞与であるが，近年では賞与の全部又は一部に従業員の業績を連動させる業績連動型賞与が増えつつある。業績連動型賞与は，毎年の企業業績と個人の業績等を考慮して賞与の額を決定する仕組みであり，賃金制度に柔軟性をもたらすメリットがある一方で，労働者には支給の有無や賞与の額に関して不確実性をもたらす事態になっている。

賞与の不支給や減額に関して，これまでにも賞与の法的請求権が裁判上争いになってきた。賞与についても，支給基準等が就業規則において明確にされていれば，賃金に該当するものとして使用者に支払義務が発生することになる。他方，就業規則等の抽象的規定では，賞与の具体的請求権は発生しないと裁判所は述べてきた。

福岡雙葉学園事件（最三小判平19・12・18）において裁判所は，給与規程に「その都度理事会が定める金額を支給する」との定めがあったことを考慮し，「具体的な支給額又はその算定方法の定めがないのであるから，前年度の支給実績を下回らない期末勤勉手当を支給する旨の労使慣行が存したなどの事情がうかがわれない本件においては，期末勤勉手当の請求権は，理事会が支給すべき金額を定めることにより初めて具体的権利として発生する」と述べている。

その他の事例においても，賞与は労使の合意や使用者の決定によって初めて具体的請求権が発生するとするものが多くある（清風会光ヶ丘病院事件・山形地裁酒田支部決昭63・6・27，小暮釦製作所事件・東京地判平6・11・15，大阪府板金工業組合事件・大阪地判平22・5・21など）。業績連動型の賞与に関して特に，賞与の額が高額な場合には，賞与の支給等の決定について使用者の広範な裁量を認める裁判例もある（USB セキュリティーズ・ジャパン事件・東京地判平21・11・4）。

労働者の賞与請求権が否定される事例が多く存在する一方，裁判例の中には，就業規則に具体的な支給額や算定基準等の規定がないにもかかわらず，過去の支給実績から労働契約の意思解釈によって賞与請求権を認めたものもある（毅峰会（吉田病院・賃金請求）事件・大阪地判平11・10・29）。

なお，裁判例の中には労働者の賞与請求権は否定するものの，使用者が正当な

95

理由なく賞与の支給を行わなかった点に労働者の期待権侵害があるとして，賞与相当額の損害賠償を認める事例がいくつか存在する（直源会相模原南病院（解雇）事件・東京高判平10・12・10労働判例761号118頁，藤沢医科工業（一時金）事件・横浜地判平11・2・16など）。

(2)　退　職　金

　退職金は，労働者が退職する際に支給されるものであり，多くの企業では，算定基礎となる賃金に勤続年数に応じた支給率を乗じるなどして算定される。基本的に，退職金請求権は退職に初めて発生すると考えられている。

　退職金は使用者によって任意的恩恵的に支給される側面があり，功労褒賞的な性格を有するが，一般には賃金の後払い的性格をも含むと考えられており，賞与と同様に複合的な性格を持っている。退職金は，賃金の後払い的性格，功労褒賞的性格以外にも，老後の労働者の生活保障としての意味も有すると考えられている。

　このように，賞与は賃金の後払い的性格を有する一方，功労褒賞的な性格，労働者の老後における生活保障的性格を併せ持つことから，労働者が同業他社に就職した場合や懲戒解雇された場合などに，使用者が退職金を減額・不支給とすることが裁判上，争いになっている。

　まず，懲戒解雇が行われる場合，懲戒解雇は企業秩序違反に対する制裁として行われることもあり，退職金の一部又は全部が不支給とされることがある。痴漢行為の再犯により懲戒解雇された労働者が退職金を全額不支給とされたことに対して，退職金の支払いを求めた事例として，小田急電鉄（退職金請求）事件（東京高判平15・12・11）がある。

　この事件において裁判所は，退職金が功労褒賞的な性格を有する以外にも，賃金の後払い的性格，退職後の生活保障的な意味を有することを述べ，就業規則に支給基準が明確にされている場合には，賃金の後払い的性格が強く，また，退職金の受給を見込んで老後の生活設計を立てている場合も多いことから，労働者の期待を剥奪するためには相当の合理的理由が必要だとした。そして，労働者の行為の性格，内容や，懲戒解雇に至った経緯，また，過去の勤務態度等の諸事情を考慮し，退職金支給額の3割について労働者の請求権を認めている。

　退職金の不支給又は減額が問題になるケースとして，労働者が競業避止義務に違反する場合がある。競業避止義務とは，労働者が使用者の利益に著しく反する

競業行為を差し控える義務のことをいう。競業避止義務に違反するものとして具体的には，労働者が退職後に，同業他社に就職した場合や同号他社を開業する場合が該当する。

　こうした競業避止義務に関する条項は，就業規則の中に設けられたり，あるいは退職時の合意の中に設けられたりなどする。そして，競業避止義務に違反する場合には，退職金が減額される，あるいは全額没収されることがある。

　競業避止義務に違反する場合の退職金の減額について，三晃社事件（最二小判昭52・8・9）では，退職金の功労褒賞的性格を考慮し，退職後に同業他社に就職した場合に退職金を半額とすることも，合理性のない措置とはいえないと判断された，他方，退職金の全額不支給が問題になった中部日本広告社事件（名古屋高判平2・8・31）では，退職金が労働の対価である賃金の性質を有することから，退職金を全額不支給とすることは，退職従業員の職業選択の自由に重大な制限を加える結果となる極めて厳しいものであるとして，労働の対償を失わせるような顕著な背信性がある場合に限って認められるとしている。

　中部日本広告事件で裁判所が述べるように，退職後の競業避止義務を労働者に対して課し，この義務に違反する場合に退職金を不支給とすることは，労働者の職業選択の自由を大きく制限することになる。裁判例においても，退職後の競業避止条項は労働者の職業選択の自由を不当に害することから，公序良俗に反するものとして無効であり，競業避止条項を前提とする退職金不支給条項も無効であるとしたものがある（アメリカン・ライフ・インシュランス・カンパニー事件・東京高判平24・6・13）。

コラム 2-5　社会保険と労働保険

　労働法と社会保障法は車の両輪の関係にあり，両者は密接な関係を有するといわれている。というのも，社会保障法があることによって，労働者は安心して働くことができるからである。社会保障法の中心的なものが，社会保険の仕組みである。社会保険は，疾病，負傷，障害，高齢，失業，死亡など，生活する上で生じる様々なリスクに対して保障を行う，公的な保険である。

　様々な生活上のリスクに備えて保険料を支払い，保険事故が発生した場合に給付が受けられる仕組みは民間の保険と同じである。しかし，社会保険は公的な保険であることから，保険料の額等の面で民間の保険とは異なる部分が多くある。

　社会保険に含まれるのは，医療保険，年金保険，介護保険，そして労働保険である。このうち労働保険は，雇用保険と労災保険からなっている。

　雇用保険とは，「労働者の生活及び雇用の安定」のほか，「失業の予防，雇用状態の是正及び雇用機会の増大，労働者の能力の開発及び向上その他労働者の福祉の増進を図ること」を目的にして，失業等給付を行うものである。

　失業時の手当以外にも雇用保険では，失業の予防や雇用機会の増大，労働者の能力開発等に資する雇用対策として，雇用保険二事業を扱っている。雇用保険二事業には，事業主に対する助成金の支給や若者に対する支援等を含む雇用安定事業と，教育訓練等を内容とする能力開発事業がある。

　次に，労災保険は，業務上の負傷，疾病，障害又は死亡等の業務上災害と，通勤中の災害に対して保障を行う仕組みである。業務以外の負傷，疾病等に対しては医療保険から給付が行われるのに対して，労災保険は業務上の災害を保険給付の対象にしている。労災保険の給付の対象となる「業務上」の災害といえるためには，労働者の業務と災害の間に相当因果関係が存在しなければならないと考えられている。そして，業務と災害との間に相当因果関係があるといえるためには，当該業務に内在又は随伴する危険が現実化したといえなければならない。

　また，通勤途中の「労働者の通勤による負傷，疾病，障害又は死亡」は通勤災害として，労災保険から給付が行われる。通勤とは，就業に関し，①住居と就業場所との往復，②就業の場所から他の就業の場所への移動，③①の往復に先行又は後続する住居間の移動を合理的な経路及び方法によって行うことをいう。

　これらの内容を含む雇用保険と労災保険はいずれも，疾病，負傷，失業等の保険上の事故が発生した場合に，労働者に対して保険給付を行う仕組みである。そして，両方にいう労働者とは，労基法9条にいう労働者の概念と同一だと考えられている。

　すなわち，事業又は事務所に「使用される」者をいい，使用従属性の有無から判断される。具体的には，労働者に該当するかどうかは，①仕事の依頼への諾否の自由，②業務遂行上の指揮監督，③時間的・場所的拘束性，④代替性，⑤報酬の算定・支払方法を総合考慮して判断する。

　こうした労働保険の仕組みによって，業務上の災害や通勤途中の災害，失業時のリスクから保障が行われることによって，労働者は安心して労働に従事することができる。

第6節　労働時間

　労働時間の短縮って，いいことのはずなのに…

　繁忙期でちょっと忙しい，ミスマッチ商事の課内会議での一コマ。

　　　　　　　　＊　　　　　　＊　　　　　　＊

課長「君たち，来週からウチの会社は夜6時半で強制退社になったからな。早いと
　　こ帰るように。」

係長「え，でも夜6時半までって，仕事終わらないっすよ。今だってみんな夜9時
　　くらいまで残って仕事していますからね。」

課長「だからぁ，今はやりの『働き方改革』ってやつだ。効率よく働いて生産性
　　を上げる！無駄な残業はしない！しかも電気代の節約にもなる！だいたい，夜遅
　　くまで仕事しても終わらないなんてのは，ダラダラとやってて効率が悪いか，仕
　　事できないかのどっちかだろ。まさか残業代欲しさに遅くまで残ってるのか？」

ヒラ社員E（心の声：こんなに人減らされてるんだから，時間かかるって！）

ヒラ社員F（心の声：残業代ないと生活できないような安月給をまずは何とかしてくれよ！）

課長「なんだその不満そうな顔は。とにかく『短時間で集中して仕事を終わらせて
　　早く帰る』，これが令和の時代の働き方だ。『遅くまで残っているほうがエライ』
　　なんて時代遅れだ。生産性も上がるし家族サービスができる，"ウィンウィン"っ
　　てやつだな。G君を見たまえ，テキパキ仕事して定時で帰って家族を大切にして
　　いる。少しは見習いなさい。」

ヒラ社員H（心の声：アイツ要領いいから，気弱なヤツに押し付けて帰ってるだけじゃん！）

課長「何だね君たちぶつぶつと。あ，『上司が帰らないと部下が帰りにくい』って，
　　この前の管理職研修で言われたから，君たちが気兼ねなく帰れるよう，私も率先
　　して先に帰るよ。あ，部長がさっき言ってたけど，急きょ役員会議が入ったらし
　　いから，例の500頁分の報告書，明日の10時までに完成させといてね。」

　　　　　　　　＊　　　　　　＊　　　　　　＊

「短時間で集中して仕事を終わらせて早く帰るべき」というのは一見ごもっともな感
じだが，現実には「仕事量が変わらないのに，時間だけ減らせって言われても困るよ」
という人もいそう。労働時間は，私たちが働くうえでとっても重要な労働条件の1つ。
労働法の労働時間規制は，「労働者の生命・健康を守る」ことと，「人間らしい生活
を送れるように」ということを主眼においているが，時代の変化の中で大きく揺れ
動いてきている。この節では，そんな労働時間のルールと，それにともなう問題を
考えてみよう。

最近は，給料よりも「残業なし，休日多い」といったことを重視する若者が増えているのだそうだ。「働き方改革」でも労働時間の短縮が叫ばれている。そういった中で「短時間で集中して仕事を終わらせて早く帰るべき」という課長の言い分はごもっとも…なはずなのに，案外とそうでもないのだろうか？そもそも，残業が多い＝仕事が非効率，仕事ができない，と言い切れるのだろうか？Ｆさんのように「仕事の量変わらないのに無理！」という声も世の中にはけっこうあったりする？

　労働時間は，私たちが働くうえでとっても重要な労働条件の１つだ。労働法の労働時間規制は，「労働者の生命・健康を守る」ということだけでなく，「人間らしい生活を送れるように」ということを主眼においているが，時代の変化の中で大きく揺れ動いていることも否定できない。この節では，そんな労働時間のルールと，それにともなういろんな問題を考えてみよう。

1　法定労働時間の原則

(1)　法定労働時間と所定労働時間

　原則として使用者は，労働者に，休憩時間を除いて，１週間に40時間（労基法32条１項）・１日に８時間（同条２項）を超えて労働させてはならない。この「１週間40時間・１日８時間」を，法定労働時間という（労働者が常時10人未満である商業，映画・演劇業，保健衛生業などは，事業の特殊性から，特例的に「１週44時間・１日８時間」となっている（労規則25条の２第１項））。かつては「労働時間は日単位で規制する」という考えが主流であったが，現在はどちらかといえば週単位の規制に主眼が置かれている。経済のソフト化によるサービス産業化の中で，より柔軟な，週単位での規制のほうが望ましい，という考えにシフトしてきた，ということが背景にあるようだ。

　この法定労働時間と混乱しやすいのが「所定労働時間」。これは，企業が就業規則などで定めている，労働者が実際に働く義務を負っている時間のことだ。例えばある会社で「始業９時～終業17時30分（うち１時間が休憩）」となっていれば，所定労働時間は７時間30分ということになる。労基法89条１号は「始業および終業の時刻，休憩時間……」等について，就業規則に定めなければならない，としているため，基本的には「始業から就業までの時間のうち，休憩時間を除いた時間」が所定労働時間と理解できよう。

　所定労働時間は法定労働時間の範囲内に収まっていなければならず，法定労働時間を超える労働時間を所定労働時間として定めることはできない（定めたとしても，法定労働時間を超える部分は無効となる）。なお２で後述するが，一定の要件

を満たせば，法定労働時間を超えての労働も可能である（時間外労働）。時間外労働は，一般的には「残業」と同じ意味で使われることが多いが，厳密には，所定労働時間を超える労働が「残業」であり，法定労働時間を超える労働（法定外労働）が時間外労働である（所定労働時間を超えるが，法定労働時間に収まっている残業は，一般的には「法内残業」と称される）。

労働時間のイメージ図
（例，所定労働時間9時〜17時30分（うち，12〜13時が休憩時間））

9時	12時	13時	17時30分	18時
所定内労働時間	休憩時間	所定内労働時間	（法内残業）	時間外労働→
			残業→	

この例では，9〜12時，13〜18時（計8時間）が法定労働時間といえる。

(2) どこからどこまでが「労働時間」なのか

所定労働時間は「労働契約上，働く義務のある時間」であり，これが労働時間であることは疑いない。しかし実際には，始業時間は9時なのに「8時半には出社して着替えを済ませておくこと」などとされていることも少なくない。このような，準備や後片付けなどの時間は労働時間にはならないのだろうか。

この点につき通説・判例は，そういった微妙な時間も「使用者の指揮命令下に置かれている時間」と客観的に評価できる場合は労働時間に当たるとしている（指揮命令下説）。この考えに立てば，就業規則等で「労働時間には含まない」とされていても，使用者の指揮命令下と評価される場合は，労働時間ということになる（三菱重工長崎造船所事件：最判平12・3・9では，始業前の着替え〔保護具等の装着〕や所定場所への就業，交代制での粉じん防止のための散水などの時間が，労働時間にあたるとされている）。ただし学説は，指揮命令下であっても業務性が乏しい時間（詳しくは(3)で）もあるとして，労働時間にあたるかどうかの判断要件として「指揮命令下」であることに加えて「業務従事性（業務性）があること」を挙げるもの（二要件説）が有力だ。実際には，業務性の有無の判断が悩ましいケースも多いのだが，法令や業務によって義務付けられている行為や，それに付随する行為などは，基本的には労働時間になると理解していいだろう。

(3) 指揮命令下だけど業務性が乏しい時間とは？

「指揮命令下であっても業務性が乏しい時間」として特に問題となりやすいのは，

手待時間（作業の合間に生ずる，不活動時間）や警備員等の仮眠時間など，「拘束はされているが，作業していない（あるいは作業の密度が低い）」時間である。まず手待時間については，その時間中に何らかの対応（顧客・電話応対など）が求められていれば，基本的には労働時間に含まれる（すし処「杉」事件：大阪地判昭56・3・24）。また仮眠時間についても，待機を義務づけられていたり，警報が鳴れば出動するなどの応対が求められている場合には，労働時間に含まれるとするのが判例・通説の立場である（大星ビル管理事件：最判平14・2・28，グローバル事件：福岡地小倉支判令3・8・24）。ただし裁判例の中には，不活動時間の自由度がかなり高い（大道工業事件：東京地判平20・3・27），仮眠中の活動が義務づけられていなかった（ビソー工業事件：仙台地判平25・2・13）等として，労働時間に含まれないとするものもある。また，夜行バスでの，交代運転手の仮眠時間が労働時間にあたらないとしたものとして，カミコウバス事件：東京高判平30・8・29もある。

　参加が任意の勉強会などは，基本的には労働時間とは認められない（長崎市立病院事件：長崎地判令元・5・27，ルーチェほか事件：東京地判令2・9・17。これに対し上司から参加を求められていたセミナーの労働時間制が認められたものとして，ダイレックス事件・長崎地判令3・2・26）。また，上司の指示がないのに早く出社しているようなケースでは，自主的に仕事をしていたとしても，業務上の必要性が乏しいとして労働時間性が否定されやすい（三井住友トラスト・アセットマネジメント事件・東京地判2021・2・17，山崎工業事件・静岡地沼津支判令2・2・25）。

(4)　労働時間の特殊な算定ルール（事業場間の通算）

　ところで労基法では，特殊な場合における「労働時間の算定」についても規定している。ここではそのうち，事業場間の通算を簡単に見ておきたい（ほかにも事業場外での労働，裁量労働のルールがあるが，これらについては2で紹介する）。

　労働者が複数の事業場で労働した場合，労働時間が通算される（労基法38条1項）。例えば，東京本社で5時間働いた後，横浜支社で4時間働いたような場合には，9時間労働した，ということになるのである。したがって，通算した時間が法定労働時間（1日8時間）を超えれば，それは時間外労働として規制される（千代田ビル管財事件：東京地判平18・7・26では，夕方はパート，深夜は正社員として同一事業主の下で勤務していた労働者につき，労働時間算定は通算するとされた）。労基法は原則的に事業場単位で適用されるのだが，労働時間についてはこう解さないと，

事業場さえ違えば長時間労働がいくらでも可能となってしまうから，その意味では妥当なルールといえよう。

もっとも近年は兼業が増えており，「異なる使用者」の事業場で働くという場面も少なくない（例えば，A社で7時間働いた後，B社で5時間バイトする，など）。行政解釈はこういった場合も通算されるとするが，これで通算されると，B社は1時間を超えて働かせれば労基法違反となってしまうことになり，B社にはちょっと厳しい感じもする。そのためもあってか，この点行政解釈では，労働者からの申告がない場合は通算は要しないとされている。

2　法定労働時間の例外

1で見た「1週40時間・1日8時間」という原則には，実際には多くの「例外」が存在する。ここでは，「法定労働時間を超えてもよい」「トータルで見て，法定労働時間に収まっていればいい」「実際の労働時間にかかわらず，一定時間働いたとみなす」という3つの例外を紹介する。

(1)　時間外・休日労働が認められる場合

時間外・休日労働とは，法定労働時間を超えた労働，あるいは法定休日（労基法35条。後述）の労働のことだ。1つめは，「法の基準を超えて働かせてもよい」というタイプの例外であり，非常災害時等の時間外・休日労働，公務の必要がある場合の時間外労働，労使協定に基づく時間外・休日労働の3タイプがある。

(a)　災害等の臨時の必要がある場合

台風や地震といった自然災害や，大規模な機械設備の故障などで，企業施設が深刻な被害を受けたり，復旧が必要となるような場合であって，「臨時の必要がある場合」には，使用者は行政官庁の事前許可を受けて，（場合によっては事後の届出）時間外・休日労働をさせることができる（労基法33条1項）。ただし，通常予見されるような範囲を超える災害等でなければならないし，かつ「臨時の必要がある場合」でなければならない（したがって例えば，単に業務が忙しくなったとか，被災してから何か月も経過しているといった場合は，許されないといえよう）。

なお行政官庁が，この場合の時間外・休日労働を不適当と認めた場合には，後から，その時間に該当する休業・休日を与えるべきことを命じることができる（同条2項）。

(b)　公務のために臨時の必要がある場合

労基法別表1で定める事業以外の官公署の事業に従事する公務員（いわゆる非現業の公務員のことである）について，公務のために臨時の必要がある場合には，時間外・休日労働をさせることができる（労基法33条3項）。ただ，非現業の国家公務員にはそもそも労働基準法が適用されない（国公法附則16条）ため，この条文の適用対象となるのは，主に非現業の地方公務員などとなる（対象となる公務員の具体例は下表を参照）。

33条3項の対象となる公務員の具体例

国家公務員	特定独立行政法人（国立印刷局，造幣局など）の本庁，管理局など
地方公務員	県庁・市役所，公立学校（＊） ＊労基法別表1の12号には「教育」事業があるが，教育職員については給特法5条で，労基法33条3項が適用されると読み替えされている

地方公務員の場合，現業も非現業も労基法36条自体は適用除外されていないため，法的には後述する三六協定の締結も不可能ではないのだが，行政通達（平11・3・31基発第168号）で，時間外・休日労働は労基法33条3項を適用する（三六協定は不要）とされていることもあり，非現業の職場では三六協定が締結されていないことが多いようだ。ただ，何でもかんでも「公務のため」の「臨時の必要」だ，で片付けられたらたまらないので，ここは厳格に解されるべきであろう。

(c)　時間外・休日労働協定（三六協定）による時間外・休日労働

これは，使用者が，当該事業場の過半数代表との間で時間外・休日労働に関する協定（三六協定ともいわれる）を締結し，行政官庁に届け出れば，協定の定めるところにより労働時間を延長し，休日労働をさせることができるという制度である（労基法36条。ただし「労働させることができる」＝労働者が労働義務を負う，というわけでは必ずしもない。この点は本節5参照）。

この三六協定には，時間外・休日労働させることができる具体的な事由，労働者の範囲，延長できる時間などを書く必要があるが，三六協定で決めておきさえすれば何時間でも働かせられるのだろうか。従来は，「告示」によって時間限度の「基準」が定められていたに留まっていたため，実質的には青天井で時間外労働させられる，という問題があった。しかし2018年の労基法改正で，時間外労働の原則「月45時間・年360時間」（休日労働を除く）までとされたうえで，それを超える場合（特別条項を置く場合）でも下表の時間を超えて設定することはできない，とされた（なお医師やドライバー等については，2024年3月まで適用が延期さ

れており，同年4月以降は，これよりも緩やかなルールが適用される予定である）。

特別条項による上限（年6か月まで）

・時間外労働（休日労働除く）が年間720時間以内…①
・時間外労働と休日労働の合計が月100時間未満（1か月のみ）…②
・時間外労働と休日労働の合計が，2，3，4，5，6か月間の平均で，いずれも1
　か月80時間以内…③
＊ドライバーについては休日労働を除き年間960時間以内（②③は適用なし）
　医師については，原則として，休日労働を含み年間960時間以内・月100時間未満
　（例外1860時間以内）。③は適用なし（②は例外あり）

　この改正により，上限を超えた時間外労働には罰則が適用されることとなった。
青天井だった長時間労働を規制したという点で，肯定的な意見が多数だが，「上
限が甘すぎて，過労死が増えるのでは」「業務量が減らないのに上限だけ設けても，
サービス残業が増えるだけでは」などといった懸念も呈されている。ちなみに，
年少者や妊産婦（後者は請求があった場合）についてはそもそも時間外・休日労働
は禁止されている（労基法61条4項・66条2・3項）。

(2)　変形労働時間制，フレックスタイム制

　2つ目の例外は，「トータルで見て，法の基準内に収まっていればよい」とい
う例外だ。変形労働時間制と，フレックスタイム制の2タイプがある。

(a)　変形労働時間制

　これは「労働時間が，ある日やある週などで見たときには法定労働時間を超え
ていても，トータルの期間で平均して法定労働時間に収まっていればよい」とい
う制度である。サービス業などでは「月の最終週は忙しいけどその他は結構ヒマ」
というようなことはよくあり，経営者からすると，画一的な「1週40時間・1日
8時間」という規制が実態に合わない…という場合もありうる。こうした実態に
対応できるように用意されているのが変形労働時間制。変形労働時間制には「1
か月単位」「1年単位」「1週間単位」があるが（要件については下表参照），いず
れも導入には一定要件を満たす必要がある。ここでは「1か月単位の変形労働時
間制」を中心に見ておこう。

　この制度では，1か月以内の一定期間（変形期間という）を定め，その中で，
平均して1週間あたりの労働時間が法定労働時間の中に収まっていれば，変形期
間内の「特定された日」または「特定された週」において法定労働時間を超えて

変形労働時間制の概要一覧

	1か月単位 （労基法32条の2）	1年単位 （労基法32条の4）	1週間単位 （労基法32条の5）（※）
総枠の範囲	1か月を平均して，1週間あたりの労働時間が法定労働時間の枠内に収まっていること	1年以内の期間を平均して，1週間あたりの労働時間が40時間の枠内に収まっていること	1週間40時間以内
手続き	就業規則または労使協定	労使協定の締結・届出	労使協定の締結と届出
労働時間の上限	1日・1週あたりの上限はなし	1日10時間，1週52時間（ただし，週48時間を超える週数等の制限あり）	1日10時間，1週40時間
対象事業	制限なし	制限なし	小売業，旅館，料理・飲食業（常時使用する労働者30人未満）

※労働時間の特定が難しい事案を対象としており，非定型的労働時間制ともいわれる。

いても時間外労働とはならない（労基法32条の2）。例えば「1・4週目は週43時間，2・3週目は32時間勤務」という場合，本来なら1・4週目は時間外労働が生じており割増賃金を払う必要があるが，この制度を使えば時間外労働にはならない（この4週を平均すれば週あたり37.5時間であるため）。

　1か月単位の変形労働時間制だけは，就業規則への規定でも導入が可能である（他は労使協定の締結が必要）ほか，特定の日・週の労働時間の設定も上限がない（他は上限あり）。ちなみに割増賃金については，たとえば今の例でいえば，1・4週目は43時間を超えたところからが時間外労働として割増賃金の対象となる（他方，2・3週目は40時間を超えたところからが時間外労働になる。変な感じもするが，変形期間全体で法定労働時間を超えた場合には，その分までは支払われる）。なお，最初から常時週40時間を超過する前提で設計されている場合は，変形労働時間制としては無効となる（ダイレックス事件：長崎地判令3・2・26，社会福祉法人セヴァ福祉会事件：京都地判令4・5・11）。

　変形期間の中での各日・各週の労働時間は，具体的に「特定」しておく必要があり，使用者が後から任意に労働時間を変更することはできない（昭63・1・1基発1号）。この点，就業規則の中に「特定の日または特定の週の労働時間につき，会社が任意に決定・変更できる」というような条項が置かれていたケースで，労

基法32条の２の「特定」の要件を満たさず，無効とされた裁判例がある（JR東日本（横浜土木技術センター）事件：東京地判平12・４・27，岩手第一事件：仙台高判平13・８・29等）。「急に忙しくなってきたから来週は50時間勤務ね，その代わり再来週は30時間でいいよ」などといきなり言われても労働者も困るだろうから，妥当な判断であろう。

　ところで変形労働時間制は，いくら事前の「特定」を要件としているといっても，場合によっては，労働者の生活が不規則になりうる。そこで労基法では，育児・介護を行う者や職業訓練を行う者などに変形労働時間制を適用する場合には「育児等に必要な時間を確保できるような配慮をしなければならない」としている（労基則12条の６）。特に影響が大きくなりやすい労働者への配慮を求めた規定だが，本来的には他の労働者についても，あまりにも生活が不規則にならないよう配慮されることが望ましいといえよう。

(b)　フレックスタイム制

　こちらは，ある期間（３か月。清算期間という）の総労働時間が法定労働時間の範囲内に収まっている場合に，始業・終業時刻を労働者が自由に決定できる，という制度である（労基法32条の３）。変形労働時間の一種ともいえるが，事前の各日・各週の労働時間の特定は不要であり，何よりも，労働者が自由に出・退勤時間を決められるという点が特徴的である。

　この制度を導入するためには，就業規則に「始業・終業時刻の両方を労働者の決定に委ねる」旨の規定を置いたうえで，労使協定にて，対象労働者，清算期間，清算期間内の総労働時間数，１日の標準労働時間を定める（必ず出勤していないといけない時間帯（コアタイム）や，勤務時間を自由に決定できる時間帯（フレキシブルタイム）を設定することもできる）。

　「保育園への迎えがあるから早く帰りたい」など，労働者が自分の都合に合わせて働けるという点では望ましいといえようが，使用者からはそうでもないのが，厚生労働省「令和４年就労条件総合調査」によれば，導入している企業は8.2%程度に留まっている。なお，清算期間の上限については，従来は１か月であったが，より自由度の高い働き方を可能にするという観点から，働き方改革関連法により３か月となった（2019年４月〜）。ただ，清算期間が１か月を超える場合，清算期間全体の労働時間が週平均40時間，１か月ごとの労働時間が週平均50時間を超えないこと（超えた場合は時間外労働となる）が要件とされているほか，労使協定を労働基準監督署長に届け出る必要がある。

⑶　みなし労働時間制

　3つ目の例外は，労働者が実際に働いた時間に関係なく「一定時間，労働したものとみなす」という制度（みなし労働時間制）である。この制度自体は，あくまでも労働時間算定のためのルールであり，決して「法定労働時間を超えて働かせられる」という目的の制度では（ほんとうは）ないのだが，残念ながら現実には「1日10時間働いたけど，8時間労働とみなされてしまう」というような場合が多いということもあり，ここでは「例外」に分類している。具体的には，「事業場外みなし制」と「裁量労働制」とがある。

⒜　事業場外みなし制

　労働者が，事業場の外で働いた場合で，労働時間算定が難しい場合は「所定労働時間を労働したものとみなす」（労基法38条の2）というのがこの制度だ。例えば所定労働時間が7時間となっていれば，実際に働いた時間が5時間だろうと9時間だろうと「7時間労働」とみなされることになる。

　外回りの営業担当者などに適用されていることが多いが，適用できるのは，あくまでも「労働時間を算定し難い」場合だ。行政解釈は，無線等で上司の指示を仰いでいたりしている場合などは労働時間算定が困難とはいえないとしており（昭63・1・1基発1号），裁判例も，「算定し難い」場合にはあたらないとして適用を否定するものが多い（阪急トラベルサポート〔第2〕事件：最判平26・1・24など）。これだけスマートフォン等が発達している時代に，物理的に「労働時間を算定し難い」ということはなさそうだが，裁判例の中には，物理的には労働時間算定が可能であっても，実施に過重な経済的負担を要したり煩瑣に過ぎるといった場合は「労働時間を算定し難いとき」にあたるとし，営業担当社員への適用を肯定した裁判例もある（ナック事件：東京高判平30・6・21）。なお，どう考えても所定労働時間を超えそうな業務でも，「所定労働時間労働した」としかみなされないのでは労働者にとってはたまらない。そういった場合は「その業務の遂行に通常必要とされる時間労働した」ものとみなされる（労使協定で，この「通常必要とされる時間」を決めることも可能。労基法38条の2第2項）。

　最近は，テレワークに事業場外みなしを適用したいという声もある。行政解釈では，テレワークについても，パソコン等が使用者の指示で常時通信可能な状態になっておらず，業務が随時具体的な指示に基づいて行われるものではないような場合には，事業場外みなし制が適用されるとしているが，逆にいえば，そのくらい労働者の自由度がないと，テレワークだからといって事業場外みなし制度が

当然に適用されるわけではない点は，留意が必要だろう。

(b)　裁量労働制

　研究開発や調査・分析など，裁量性の高い仕事に従事している労働者については，一律の時間管理になじみにくい，という面もある。そこで一定の場合には，実際の労働時間に関わらず，労使協定で定めた時間労働したものと「みなす」ことができる，というのがこの制度であり，専門業務型と企画業務型の 2 つのタイプがある。なおいずれの場合も，仕事の進め方や時間配分については使用者が具体的な指示をしないことが要件だ。導入には，労使協定の締結が必要（この点は，事業場外みなし制と異なる）であるほか，労使協定で定めた時間が法定労働時間を上回る場合は割増賃金の支払いが必要となる。また，休日・深夜労働の規制や，働き方改革により新設された使用者による労働時間状況の把握義務（安衛法66条の 8 の 3 ）なども及ぶ。

　①　専門業務型裁量労働制　　一定業務に従事する労働者については，労働時間の決定と業務遂行方法について使用者が具体的な指示をしないこと，健康・福祉確保措置を講ずること等を要件に，所定労働時間労働したものとみなすことができる（労基法38条の 3 。労使協定の締結・届出が必要）。この「一定業務」とは，「業務の遂行手段と時間配分などについて使用者が具体的指示をすることが困難な業務」であり，労基法施行規則で定められている（新聞記事等の取材・編集，デザインの考案，プロデューサー，公認会計士，弁護士，大学における教授研究など19業務が対象となっている）。ただし対象業務に該当していても，裁量がなかったり，裁量の度合いが少ない場合は適用できない。例えば「大学における教授研究」の場合，行政解釈では，授業や講義準備，学生指導などの割合が週の労働時間の「おおむね 5 割」未満でなければならない，とされている。

　②　企画業務型裁量労働制　　「事業の運営に関する事項についての企画・立案・調査・分析の業務」であって，「その遂行方法を大幅に労働者の裁量に委ねる必要があるため，使用者が具体的な指示をしない業務」に関する裁量労働制である（労基法38条の 4 。なお具体的には，経営計画の策定や，新たな人事制度の策定などに適用されている）。

　もっとも，適用の要件は①よりも格段に厳しい。こちらは，専門業務型と異なり「業務」の範囲が抽象的な分，本来適用されるべきでない労働者にまで拡大して適用される懸念があるからだ。そこで要件として，労使同数で組織される常設の「労使委員会」を設置し，そこで対象業務や対象労働者，みなされる時間，対

象労働者の同意を得ること等について，5 分の 4 以上の決議があって初めて導入が可能，との規程が置かれている（本人が適用拒否した場合は適用できず，それを理由とした不利益な取扱いも禁止されている）。

　ところで，2018年労基法改正の際には，当初は企画業務型の対象業務拡大も盛り込まれていた（課題解決型提案営業や，裁量的に PDCA〔Plan 計画→ Do 実行 → Check 評価→ Action 改善をくりかえし，業務を改善する意〕を回す業務）が，「裁量労働制で働く人の労働時間のほうが一般労働者よりも短い」という政府側のデータが誤っていたことが発覚し，結局廃案となった。専門業務型にも通ずることであるが，仕事の進め方や時間配分は労働者に裁量があっても，仕事量やノルマ，期限などを自由に設定できるわけではない。「早く仕事を片付ければ早く帰れる」といえば聞こえはよいが，多くの場合，こなすべき仕事の量や評価を決めるのは労働者ではなく使用者。裁量労働だからと頑張ってテキパキこなしても「もう終わったの？じゃあこれもやって」などと言われてしまってはサイアク（？）だ。

⑷　労働時間規制の適用除外

　主に「労働時間規制になじまない」という理由から，ここまで見てきた「例外」ではなく，労基法上の労働時間，休憩，休日のような規定が最初から適用されない（適用除外），というタイプの制度も存在する。従来からあった農水牧畜業に使用される者，管理監督・機密事務取扱者，監視・断続的労働者に加え，2018年労基法改正で新たに「特定高度業務・成果型労働制─いわゆる高度プロフェッショナル（以下，高プロ）制度」が導入され注目を浴びている。

　以下，①〜③の労働者については，労働時間，休憩，休日の規定が除外される（労基法41条 1 〜 3 号。従って後述する割増賃金も支給されない（ただし，深夜業の規制は適用されるため，深夜労働の割増賃金は支払われる（ことぶき事件：最判平21・12・18）。高プロにはそれに加えて，深夜業の規定も除外される。ただしいずれも年次有給休暇の規定は除外されない。

　①　**農水牧畜業に使用される労働者**（労基法41条 1 号）　　農業や畜産，水産業などは自然相手の仕事だから，法定労働時間などの規制にはなじまないだろう，という趣旨から除外されているものだ。ただ，これらの産業も機械化・管理化が進められているケースも増えてきており，現行の適用除外が時代にあっているかは議論もありえよう（1993年には林業が適用除外から外されている）。

　②　**管理監督者・機密事務取扱者**（労基法41条 2 号）　　管理監督者って「管理

職」のことでしょ？と思う人もいるだろう。たしかに「課長になったら時間外手当がもらえなくなった」といった話はよくあり，実務的には「管理職＝管理監督者」という理解が半ば常識化しているのかもしれない。しかし法的にそれが正しいかというとかなり微妙だ。行政通達は，管理監督者について「労働条件の決定その他労務管理について経営者と一体的な立場にあるものをいい，名称にとらわれず実態に即して判断する」としている（昭22・9・13基発17号）。もともと労基法が管理監督者を適用除外とした背景には，企業経営の必要性から，労働時間の規制を超えて活動しなければならないエライ人だし，そんな人なら時間も融通きくだろうから保護もいらないだろう，といった発想がある。「経営者と一体的な立場で，いつ来ていつ帰っても文句言われない」なら法的にも管理監督者といえるだろうが，そんな課長さんが現実にどれだけいるのかというと…かなり疑問だ。

　もし管理監督者でなければ，時間外手当等は当然支払う義務が生ずる。裁判例では，職務内容や権限・責任（経営方針への参画や，労務管理上の使用者との一体性），勤務態様（勤務時間の自由裁量性），待遇（賃金等が地位にふさわしいか）の3点を軸に判断する流れが定着しており，役職に関わらず，重要な権限を持っていない場合や，出社・退社時刻の自由度がないなどとして，管理監督者性を否定し割増賃金の支払いを命じるものが多い（ゲートウェイ21事件：東京地判平20・9・30（支社長），日産自動車事件・横浜地判平31・3・26（課長），日本マクドナルド事件：東京地判平20・1・28（店長））。管理監督者性が肯定されたケースとしては，人事決定権を実際に有していた営業部次長（姪浜タクシー事件：福岡地判平19・4・26），経営会議のメンバーでもあった営業部長（センチュリー・オート事件：東京地判平19・3・22）などがあるが，それほど多くはない。

　なお，機密の事務を取り扱う者とは，秘書のように，経営者等と行動を共にする，時間管理になじまない労働者のことである。

　③　**監視・断続的労働者**（労基法41条3号）　　「監視」に従事する労働者とは，一定の部署で監視をしている労働者で，かつ常態として身体的・精神的緊張の少ない者とされる（守衛や役員専属の運転手など。行政解釈では，駐車場での監視など精神的緊張の高い業務や，プラントなどで計器を常に監視するような業務はこれにあたらない，とされている）。また「断続的」業務に従事する労働者とは，作業自体が断続的で手待時間が多い労働者であり，学校の管理員（横浜市学校管理員事件：横浜地判昭60・7・25）や団地の管理人，寄宿舎の賄い人などがこれにあたるとされている。なお，実際に監視業務や断続的業務といえるかどうかはケースバイケー

スということが多いため，適用除外を受けるためには行政官庁の許可を得ることが必要である。

　④　**高度プロフェッショナル（高プロ）制度**　　従来型の適用除外制度は，基本的には「労基法の時間管理になじまない」という発想に基づくものであるが，高プロは「時間ではなく成果で評価される働き方を希望する労働者のニーズ」に応え，「その意欲や能力を十分に発揮できるようにするため」という観点から，2018年の労基法改正によって新たに導入された制度である（労基法41条の 2）。具体的には，一定要件を満たす労働者（次表ア参照）を，一定の業務（高度の専門的知識等を必要とし，その性質上，時間と成果との関連性が通常高くないと認められる業務。次表イ参照）に就かせる場合に，労使委員会での一定事項（次表ウ参照）の決議（ 5 分の 4 以上）および労働者本人の書面同意（ただし撤回も可能）を前提として，労基法の労働時間，休憩，休日及び深夜の割増賃金に関する規定が適用されなくなる，というものである。裁量労働と似てはいるが，裁量労働はあくまでも「一定の時間働いたもの」とみなした上で労働時間規制を及ぼすものであるのに対し，高プロは，そもそも労働時間規制を外す（厳密には，独自の規制が予定されている）という点で，本質的には異なる。なお細かなことだが，裁量労働は，上述したとおり，仕事の進め方や時間配分について使用者が具体的指示をしないことが条文上明確であるが，高プロの場合，条文上はその点は要件とはなっていない（労規則34条の 2 第 3 項で，時間については「具体的な指示…を受けて行うものを除く」とされているが）。

　高プロは，2000年代前半から導入の議論はあった（当初は「ホワイトカラー・エグゼンプション」と称されていた）が，労働時間規制を外すことで際限ない長時間労働や過労死を促進するといった批判が強く，なかなか立法化されなかった。次頁の表を見てのとおり，導入要件や健康確保要件などは，従来型の適用除外制度や裁量労働制よりもかなり厳格だが，これは，このような批判を受けてのものである。学説には，このような厳格な要件の下で運用されるかぎりは，多様で自律的な働き方に対応したすぐれた制度である，と評価する見方もある。しかし，そもそも「労働時間と成果の関連性が高くない業務」というのはかなり曖昧な概念であるし，いくら「同意」が要件といっても労働者が実際に同意を拒否するのは困難なケースも多いだろう。なにより，（裁量労働と同じく）仕事の量や評価を労働者が決められない中で成果だけを強く求められれば，結局は長時間労働に追い立てられるだけではないか，といった疑問が残る。

なお厚生労働省によれば，2022年3月末時点で，適用対象労働者は665人とのこと（2019年12月末が413人）。長年の議論紛糾のすえにやっとスタートした割には，「大山鳴動して鼠1匹」という感じがしなくもないが，どうだろう。

高プロの対象労働者・業務，労使委員会での決議事項

	概　要
ア　対象労働者	・使用者との間の合意で，職務が明確に定められている労働者 かつ ・労働者の平均年収の3倍を相当程度上回る水準（年間1,075万円）の年収が見込まれる労働者
イ　対象業務	高度の専門的知識等を必要とし，その性質上，時間と成果との関連性が通常高くないと認められる業務 ①金融商品の開発業務，②ファンドマネージャー，トレーダー，ディーラー業務，③証券アナリスト，④コンサルタント，⑤新たな技術，商品又は役務の研究開発の業務，が例示されている。
ウ　労使委員会での決議事項	・対象業務 ・対象労働者の範囲 ・健康管理時間（＊）の把握方法 ・休日の確保（年間104日以上，4週で4日以上の休日） ・働きすぎ防止措置（1〜4から選択） 　1　終業から始業までに一定時間を確保（勤務間インターバル）・深夜業は1か月4回以内 　2　健康管理時間の上限措置（週40時間を超える時間を，1か月100時間以内等） 　3　1年に1回以上，2週間の連続した休日を付与 　4　臨時の健康診断 ・健康管理時間の状況に応じた健康・福祉確保措置（1〜6から選択） 　1　上記1〜4のいずれかの措置（上で決議したもの以外） 　2　医師による面接指導 　3　代償休日又は特別な休暇の付与 　4　心身の健康問題についての相談窓口の設置 　5　適切な部署への配転 　6　産業医等による助言指導または保健指導 ・同意の撤回に関する手続方法 ・苦情処理措置の実施と具体的内容 ・不利益取り扱いをしてはならないこと ・その他（有効期間，労使委員会の開催頻度・時期など） ＊　健康管理時間……事業場にいた時間と，事業場外で労働した時間の合計時間

厚生労働省「高度プロフェッショナル制度　わかりやすい解説」をもとに筆者作成

3　休憩・休日

⑴　休　憩

⒜　休憩の意義・趣旨

休憩とは「労働者が権利として労働から離れることを保障されている時間」(昭22・9・13発基17号) のこととされる (もっとも後述するように，労基法上，例外的に労働者の自由利用が制限された「休憩」も一部みられることから，「使用者の指揮監督のもとにない時間」と定義する学説もある)。

休憩なしで働いていれば，疲れもたまるし，集中力も低下してミスも増えるだろう。一方で適度な休憩を挟めば，心身もリフレッシュされるし集中力も上がる (その点では，適度な休憩は使用者にもメリットがある)。また労働者には「市民 (社会を構成する自立した個人，という意味)」としての側面もある。職場での拘束時間が長くなればなるほど，その間には，気になる本の続きを読みたい，遊びに行く計画を考えたい，スマホのゲームにログインしたい (?) など，人間としての文化的活動もしたくなるであろう。そういった点で必要となるのが「休憩」だ。

⒝　休憩に関する規制

①　**付 与 義 務**　使用者は，労働時間が6時間を超える場合には少なくとも45分，8時間を超える場合は少なくとも1時間の休憩を与えなければならない (労基法34条1項)。この点，労働時間が8時間を超えてかなり長時間になった場合はどうなのだろうか。行政解釈 (昭22・11・27基発401号) では合計1時間でよいとされている (学説からは批判も強い)。また，休憩が与えられなかった場合，使用者には刑罰が科せられるほか，労働者はその間の賃金を請求できるであろう (ジェイアール総研サービス事件：東京高判平23・8・2)。ただ，労働の密度の観点から，慰謝料のみの請求が認められたもの (住友化学工業事件：最判昭54・11・13) もある。

なお「昼休みは席にいて，電話とかお客がきたら対応して」といった話もよくあるが，これでは労働から解放されているとはいえない (手待時間) から，休憩を与えたことにはならない。ただし，運送・郵便・信書事業などの長距離乗務員 (運転手，乗務員など) や，屋内勤務者30人未満の郵便局の窓口業務に従事する者などは，休憩を与えないことができるとされている (労規則32条1項)。規定の背景ははっきりしないが，休憩を与えると業務運営を阻害して「公衆に不便をもたらす」(労基法40条) ということのようだ (休憩がないと事故が起きやすくなって，かえって公衆に不便をもたらしそうな気もするが……)。なお「自動車運転者の労働

時間等の改善のための基準」(労働大臣告示)では,トラックドライバーにつき「運転開始後4時間以内又4時間経過直後に30分以上の休憩」を求めている。

　②　**途中付与原則**　　休憩は,「労働時間の途中」に与えなければならない(労基法34条1項)。最後にまとめて与えられても心身を休ませたとはいえないだろうということだ(昼休みいらないから早く帰りたい,という人もいそうだが,法的にはできない)。なお,「途中」であれば細切れで与えることも違法とはいえないと解されている(ただし,学説の中には,あまりに短い時間に分割することは,法の趣旨に反し違法と指摘するものもある)。

　③　**一斉利用原則**　　「交代で休憩してくれ」と言われても,周囲に気兼ねして取れないことも多いので,与えるときは「一斉に」とされている(労基法34条2項)。ただし場合によっては「お客さんが来たときに誰もいないのは困る」といったこともあるため,労使協定を締結すれば,一斉に与えないこともできる。また,運送業,商業,映画・演劇業,官公署などの事業の労働者については,一斉に与えることが困難な事業として,特に(労使協定などなくても)一斉に付与しなくてもよいとされている(労規則31条)。

　④　**自由利用原則**　　使用者は,休憩時間を「自由に」利用させなければならない(労基法34条3項)。労働から解放されてリフレッシュするための時間なのだから当然だろう。ただ,そうはいっても,職場規律の観点から,合理的範囲での制限は許されるであろう(この点,休憩時間中の外出許可制やスポーツ許可制などは,行政通達では,休憩の実が失われなければ許可制も許されるとしている。ただし学説は自由利用原則に反するとするものが多い)。

　このほか,休憩時間中に,組合活動や政治活動などをすることが就業規則で禁止・制限されているような場合もある。判例では,休憩時間中に無許可で上司批判(ベトナム戦争反対等のプレートをつけての勤務を注意されたことへの抗議)等のビラを配布したことにつき,「(就業規則の)休憩時間中の政治活動禁止規定は合理的」として,懲戒処分(戒告)有効としたものがある(目黒電報電話局事件:最判昭52・12・13。ただしこの判決は,企業内の秩序・風紀を乱す恐れがない「特別の事情」がある場合には禁止規定違反とならない旨も述べている)。

　また,警察官や,乳児院や養護施設などの職員で児童と起居を共にする者(こちらは行政官庁の許可が必要)などは,勤務の性質上,一定場所にとどまる必要があるため,自由利用原則は及ばないとされる(労規則33条1項。ただしこれでは「権利として労働から離れることを保障されている」とはいえないことから,むしろ労働時

間と解すべきとする学説もある）。

(c)　勤務間インターバル

「休憩」に関する新しいルールとして注目されているのが「勤務間インターバル」制度だ。2018年の働き方改革関連法では，労働時間等設置改善法が改正され，事業主の努力義務として，終業時刻と翌日の始業時刻の間に一定時間の休息（インターバル）を確保する制度の創設が盛り込まれている（同法 2 条 1 項）。

勤務間インターバルは，もともとは「24時間ごとに継続する11時間の休息を確保すべき」との EU の労働時間指令（2000／33／EC）に見られたものである。たしかに，夜中まで仕事をしていたとしても，次の日の出勤が多少ゆっくりでよければ，少しは体への負担も軽くなるだろう。

日本のこの制度はあくまでも努力義務であるし，11時間と決まっているわけでもない。ただ， 9 時間以上のインターバルを導入した中小企業等には，最大100万円の助成金（時間外労働等改善助成金（勤務間インターバル導入コース））が支給される。

(2)　休　　　日

(a)　休日の意義・趣旨

休日とは，労働者が労働契約上の労働義務を負わない日のことである。本格的な疲労回復のためにはやっぱり休憩だけでは不十分だし，そうでなくても，少し遠くに買い物に行きたい，資格の勉強したい，家族とすごしたい，引きこもってひたすら DVD を見たりゲームしていたい，などということもあるだろう。そのために必要なのが「休日」である。

(b)　休日に関する規制

①　**週休 1 日の原則と例外**　　使用者は，毎週少なくとも 1 回の休日を与えなければならない（労基法35条 1 項）。行政解釈では，ここでの「週」とは日曜〜土曜，「休日」とは暦日 1 日（午前 0 時〜午後12時）を指すとされている。

最近では週休 2 日の会社も多いが，労基法上は週休 2 日が義務となっているわけではない（ 2 日ある場合， 1 日は法定休日，もう 1 日は法定外休日とされる）。休日の「特定」は法的には要求されていないが，行政通達では，就業規則などに具体的に一定の日を休日と定めるよう指導する，とされている。

ところでこの週休 1 日の原則には「 4 週間で 4 日の休日」を与えればそれでもいい，という例外（変形週休性）が置かれている（労基法35条 2 項）。「え，じゃあ

24日連勤もアリなの？」という疑問が出てくるかもしれないが，結論的にはなんと「アリ」なのだ。労基法制定当時には，1か月単位で休日を決めていた会社も多かったから，ということのようだが，さすがに学説からの批判も強い。

　②　**振替休日と代休**　　振替休日とは，もともと特定されていた休日を「事前に」他の労働日に変更して，代わりにその日に働かせる，というものであり（労働日の変更），代休とは，事前の振替をせずに休日労働させ，「事後に」別途休日を与える，というものである。

　振替休日の場合，「休日に労働させたこと」にはならないため，割増賃金の支払いは必要なくなる。しかし労働者にとっては，休日だったはずの日に勤務しなければならなくなるというのは，生活への影響もあるだろう。そこで振替が認められるためには，就業規則などの根拠規定（あるいは労働者の同意）と，あらかじめ振り替えられるべき日の特定が必要となると考えられる（裁判例では，業務上の必要性，事前の振替予告，振替休日の事前特定を要件として挙げるものがある。三菱重工業事件：横浜地判昭55・3・28）。これに対し代休は，あくまでも「休日に労働させたこと」には変わりがないため，三六協定の締結および4で述べる割増賃金の支払いが必要となる。

4　割 増 賃 金

(1)　割増賃金の意義

　使用者は，法定時間外や法定休日，深夜に労働をさせた場合は，通常の賃金に一定割合を乗じた「割増賃金」を支払わなければならない（労基法37条。ここでは，これらを総称して「時間外労働等」とする）。割増賃金制度が置かれている背景には，「時間外労働等をさせられる労働者への（心身の負担に対する）補償」と，「経済的負担を使用者に課すことで（本来は例外的な）時間外労働等を間接的に抑制しよう」という視点がある。

　割増賃金は，三六協定を締結して労働させる場合だけでなく，臨時の必要に応じて働かせる場合（労基法33条1・3項）にも支払いが必要となる（労基法37条1項）が，このような要件等を満たさない違法な時間外労働等についても，使用者は当然に支払義務を負うというのが通説・判例の立場である（小島撚糸事件：最判昭35・7・14）。

117

(2)　割増賃金の規定

(a)　割　増　率

では実際，どれだけ「割増」して払わなければならないのか。この割増率については，時間外労働（法定労働時間）を超えた労働と，深夜労働（22時～朝 5 時の労働）に対しては25％以上（労基法37条 1 ・ 2 項），休日労働（法定休日の労働）については35％以上（割増賃金令（平 6 ・ 1 ・ 4 政令第 5 号））となっている。

もっともこの割増率は国際的にはかなり低い（労基法制定時でさえ，50％が国際水準であった）ため，「時間外労働の抑制」効果が不十分である（使用者が，人を雇うよりも，長時間労働をさせる方に流れやすい）との批判は根強い。そのようなこともあり，2008年の労基法改正で，時間外労働が 1 か月に60時間を超えた場合，それ以降の労働に対しては割増率50％以上で払わなければならないとされている（労基法37条 3 項。ただしこの「50％以上」は，労使協定を結べば，「25％以上」＋有給の代替休暇，でも可能）。このルールは，中小企業には適用が猶予されていたが，働き方改革関連法の施行により，2023年 4 月からは全企業に適用されている。

ちなみに「うわ，もう23時だ，トータルで14時間も働いちゃった」というように，時間外労働と深夜労働が重なることもある。この場合は，割増率は50％（25％＋25％）となる。休日労働が深夜に及んだ場合も同様に割増率は60％（35％＋25％）となる。ただ「休日に 8 時～19時まで（ 8 時間以上）働いた」といったような場合（深夜に及ばない場合）は，残念ながら時間外労働の割増率は合算されない（35％のみ）。背景には「休日はもともと所定内労働という概念がないから，『時間外労働』ということにもならない」という考えがあるのだが，だからといって「休日は，朝 5 時～夜10時までなら，35％増で働かせられる」というのもおかしな話であり（実際にはその間に 1 時間の休憩が必要），立法的解決が望まれよう。

なお，前述した法内残業や法定外休日の労働については，労基法上は割増賃金の支払義務はない。したがって， 8 時間を超えないアルバイトなどだと「残業しても割増賃金が支払われない」ということはありうる（ただし，深夜に及べば深夜の割増賃金の対象にはなる）。

(b)　割増賃金の対象・計算

割増賃金は実際にどうやって計算するのか。具体的には，「通常の労働時間に対する賃金（つまり，所定労働時間に行われた労働に対する賃金）」を算定の基礎として，これに割増率を乗じて計算される。なお，計算にあたって「30分未満の残業は切捨て」などとされているケースがしばしばみられるが，これは違法であり，

1分単位で正確に計算しなければならない（桑名市事件：名古屋地判平31・2・14では，15分未満の切捨て処理が違法とされた。ただし行政解釈では，事務簡便のため，その月における時間外の総労働時間数に30分未満の端数がある場合にはこれを切り捨て，それ以上の端数がある場合にはこれを1時間に切り上げることはできるとされている）。

　また使用者は，家族手当，通勤手当，住宅手当など（名称は問わない）のほか，臨時に支払われる賃金や，1か月を超える期間ごとに支払われる賃金などを，算定の基礎から除外できる（労基法37条5項，労基則21条）。これは，家族手当，通勤手当，住宅手当などは「働いた量」とはリンクしない（労働者の個別事情に応じて払われている）手当だという発想に基づいている。逆に家族手当などであっても，個別事情に関わりなく一定額が支給されているような場合は除外できない（平11・3・31基発170号。最近では，労働時間とは関係なく支給されていた祝日手当，公休出勤手当等につき「除外できない」としたケースとして，洛陽交運事件：大阪高判平31・4・11がある）。また，臨時に支払われる賃金や，1か月を超える期間ごとに支払われる賃金は，計算が煩雑になることから，やはり除外することが可能となっている。

(3) 定額残業代（固定残業代）

　近年，定額残業代（固定残業代）といわれる制度を採用する企業が増えている。これには，①一定の手当（役職手当，営業手当など）を割増賃金として支給する，というタイプのもの（手当型）と，②通常の賃金に，あらかじめ割増賃金を含むというタイプのもの（定額給型）がある。これは「払うべき割増賃金相当額を，あらかじめ決めておく」というしくみであり，企業からすると毎月の割増賃金コストを固定化でき（月による人件費の変動を抑制できる），計算も楽，ということなのだろうが，法的には問題にならないのだろうか。

　この点行政通達では，実際に払われている額が「法所定の計算による割増賃金以上となる場合」は法違反とはならない（昭24・1・28基収3947号）とされている（金額適格性要件）。なお当然のことだが，実際に払われている額よりも，労基法37条に沿って計算した額のほうが多くなった場合には，差額分を払わなければ労基法違反となる（結婚式場運営会社A事件：東京高判平31・3・28）。判例も，手当型であれ定額給型であれ，基本的にはこの立場を出発点としている（日本ケミカル事件：最判平30・7・19，医療法人社団康心会事件：最判平29・7・7）。

　ただし，実際に「違法とならないか」の判断要素は，①②のタイプで少し異なっ

119

ているため，以下で実際に問題となったケースを見ていこう。

①　**手当型**　例えば「営業手当 3 万円」を，割増賃金に代えて支給している，というケースである。例えば「労基法通りに計算したら今月は 5 万円のはず」という場合は，そもそも金額適格性を満たさないからアウトなのだが，「計算したら 2 万円だった」という場合は，手当の中に収まっているから問題ないだろうか。

手当型については，金額適格性に加えて，「対価性」の充足を求める裁判例が多い。勤務薬剤師に対して支払われていた「業務手当（約10万円）」が割増賃金に当たるかが問題となった前掲・日本ケミカル事件最高裁判決は，その手当が割増賃金の「対価」としての性質を有するか，という基準を挙げている（対価性）。この事件では，具体的には，採用条件確認書に「業務手当が30時間分のみなし時間外手当である」旨の記載があったことや，実際の時間外労働も月約28時間であったことなどから，「対価」としての性質を有する，とされた（日本ケミカル事件では，実際に30時間を超えた労働があった場合には差額を支払っていたようである）。ちなみに，「割増賃金が 5 万円になる月もあるけど， 1 万円の月もあるんだから，トータルで見れば営業手当 3 万円でもいいでしょ」とはならない（毎月 1 回払いの原則（労基法24条）があるため，各月での精算が必要）。

対価性が求められる背景には，労働者が退職に際して「これまでの不払いの割増賃金を払ってくれ」と労働者が請求した際に，使用者側が「あなたに払っていた○○手当，あれが割増賃金の分だったんだ」と反論する，というケースが多いということもあろう。そもそも割増賃金の代わりであるとの説明がなかったような場合には，割増賃金の代わりとは認められない傾向が強い（アクティリンク事件：東京地判平24・8・28）。また，ある手当を割増賃金の代わりだとすると，かなりの長時間労働を前提としていることになってしまうようなケースでは，そのような定額残業代の定めを公序良俗違反として無効とするものもある（穂波事件：岐阜地判平27・10・22，イクヌーザ事件：東京高判平30・10・4）。

②　**定額給型**　例えば「月額25万円（時間外手当込み）」といったようなケースである。こちらは手当型に比べて，「どこまでが通常の労働時間分の賃金で，どこからが割増賃金分なのか」が分かりにくいこともあり，特に「両者が判別できるか」が重視される（判別性（明確区分性）要件）。はっきりと判別できなければ，そもそも金額自体が労基法の水準に達しているかどうかも判断しようがないから，これは当然であろう。事件としては，オール歩合給のタクシー運転手（高知県観光事件：最判平6・6・13）や，勤務医（前掲・医療法人社団康心会事件）で，判別

できないとして割増賃金性が否定されている。かつては，高賃金労働者につき，労基法37条違反を認めなかった（割増賃金が基本給の中に含まれているとの合意の有効性を認めた）裁判例もあった（モルガン・スタンレー・ジャパン事件：東京地判平17・10・19）が，医療法人社団康心会事件判決は，年収1700万円の医師について判別性基準に照らして労基法37条違反を認めており注目されよう。

　なお，いわゆる年俸制については，「○時間分の割増賃金込み」といった設計が多いが，年俸制であっても同じく，どこまでが通常の賃金でどこからが割増賃金なのかが明確に判別できることが必要であるし，労基法37条に沿って計算した結果，その時間分を超えていれば，差額を支払わなければならない（年俸制労働者につき，計算の結果，営業手当が金額適格性を満たしていないとしたケースとして，ワークスアプリケーションズ事件：東京地判平26・8・20がある）。

　そのほか珍しいケースでは，基本給を概算払いしていたケース（月間総労働時間が180時間を超えたら1時間あたり2560円を払い，140時間未満の場合は2920円を控除するとされていた）で，判別できないとして割増賃金の支払いを命じたケースがある（テックジャパン事件：最判平24・3・8）。また，タクシー運転手について，「歩合給（基本給）から割増賃金相当額を控除する」とされていた（つまり，割増賃金が増えるほど歩合給が減り，トータルの賃金が変わらない）ケースで，このような支給方法は通常賃金と判別ができず，また法の本質に反するとして労基法37条違反としたものがある（国際自動車（差戻）事件・最判令2・3・30）。ただ，類似の事案（歩合給相当部分から割増賃金相当部分を控除）ではあるが，基準内賃金を，歩合給以外の部分と歩合給相当部分とに分けたうえでそれぞれに割増賃金を計算していたケースでは，違法性が否定されている（トールエクスプレスジャパン事件：大阪高判令3・2・25）。

　ちなみに若者雇用促進法では，手当型・定額給型のいずれを問わず，定額残業代のトラブルが多いことから，指針の中で，求人に際して，「固定残業代を除いた基本給の額」「固定残業代に関する労働時間数と金額等の計算方法③固定残業時間を超える時間外労働」「休日労働および深夜労働に対して割増賃金を追加で支払う旨」の明示を求めている（第1節1(1)参照）。

(4)　使用者の，労働時間把握義務

　労働者が，後から「時間外労働した分の割増賃金を払ってくれ」と請求する場合，労働者の側で「いつ・何時間時間外労働したか」を証明する必要があるが，

実際にはなかなか大変だ。裁判例は，タイムカードや勤怠管理システムの打刻時間（KAZ 事件：大阪地判令2・11・27，富国生命保険事件：仙台地判平31・3・28）や，それらが不明確な場合は最終メール送信時間や本人のアカウントでのログオン時間（結婚式場運営会社A事件：東京高判平31・3・28）などから判断する傾向がある。

　なお労働時間管理は，割増賃金の計算だけでなく，健康管理の面からも重要だ。そういった観点から，使用者には労働時間を適正に把握・管理する義務がある（「労働時間の適切な把握のために使用者が講ずべき措置に関する基準」（平13・4・6基発339号）。また，労働者への安全配慮義務（労契法5条）という観点からも，使用者には適切な労働時間管理体制を整えることが必要である（肥後銀行事件：熊本地判令3・7・21）。なお，2018年の働き方改革関連法によって労安衛法が改正され，事業者（事業主と同義）は，高プロ適用者以外のすべての労働者につき，「労働時間の状況」を把握することが義務付けられている（労安衛法66条の8の3。なお高プロ適用者については，健康管理時間として，事業場内にいた時間＋事業場外で労働した時間を把握することが義務付けられている（労基法41条の2第1項第3号））。

5　労働者の，時間外・休日労働義務

(1)　時間外・休日労働義務の根拠をめぐる議論

　労基法では，1週40時間，1日8時間の法定労働時間や1週1休日の原則（32条・35条）を定めており，これに違反して労働者に時間外労働等をさせた使用者には，6か月以下の懲役または30万円以下の罰金という刑罰が科されることとなっている（同法119条1項）。

　実務では「三六協定が結ばれたら，労働者は時間外労働しなきゃいけない」と思っている人が多そうだが，実はそうではない。たしかに三六協定を結べば，時間外労働をさせても労基法違反ではなくなる（＝刑罰は受けない）。でも法的には，それはあくまでも刑罰を受けないという効果（免罰的効果）にすぎず，そこから労働者が時間外労働等の義務を当然に負うわけではないのだ。労働者が時間外労働等の義務を負うといえるためには，適法な三六協定の締結とは別に，労働者の時間外労働等を義務付ける，何らかの根拠が必要なのである。

　ではその根拠とは何か。大きく分けて2つの考え方がある。1つは，就業規則，労働協約，労働者自身の同意等で，「三六協定の範囲内で時間外労働等に応じる義務がある」などの包括的な定めがあれば，労働者は時間外労働等に応じる義務を負う，というもの（包括的同意説）。この説だと使用者は柔軟に時間外労働等を

命じられることになるが，時間外労働は本来は例外的なものだし，特に使用者が一方的に作成する就業規則に書けばいいというのはどうなのか，といった批判がある。もう1つは，時間外労働等のたびに労働者の同意を得れば時間外労働等に応じる義務を負う，というもの（個別的同意説）。同意しなければ時間外労働等をしなくてもいいという点では労働者に有利そうだが，実際に同意を得て時間外労働させるというのは企業にとってはハードルが高いといった批判や，逆に労働者も同意を求められたら断るのは難しいだろうといった批判もある。

この点が問題となったのが，日立製作所武蔵工場事件：最判平3・11・28だ。これは，工場勤務の労働者が，工場での良品率低下の原因究明等を残業して行うよう上司から命令されたにも関わらず，残業を拒否して帰ってしまった（翌日その業務を行った）ことが問題となった事件である（なお就業規則には，やむを得ない場合は（三六協定の範囲内で）労働時間を延長できる旨の規定がおかれていた）。最高裁は，(2)で述べるように，「就業規則の規定の内容が合理的なものである限り，それが具体的な労働契約の内容をなす」として，労働者が時間外労働等に応じる義務を認めたのである。

なお，三六協定が締結されていなかったり，三六協定の締結過程に問題がある場合には，労働者に時間外労働等の義務は発生しない（後者の例として，親睦会代表を過半数労働者代表として締結された三六協定を不適法であるとして，労働者の時間外等労働義務が否定されたトーコロ事件：最判平13・6・22）がある）。三六協定を含む労使協定は，労働基準法の「最低基準」を労使合意で緩めるしくみだからこそ，いい加減に選ばれた過半数代表に合意されては困るもの。なので，従業員の挙手もしくは投票で選出されなければならないとされている（労規則6条の2）。

(2)　日立製作所武蔵工場事件・最判と労契法7条

(1)で述べた日立武蔵工場事件・最判は，三六協定が締結され，行政官庁（労働基準監督署長）に届け出られた場合において，使用者が就業規則に「三六協定の範囲内で一定の業務上の事由があれば…労働時間を延長して労働者を労働させることができる旨定めているときは，当該就業規則の規定の内容が合理的なものである限り，それが具体的な労働契約の内容をなす」から，労働者に時間外労働義務が生じる，とした。さらに本判決では，三六協定の合理性を検討し，時間外労働させる事由が明確であること，および時間外労働の月当たりの上限が40時間であることをあげて，最終的に，当該就業規則は合理的なものであると結論したの

である。

　本判決が示した判断基準は，2007年に労契法7条（使用者が合理的な労働条件を定める就業規則を労働者に周知させていた場合には，労働契約の内容は，当該就業規則で定める労働条件によるものとする）として立法化された（周知性のもととなったのはフジ興産事件・最判平15・10・10）。ただ，本事件そのものは時間外労働の義務をめぐる話だったが，労契法7条成立により，労働条件全般に及ぶものとなった。なお本判決を「包括的同意説にたったもの」と説明する書籍などもあるが，就業規則の規定内容が「合理的なものである」ことを求めていること，逆に，労働者が明確に反対の意思を示していても（合理的なら）義務を負うとなる点で，厳密にはこの学説とはやや異なる。

　なお本判決で就業規則に合理性があるとされた背景には，三六協定上，時間外労働をさせられる理由が明確であったうえ，上限が月40時間に留まっていたことも大きいと思われる。また，仮に就業規則に定められている義務規定が本判決のケースと同様のものであったとしても，労働者が高熱を出していたり，家族が重病である場合にまで時間外労働を命じれば，使用者の時間外労働等命令権の濫用（労契法3条5項）となるだろう。あるいはそれ以前に，就業規則の合理的な規定からは，使用者にそのような場合にまで時間外労働等を命じる権利は発生しない，と考えることもできよう。

このほか，使用者が労働者に時間外労働を命じることができる場合であっても，労基法や育介法上の制限は当然受けることになる（割増賃金支払いも当然だ）。

> ### コラム2-6　「働き方改革」と労働時間規制
>
> 　本節でも触れてきたように，働き方改革によって労働時間規制が大きく見直された。ではそもそも「働き方改革」では，なぜ労働時間規制の見直しという話になったのだろうか。
>
> 　働き方改革のベースとなった2017年3月の「働き方改革実行計画」では「（長時間労働は）健康の確保だけでなく，仕事と家庭生活との両立を困難に」する，「かつての『モーレツ社員』という考え方自体が否定される日本に」「働き方の根本にある長時間労働の文化を変える」などとされている。要は「長時間労働や，それを支えてきた日本の文化・制度・働き方」によって「仕事と生活の両立や少子化，労働生産性」に問題を来たしているから，長時間労働を規制する必要がある，ということなのだろう。
>
> 　たしかに長時間労働は，仕事と生活の両立には支障を来たすだろうし，女性や高齢者などがそれによって働きにくくなっているのも事実だから，一理ありそう

にも思える。でも，本当にそうなのだろうか。ここでは2つの疑問を挙げておきたい。

　1つは，長時間労働は「労働者の働き方」の問題なのだろうか，ということ。確かに「上司が帰らないと帰りにくい」という風潮や，「生活のために残業する」労働者がいることも否定はできない。でも「業務量が変わらないのに人が減らされている」中で，ただ早く帰れといわれても困ってしまう（2018年には「時短ハラスメント」という言葉が流行語大賞にノミネートされたほどだ）。育児休業や介護休業の取得が増えれば（それ自体はいいことなのだが），その分のしわ寄せが他の労働者に行けば，その分長時間労働になりやすくもなる。そう単純に「労働者がダラダラやっているから長時間労働になっている」とはいえないのではないだろうか。もう1つは，労働法のせいで長時間労働になっているのかということ。しばしば「ダラダラ残業していたり仕事の遅い労働者のほうが，短時間でテキパキ終わらせている労働者よりも残業代がもらえるから，長時間労働につながっている」との労働法への批判も見うけられる。しかしそもそも，ダラダラ残業している労働者が問題なら使用者が帰らせればいいだけだし，仕事の遅い労働者の評価を下げたり（逆に，がんばっている労働者を高く評価したり）することは今の労働法の下でも十分に可能だ。要するにこれは，使用者の労務管理の失敗という問題であり，労働法のしくみとは関係はないのではないだろうか。

　こんな疑問はあまのじゃくだと思う人もいるだろう。でも，長時間労働が減らない理由は，「労働者がダラダラやっている」「労働法が悪い」というだけで片付けられるほど単純ではないことは，ぜひ考えていただきたい。

第 7 節　年次有給休暇

> **トピック**　労働者に必要なのは…？
>
> A　「やっぱりさぁ，『人生に必要なのは，愛と勇気と有給休暇』だよね。」B　「え？　なになに，どうしたの？　唐突に。」A　「ちょっと古いけど，1990年代に公開された『シティ・スリッカーズ』っていう映画のキャッチフレーズだよ。都会のギスギスした忙しい生活に疲れはてた 3 人のエリートビジネスマンが，有給休暇を取って"カウボーイ体験ツアー"に参加するなかで，忘れていた大切なことを思い出していく……というストーリーだよ。」
>
> B　「へぇー。そんな映画があったんだ。しかし，身に染みるなあ。ぼくも今の会社で勤めてもうすぐ 5 年になるけれど，年休も半分くらいは使わず終わってるもんな。しかも，年休っていっても，だいたい熱を出したりとか，インフルエンザになったりしたときに使ってるくらいだし。」
>
> A　「そういうのは，ホントは年休を使うべきじゃないんだよ。スキーに行ったり，海外旅行に行ったり，温泉につかったり，カウボーイ体験ツアーに参加したりするために年休ってのはあるんだよ。」
>
> B　「カウボーイ体験ツアーはメジャーじゃないと思うけどね……。日本では，自分の病気とか子どもの病気に備えて年休を貯め込んでいる人多いよね。国もようやく本気出して半分そこそこの年休取得率を70％まで上げるって目標を定めたし，"働き方改革"のなかで年休の義務化を新たにスタートさせたし，少しは状況も変わっていくのかなあ。」
>
> A　「変わっていくのかなあ，じゃなくて，変えていかなくちゃ！　まずはBくん，君が年休を取りこぼさないようにすることだね。」
>
> B　「わかったよ。今年の夏はカウボーイ体験ツアー‼　じゃなくて，久しぶりにきれいな海でダイビングでもやりに行こうかなあ。」

1　年次有給休暇（年休）の意義

(1)　年休の定義

　過重労働にともなうさまざまな問題が連日報道されていることからもわかるように，労働者の「休む」権利は軽視されがちなのが，日本の現状であると言わざるを得ない。2019年に働き方改革関連法が可決され，同年 4 月から順次施行されているが「働き方」を改革するということは，すなわち「休み方」を改革することに他ならない。今回の働き方改革の中の 1 つに，「年次有給休暇（以下，年休）

付与の義務化」（5 で後述）が盛り込まれたことは第一歩といえるかもしれないが，本来ならば，年休付与を使用者に「義務づける」ということ自体，年休の意義と矛盾するものであり，手放しで前進と評価するべきではないのかもしれない。

　まずは，定義から確認しておきたい。年休とは，所定の休日以外に仕事を休んでも賃金が支払われる（＝有給）休暇のことである。賃金を支払わなかった使用者には，労基法114条によって，未払い額に加えて付加金の支払いが命じられることもある。

　年休の歴史的経緯を振り返ってみると，1900年代の初め頃にヨーロッパ諸国において制度化されたことに端を発しているとされている。「精神的かつ知的な連続した休暇をとることは，労働者の心身の健康維持のために不可欠である」との理由から，週休と異なる一定の「有給の連続休暇」を取得することは労働者の権利であるべきだとの考えが，ヨーロッパの労働組合から生まれたとされている。

　それらの動きを受けて，1936年には，ILO 条約52号「年休に関する条約」が採択された。本条約は，「1 年以上継続勤務した労働者に 6 労働日以上を勤続期間に応じて付与すること」，「6 労働日分は連続付与すること」を主な内容とするものであった。戦後はさらにこの内容を発展させた ILO 条約132号「年休に関する改正条約」が採択された。しかし，日本はこれらの条約を批准していない。

(2)　年休の「強制」

　上記のように，年休の最大の意義とは，「連続休暇」を有給で取得できる労働者の権利が確保されるという点にあるといえよう。日本では，戦後，前述の ILO 条約52条を参考にして，労働基準法において初めて年休を制度化した。しかし，戦後から急速な経済成長を遂げていくなかにおいて，「休む暇があれば働け」という有形無形の圧力が労働者に対してかかり，結果として，本来の年休の形であるはずの「連続休暇」からかけ離れた形になってしまった。そもそも年休の取得率はずっと50％を割り込んでおり，労働者の権利である年休権が十分に行使されていない実態が長らくあった。これまでにも，1987年に最低付与日数の引き上げ（6 日→10日）や計画年休制度（4 で後述）の創設をしたり，1993年に継続勤務要件の短縮（1 年→6 か月），さらに2008年には時間単位（年 5 日の範囲内）の年休取得を認めたりするなどして，何とか年休取得率を上昇させようとしてきたが，抜本的な解決には至らなかった。

　「年休を労働者の完全な自由に委ねていては，いつまでたっても取得率は上が

らない。こうなったら，使用者が強制的に休暇を与えるくらいのことをやらなくてはいけない。」といった意見はかねてから一定存在していた。しかしこれまではそこに踏み込むことはしなかった。そのことで取得率が上がるという実質的な効果は得らえるかもしれないが，年休本来の意義から逸脱し，年休の存在意義が薄まるのではないかという危惧が拭い去れなかったためであろう。そういう意味では，前述した2019(平成31)年の働き方改革において年休付与の義務化を法定したことは，日本の年休制度のターニングポイントといえるかもしれない。

2　年休の制度内容

(1)　年休の付与日数

労基法39条1項は，週の所定労働日数が5日以上または週の所定労働時間が30時間以上の労働者が6か月間継続勤務し，全労働日の8割以上出勤した場合は，最低10日の年次休暇を与えなければならないとされている。その後，継続して勤務した労働者に対しては勤続年数に応じて加算され，最高20日まで認められる（表1）。また，所定労働日数が5日未満または週の所定労働時間が30時間未満の労働者の場合は，その日数に応じて比例的に年休が付与される（表2）。なお，年休の請求権は，2年間で行使しないと時効によって消滅する（労基法115条）。

表1　通常の労働者の付与日数

継続勤霧年数	0.5	1.5	2.5	3.5	4.5	5.5	6.5以上
付与日数	10	11	12	14	16	18	20

表2　週所定労働日数が4日以下かつ週所定労働時間が30時間未満の労働者の付与日数

	週所定日数	1年間の所定労働日数※	継締勤務年数						
			0.5	1.5	2.5	3.5	4.5	5.5	6.5以上
付与日数	4日	169日～216日	7日	8日	9日	10日	12日	13日	15日
	3日	121日～168日	5日	6日	6日	8日	9日	10日	11日
	2日	73日～120日	3日	4日	4日	5日	6日	6日	7日
	1日	48日～72日	1日	2日	2日	2日	3日	3日	3日

※週以外の期間によって労働日数が定められている場合。引用元：厚生労働省。

(2)　6か月間の継続勤務

39条でいう継続勤務とは「在籍期間」を意味する。したがって，必ずしも継続

して「出勤」していなければならないということではなく，たとえば，休職期間や病欠期間なども通算される。基本的には，継続勤務か否かについては，勤務の実態に即して実質的に判断すべきという実質的継続の立場をとっている。

　例えば，定年退職した労働者を引き続き再雇用する場合も継続勤務しているものと取り扱われる。ただし，定年退職後，再雇用までに相当の空白期間があり，客観的に労働関係が断絶していると認められる場合には通算されない。継続勤務をめぐる判例としては，専門学校において，前期と後期の間に約2か月の空白期間がある場合，原告である講師らが実態として毎学期契約を更新し続けていることを重視したうえで継続勤務を肯定した文際学園事件（東京高判令2・1・29）がある。

(3)　全労働日の8割以上の出勤

　「全労働日」とは，原則として，労働者が労働契約上労働義務を課せられている日を指す（エス・ウント・エー事件：最判平4・2・18）。全労働日の8割以上出勤という要件は，自らの責めに帰すべき事由による欠勤率が高い労働者を対象から除外する趣旨で定められたものである（八千代交通事件：最判平25・6・6）。したがって，逆にいえば，労働者の責めに帰すことができない事由による欠勤については，出勤率算定の分母「全労働日」と分子「出勤日」の双方から除外し，出勤率の算定に含めないものとされる。たとえば，正当な争議行為による不就労日，使用者に起因する経営上の障害による休業日等がそれに該当する。

　さらに，労働者が法律上の権利を行使して休業する日については，労働者の権利保障の観点から，出勤率算定から除外せず，「全労働日」に含めたうえで「出勤日」として算定することとされる。たとえば，労災により休業を余儀なくされた期間，産前産後や育児・介護の休業期間，そして年休を取得した日などがそれに該当する。

(4)　労働者の時季指定権

　一定日数の年次有給休暇の権利を取得した労働者は，時季指定権の行使または労使協定による年次有給休暇日の特定によって，年次有給休暇の効果を発生させることができる。労基法39条5項は，「使用者は，前各項の規定による有給休暇を労働者の請求する時季に与えなければならない」と規定している。また，白石営林署事件（最判昭48・3・2）において，年休権は，「労基法39条1項，2項の

要件の充足により，法律上当然に労働者に生ずるものであって，その具体的な権利行使にあたっても，「使用者の承認」という観念を容れる余地はない」と判示しており，原則として，使用者は労働者の時季指定を拒むことはできないものとされる。

(5)　年休の法的性質

労基法39条1項は，使用者は一定の要件を満たした労働者に所定の日数の年休を与えなければならないと定めている。また，同条5項は，使用者は年休を労働者の請求する時季に与えなければならないと定めている。

かような規定における年休の法的性質はどのようなものであるのかについては，これまでさまざまな議論がなされてきた。大きく分けると次の3つの立場に分類される。

① 　請求権説：労働者の請求を使用者が承認することにより，年休が発生すると考える説。

② 　形成権説：労働者の請求という一方的意思表示により，年休の効果が発生すると考える説。

③ 　二分説：労働者の年休権は法律の要件により発生する権利と，具体的な日を決定する権利の2つから成っていると考える説。二分説はさらに，ア）年休権は労基法上の特別の権利であり労働者の請求とは年休の時季を指定する権利であるとする「時季指定権説」，イ）年休権は一種の種類債権であり，その時季の指定するものであるとする「種類債権説」，ウ）年休権は一種の選択債権であり労働者の請求とは選択債権の選択権であるとする「選択債権説」に分かれている。

この件につき一定の決着を付けたのは，前述の白石営林署事件である。本件では，年休は「法律上当然に労働者に生ずる権利」であるとしたうえで，労働者が「時季指定をしたときは，使用者が時季変更権の行使をしないかぎり，右の指定により年休が成立」すると判断した。すなわち，二分説のなかのア）時季指定権説の立場に立ったものと解される。

(6)　年休の使途について

前述の白石営林署事件では，「年休の利用目的は労基法の関知しないところであり，休暇をどのように利用するかは，使用者の干渉を許さない労働者の自由で

ある」と述べ，年休の自由利用原則を認めている。労働者は年休の時季指定にあたり，その理由や目的を使用者に告げる必要はない。ただ，労働者の時季指定によって事業の正常な運営が妨げられるおそれが生じた場合には，労働者の年休の使途によっては，後述する使用者の時季変更権の行使を控えようという趣旨にもとづき，使用者が労働者に年休の使途を聞くことは許容される。

　なお，労働者が争議目的で年休を使うことについて，本件では，労働者が所属事業場において業務の正常な運営の阻害を目的として全員いっせいに休暇届を提出することは，実質的に年休に名を借りた同盟罷業にほかならず，本来の年休権の行使ではないから，これに対する使用者の時季変更権の行使もあり得ず，年休の効果は否定されると判断した。

3　使用者の時季変更権

(1)　概　　要

　一定日数の年次有給休暇の権利を取得した労働者に時季指定権が存在することは先述したとおりである。ただし，労基法39条5項但書において，使用者は，労働者の請求した時季に年休を与えることが事業の正常な運営を妨げる場合には，他の時季に年休を与えることができるとされている。これを使用者の時季変更権という。時季変更権の適法な行使は，労働者の時季指定権行使の効果を消滅させ，労働者に当該労働日の就労義務を負わせる効果をもつ。つまり，使用者の適法な時季変更権の行使は，年休の効果発生の解除条件となる。

　同法39条5項但書は「他の時季に有給休暇を与えることができる」と規定しているが，労働者はいつでも別の日に指定できるので，使用者が時季変更権を行使するにあたり他の時季を指定する必要はない。したがって，使用者が労働者の時季指定を承認しないという意思表示をすることも，時季変更権の行使として認められる。

　使用者の時季変更権の行使は，労働者から年休の時季指定がなされた後，事業の正常な運営を妨げる事由の存否を判断するのに必要な合理的期間以上には遅延させず，できるだけ速やかになされなければならないとされている。そのため，通常遅くとも年休開始日前に時季変更権を行使しなければならない。

　ただし，電電公社此花電報電話局事件（最判昭57・3・18）では，当日の午前8時40分頃に時季指定権を行使した労働者に対し，使用者が午後3時頃に時季変更権を行使した事案について「使用者の時季変更権の行使が，労働者の指定した

休暇期間が開始または経過した後になされた場合であっても，労働者の時季指定自体がその指定した休暇期間の始期にきわめて接近してなされたため，使用者において時季変更権を行使するか否かを事前に判断する時間的余裕がなかったようなときには，それが事前になされなかったことのゆえに，ただちに時季変更権の行使が不適法となるものではなく，客観的に時季変更権行使の事由が存在し，かつ，その行使が遅滞なくされるものである場合には，適法な時季変更権の行使があったものとして，その効力を認めるのが相当である」と判示している。ちなみに，同事件では，予定日の一定日数前までに時季指定を行うことを定めた就業規則を，合理的なものである限り有効であるとの判断もくだしている。

(2)　「事業の正常な運営を妨げる場合」

「事業の正常な運営を妨げる場合」に当たるか否かはどのように判断されるのであろうか。一般的には，時季指定した労働者の指定日の労働が業務の運営にとって不可欠で，かつ代替要員を確保するのが困難であるかどうか，といったファクターによって個別に判断されることになろう。たとえば，年末の特に業務繁忙期である場合や，同一時期に多数の労働者の休暇指定が競合している場合などがこれにあたると考えられる。東亜紡織事件（大阪地判昭33・4・10）は，「有給休暇を与えることが事業の正常な運営を妨げる場合とは，その企業の規模，有給休暇請求権者の職場における配置，その担当する作業の内容性質，作業の繁閑，代行者の配置の難易，時季を同じくして有給休暇を請求する者の人数等，諸般の事情を考慮して，制度の趣旨に反しないよう合理的に決するもの」であると判示している。

(3)　長期の年休請求の場合

労働者が長期の有給休暇を請求する場合は，使用者において代替勤務者の確保がより難しくなり，事業への影響がより大きくなるので，使用者による時季変更の裁量が大きくなることが考えられる。

時事通信社事件（最判平4・6・23）は，通信社の記者が使用者との調整なしに1か月という長期の年休を請求した事案について，「労働者が右の調整を経ることなく，年休の日数の範囲内で始期と終期を特定して，長期連続で年休の時季指定をした場合の行使については，右休暇が事業運営にどのような支障をもたらすか，右休暇の時期，期間につき，どの程度の修正，変更を行うかに関し，使用

者にある程度の裁量的判断の余地を認めざるを得ない」と判断し，労働者が時季指定した1か月の半分に対する使用者の時季変更権の行使を適法とした。

　時季変更権の行使が許されるかどうかは，実際の事業上の支障の程度によるが，使用者は安易に時季変更権を行使すべきでないことはいうまでもない。仮に使用者がいかに努力しようとも，労働者の時季指定によれば事業の正常な運営ができないということであれば，労使双方が妥協点を見出す作業が不可欠となる。

4　年休の計画的付与

(1)　概　　要

　本来ならば，年休とは，労働者各人の自由な意思に基づき，使用者に気兼ねなく当然に消化されるのが理想である。しかし，日本では年休消化率が一向に上がらず，せっかくの権利が十分に享受できないでいる状況が長く続いている。そこで，年休取得率を引き上げるための方策として生み出されたのが「年休の計画的付与」制度である。

　これは，1987年の労基法改正により導入された制度であるが，後述する2019年4月からスタートした年休義務化にともない，会社が効率よく義務を果たすための手段として，計画的付与の制度が，にわかに再注目されるという皮肉な状況もみられる。

　まずは，制度の概要からみてみよう。これは，労基法39条6項により，労働者の過半数代表と使用者が労使協定を締結することにより，年休を与える時季に関する定めをしたときには，所定の年休日数の5日を超える部分については，その定めに従って年休を付与することができるという制度である。なお，本制度に合わせて，入社後最初に年休が与えられる日数も，6日から10日に引き上げられた。

　計画的付与制度における年休の時季の定め方については労使協定に委ねられており，たとえば，事業場全体でのいっせい休暇，部署やグループ毎の交替制休暇，計画表に基づく個別指定休暇など，さまざまな方法をとることが可能である。ただし，時間単位で年休を付与することは計画的付与においては認められない。

　なお，入社後6か月を経過していない労働者や年休付与日数が5日間以下の労働者は，「年休日数が5日を超える」という条件を満たさないため，計画的付与の対象から除外されることになる。しかし，もし事業場全体で一斉休暇などを導入した場合，除外された労働者に対して何も対応しなければ，一斉休暇の影響を受けて，その分の給与が減らされてしまうという不公正きわまりない状況が発生

することになる。したがって，一斉休暇などの場合は，除外された労働者に対して，たとえば有給の特別休暇を与える，または休業手当として平均賃金の60％以上を支払う，などの対応を検討する必要があるだろう。

(2)　過半数代表の選出方法

　労働者の自由に任せていてはいつまで経っても年休取得率が上がらないということで，事業場単位でいっせいに付与してしまおうという趣旨だが，ここで問題になるのは，過半数代表の選出方法である。事業場に過半数を組織する労働組合があれば，当該労働組合が過半数代表になるが，多くの職場にはそれが存在しない。そうなると，過半数代表を投票や挙手等の手段で選出することになるが，選出方法が形骸化していたり，使用者の意向が強く反映された選出が行われることが往々にしてある。そうなると，結局のところ，労使協定も労働者の意向に沿ったものにならず，むしろ使用者の都合に合わせたものになってしまう。

　労使協定が成立すると，計画的付与の対象となった当該事業場の全労働者は，時季指定権を行使できなくなる。すなわち，労使協定で付与日とされた日は，年休を「必ず」取らなければならなくなる。このような一部の労使による形骸化した手続きで労使協定を締結したような場合，意思を反映する機会を得られなかった労働者や，計画的付与に反対の労働者，そして過半数を組織していない労働組合等に多大な影響を及ぼすことになる。

　関連する判例として三菱重工業長崎造船所事件（福岡高判平 6・3・24）がある。これは，事業場の労働者の98％が加入している圧倒的多数派労働組合が締結した労使協定によって決められた年休の効力が，少数派労働組合の組合員に及ぶかということが争点の中心であった。その点について福岡高裁は，「本件計画年休は，その内容においても，事業所全体の休業による一斉付与方式を採用し，計画的付与の対象日数を 2 日に絞るとともに，これを夏季に集中することによって大多数の労働者が希望する10日程度の夏季連続休暇の実現を図るという法の趣旨に則ったものであり，現時点において年休取得率の向上に寄与する結果が得られていると否とを問わず，（注：少数組合である）長船労組の組合員に適用を除外すべき特別の事情があるとは認められない以上，これに反対の長船労組組合員に対しても効力を有するものというべきである」との判断をしている。なお，この判決のなかに出てくる「特別な事情」の具体的な内容についてはふれられていないが，この第 1 審判決（長崎地判平 4・3・26）では，少数組合との交渉の存在や，労働

者側の事情による適用除外を認めていることなどが「特別の事情」としてあげられている。

　最近の興味深い判例として，シェーン・コーポレーション事件（東京高判令元・10・9）がある。これは，法定年休日数の 2 倍の20日間の年休を付与していた被告会社が，20日間のうち15日間について労使協定を締結しないままで「計画的付与制度」をとっていたというケースである。原告労働者は，労使協定を締結していないのだから，計画的付与制度は有効ではないと考えて，出産を控えていた妻と生まれてくる子の世話のため，希望する日の年休を申請したところ，使用者は認めなかった。結局，申請とおりに休暇をとった労働者に対して，会社側は「無断欠勤」扱いにして雇止めにした。東京高裁は，法定の年休を超えた部分については，労使協定がなくても計画的付与が可能であるとしながらも，会社が法定の年休の部分と法定を超えた部分とを区別することなく計画的付与制度として指定しているので，どの日が法定を超えた有給休暇に関する指定であるかの特定ができず，したがって，全体として計画的付与制度は無効になると判断し，年間20日の有給休暇の全てについて，労働者が時季指定できると結論付けた。法定と法定外の年休における計画的付与制度の正当性をめぐる初の司法判断であり，注目に値する。

5　年休付与の義務化

　(1)の年休の計画的付与制度をもってしても，年休取得率はなかなか上昇を見せないままであった。表 3 は，最新の企業規模別の労働者 1 人あたりの年休取得状況であるが，これをみると，企業規模が小さくなればなるほど，年休取得率が低くなることがわかる。

表 3　企業規模別の労働者 1 人あたり平均年休取得状況（平成31年）

企業規模	労働者 1 人平均取得率
総　計	52.4%
1000人以上	58.6%
300〜999人	49.8%
100〜299人	49.4%
30〜99人	47.2%

出典：厚生労働省「平成31年就労条件総合調査」をもとに筆者作成

年休取得率の伸びが低率なままの状況が長期間続くなか，政府は「第 4 次男女

　共同参画基本計画」のなかで，2020年までに年次有給休暇取得率を70% にするという成果目標を掲げた。この目標達成を後押しするように，2019年4月1日から施行された働き方改革関連法（正式名称「働き方改革を推進するための関係法律の整備に関する法律」）の施行により，労基法39条7項，8項が新設され，年休付与の義務化が始まった。

　この統計が示すように，中小企業は特に年休取得率が低く，今回の年休付与の義務化は中小企業には厳しすぎるといった声も聴かれたが，中小企業への猶予措置はなく，企業規模を問わず全ての事業所に罰則付き（6か月以下の懲役または30万円以下の罰金）で適用される。

　今回の年休付与の義務化により，使用者は，年休の付与日数が10日以上である労働者（管理監督者や有期雇用労働者も含まれる）に対して，「5日」については，基準日から1年以内に，労働者ごとにその時季を指定する義務を負うことになった。時季指定に際して，使用者は，労働者の意見を聴取しなければならず，また，できる限り労働者の希望に沿った取得時季となるよう，聴取した意見を尊重する努力義務が課されている。

時季指定義務のポイント

出典：厚生労働省「年次有給休暇の時季指定義務」

　ただし，労働者が年休取得の時季を指定した場合や，使用者から計画的付与制度による年休の付与がなされた場合，あるいは，その両方が行われた場合には，これらの日数は当該義務の履行から除外され，これらによって取得した年次有給休暇の日数の合計が年5日に不足する場合には，その不足日数について使用者に時季指定義務が残ることになる。たとえば，労働者が自ら3日の時季指定をして年休を取得した場合，使用者は，2日の時季指定をすればよいことになる。

6　年休取得を理由とする不利益取扱い

(1)　労基法136条の法的効力

　労基法136条は，年休取得を理由とした不利益取扱い（例：精皆勤手当や賞与の減額，欠勤扱いとすることによる不利な人事考課など）を「しないようにしなければならない」と定めている。同条の法的効力をめぐり，沼津交通事件（最判平5・6・25）は，「同条は使用者の使用者の努力義務を定めたものであり，本条自体が年休取得を理由とする不利益取扱いの私法上の効果を否定する効力をもつわけではない」との見解を示している。具体的には，会社は「勤務予定表作成後に年休を取得した場合には，手当の全部または一部を支給しない」として，約4000円の皆勤手当については，1日年休を取得すれば半額，2日年休を取得すれば全額不支給という取扱いをしていた。

　最高裁は，タクシー会社の乗務員が月ごとの勤務予定表作成後に年次休暇を取得した場合に皆勤手当を支給しない旨のこのような措置は，労基法39条・134条（注：判決当時は134条・現在は136条）の趣旨からして望ましいものではないとしても，法的には労働者の年休取得の権利の行使を抑制したり，労働者にその権利を保障した趣旨を実質的に失わせるものとまでは認められないから，公序に反する無効なものとまでいえないと判断した。その根拠として，年休取得による皆勤手当の額が相対的に大きいものでないこと（月額給与の最大1.85%），乗務員への「報償」として設けられていること，当該労働者は43か月のうちに42日の年休を取得していること，それ以外の年休9日分についてはタクシー会社が金銭補償をしていることなどを挙げている。なお，これは小規模のタクシー会社の事案であり，容易に代替の運転手を配置することがきわめて困難であるという事情と考えれば，一概に一般化できないかもしれない。

　ただ，この判例については，労基法136条が強行法規であるとの学説や，年休権を保障した労働基準法39条の効力を薄めるものであるなどの多くの批判もある。

(2)　公序違反で無効とされた判例

　他方，年休取得に対する不利益取扱いが「公序違反」で無効と判断された判例を2つ挙げておこう。まずは，日本シェーリング事件（最判平元・12・14）である。この事件は，会社が昇給の条件として出勤率を80%と定めて，その算定の基礎となる不就労の1つに年休が含まれていたため，その違法性が争われたものである。

原告は，数年間にわたる各年の賃上げに際し，それぞれ前年の出勤率が80%以下であるとして賃上げ対象者から除外され，各年の賃金引き上げ相当額およびそれに対応する夏季冬季一時金，退職金が支払われなかったため，会社に対して，賃金引上げ相当額等と損害賠償の支払いを求め提訴した。

これに対し，裁判所は，労働基準法または労働組合法上の権利を行使したことによって，労働者が経済的利益を得られなくなるのならば，法律に定められた権利の行使を抑制し，さらには，法律が労働者に保障した権利の趣旨を実質的に失わせてしまうことになると判断したうえで，法律で定められた権利の行使によって就労しなかったことを出勤率の算定の基礎とする定めは違法であると結論づけた。

もう1つは，先述のエス・ウント・エー事件である。本件は，週休日以外の祝日・土曜日・年末・年始の休日を，労働義務があるが欠勤して差し支えない日として，これらを年休権が成立する全労働日の8割以上の出勤率を計算する際に，年休取得の判断基準となる全労働日の中に含めた。そのことにより，年休を取得した労働者の出勤率が8割以下となったため，当該労働者の年休権は成立していないとして，この労働者を欠勤として取り扱い，欠勤日数にカウントした上で，賃金と賞与を減額したというケースである。

これに対して裁判所は，就業規則に定める「一般休暇日」は，従業員に対して労働義務が課せられていない日であるとしたうえで，就業規則において「一般休暇日」を全労働日に合めるものとして，年次有給休暇の成立要件を定めている部分は，労働基準法39条1項に違反し無効であるとの判断をくだした。さらに，年休を取得した日について，会社に一定の賃金の支払いを義務付けている労働基準法39条7項の規定の趣旨からすれば，会社は賞与の計算にあたり，これを欠勤した日と同様に扱うことはできないとして，就業規則の年休の成立要件を定めている部分を無効として，会社に対して未払賃金の支払いを命じた。

コラム2-7　ちゃんと休もう，長〜く休もう

　日本で働く人びとが「ヨーロッパの労働者」と聞いて思いつく1つのイメージは，「日本では考えられないくらい長いバカンスを楽しむ」姿かもしれない。日本にも年休制度はあるのに，長期的かつ連続的に仕事から解放される「バカンス」からは程遠い現実がある。なぜ日本では，こんなにも細切れにしか休暇をとらない習性になってしまったのだろうか。

　少し歴史を紐解いてみよう。今からおよそ100年前の1900年代前半，「精神的か

の理由から，週休と別個に長期の連続休暇を取得することは労働者の権利である，とする考え方が，ヨーロッパの労働組合に生まれ始めた。

　ILO は1936年，「1 年以上継続して働く全ての労働者は，連続した最低 6 労働日の有給休暇を享受する」（52号条約）ことを定め，「この最低基準を超えるものに関してのみ，特別に有給休暇の分割を認める」とした。なお，現在は1970年に定められた「132号条約」が国際基準となっている。

　132号条約の内容は，下記の通りである。
・　労働者は 1 年間の勤務につき 3 労働週（5 日制なら15日，6 日制なら18日）の年次有給休暇の権利をもつ
・　休暇は原則として継続したものだが，事情により分割も可
・　ただし，分割された一部は連続 2 労働週を下回ってはならない
・　祝日や慣習上の休日は年次有給休暇の一部として数えてはならない

　つまり，20日間の有給休暇が付与されている場合，少なくとも10日は連続して休むことが求められる。誠に残念なことだが，日本はこの条約を批准していない。ヨーロッパでは，1 か月まるまる休むのが当たり前になっているわけである。

　それでも，昔のヨーロッパも，現在の日本と同じように，長時間労働で身体を壊したり命を落としたりする人たちがたくさんいたとされている。そんな状況を憂いたのが，フランスのレオン・ブルムという 1 人の政治家だった。1936年，人民戦線内閣組閣当時のフランスもご多分に漏れず，大戦後に大恐慌に見舞われ，経済は低迷し，街には失業者があふれていた。そこでレオン・ブルムは何をしたかというと，労働者に対して「もっと休暇を！」と号令をかけることだった。当初，彼の政策は大炎上し，激しいバッシングを受けたという。

　しかし，ブルム氏はバッシングにひるむことなく，さらに週40時間労働制を推し進め，2 週間の有給休暇を保証するマティニョン法（通称「バカンス法」）まで制定してしまった。これらの政策によって人々の余暇が増えたことで，フランスはサービス産業が大きく成長し，内需主導型経済への脱皮を果たすとともに雇用も拡大したという。その後1982年にはさらに前進させて，年 5 週間の有給休暇を取得する権利を労働者に与えている（現在に至る）。労働者の連続休暇取得は雇用主の責任であるため，「取りづらくて取れない」といった事態は到底考えにくい。

　ヨーロッパの年休の歴史を知れば知るほど，「連続休暇」こそが年休の神髄であることを思い知らされる。細切れな年休をとることすら未だ罪悪感を抱きがちな私たちは，このことを少し自覚しておいた方がいいだろう。

第8節　安全衛生・労災補償

トピック　労働災害対策は喫緊の課題 ～ 安心して働くために

　労働者が労働によってもたらされる事故や疾病などの労働災害から生命・健康が守られるべきは当然のことである。労働者の生命・健康を確保し，労働力を維持していくことは，労働者本人，家族はもとより，使用者側にとっても有益なことはいうまでもない。このため労働者保護法は，職場における安全衛生を確保することの重要性を認識し，労働時間規制とも相まって，最重要課題の一つと位置づけてきた。

　労働者保護法規の歴史をひも解いてみると，資本主義的企業が出現するようになった明治期を嚆矢とする。資本主義時代の到来とともに労働者問題も登場することになったのである。利潤の追求を目的とした企業は，生産量の増大を図るため長時間労働と低賃金を強いることとなる。一方，近代技術を駆使して生産活動を行うことから，職場環境の悪化もともない，その結果，労働災害や職業病に被災する機会も増大したのである。『あゝ野麦峠』（山本茂実・角川学芸出版1977年）に象徴されるように，年少女子労働者についても悲惨を極めていた。これらの状態をそのままにしておくことは，社会的危機に陥るとの認識から，労働者保護規定の必要性が生じたのである。

　このような状況に対応するべく工場法案が作られたのは，1898年であったが，その後紆余曲折を経て，1911年に可決したものの，実際に施行されたのは，5年後の1916年9月のことであった。工場法の施行について，いかに強い抵抗があったかを物語っているが，わが国の「工業の発達」を目的としたもので，必ずしも労働者保護を主眼としたものではないことに留意すべきである。

　このように苦労のすえ成立した工場法は，最初，常時10人以上の職工を使用する工場を適用対象としていたが，15人以上に修正され，かつ直接出費をともなう設備等にかかる基準が制定されたのは，相当の年月を経てからのことであり，制定当初，安全衛生に関する規制は極端に貧弱なものであった。一方，直接の出費をともなわない年少女子労働者の危険有害業務への就業制限に関しては，規定されていたということも特徴的であろう。

　本格的な労働災害防止策が講じられたのは，戦後になってからのことである。

　1947年に制定された労基法では，第5章において「安全及び衛生」に関する規定が設けられた。しかし，戦後の復興期から高度経済成長へと社会が急速に進展し，労働災害も急増したことから，この状況に対応するべく，1972年，労安衛法が制定されるに至った。これにともない労基法中の関係規定は削除されたのである。

　災害補償に関しても労基法は，第8章に「災害補償」として14カ条の規定をおき，

業務上の傷病等について，使用者に対して災害補償をなすべきことを命じている。しかし，いくら罰則つきで命じていても，その履行が確実に行われるか懸念されることから，迅速かつ確実に被災労働者と家族を保護することを目的として，労災保険法が制定されたのである。

　以上のように，労働災害に関しては，安全衛生対策を事前に施し，労働者の生命・健康を守るという側面と発生してしまった労働災害について事後的に補償するという二つの側面を有するものとなっている。

　労働災害は，高度成長期に比べて死傷者数は減少しているものの，依然として深刻な状況にあることは否めない。特に近時では，過重労働による脳・心臓疾患，それに起因する過労死問題，また，過重労働やパワハラ等を原因とする，うつ病などのメンタルヘルス問題，それを起因とする過労自殺が深刻な問題となっている。労働時間規制とともに，職場環境の改善，疾病の早期発見とその対応など，労働災害についての効果的な対策が喫緊の課題となっている。

　さあ，ここでは，上記二つの側面がいかに機能しているか，みていくこととしよう。

1　労働安全衛生体制

⑴　労安衛法の目的

　労安衛法は，「労働災害の防止のための危害防止基準の確立，責任体制の明確化及び自主的活動の促進の措置を講ずる」ことにより，「職場における労働者の安全と健康を確保する」こと，「快適な職場環境の形成を促進する」ことを目的としている（労安衛法1条）。

　そもそも労安衛法は労基法から分離発展した法律であり，労基法で規定する労働憲章的部分（労基法1条～3条）および監督機関（11章）を共有する兄弟法であるといえる。また，目的で謳っている，「労働基準法と相まって」の文言，あるいは労基法「第5章安全及び衛生」では，「労働安全衛生法の定めるところによる」（労基法42条）と規定しており（ドッキング条項），両法が一体的であることが窺われる。

⑵　労安衛法の義務主体

　労安衛法の名宛人は，「事業者」であり，「事業を行う者で，労働者を使用するもの」となっている（2条3号）。これは事業経営の利益の帰属主体を義務主体として捉え，安全衛生上の責任を明確にしたものであり（昭47・9・18基発91号），

労基法でいう「使用者」とは実質的に同義である。ただし，罰則を科す場合は，各事項に規定する実際の責任者を行為者としてとらえ，事業者は両罰規定（労基法122条）が適用される。

さらに機械，器具等の設計，製造，輸入者，あるいは原材料の製造，輸入者，または建設工事の発注者など，事業者以外の関係者に対しても幅広く責務を負わせている。これは，「最も適当な者に最も適切な処置を講じさせる」という考え方によるものである。

(3)　安全衛生管理体制

事業場における安全衛生管理体制を整備し，充実させることは，労安衛法上の主要な課題の１つである。これを実行するため，一定の規模・業種の事業場には，最高責任者として総括安全衛生管理者を設置し，さらに，これを補佐する安全管理者，衛生管理者（小規模事業所においては，安全衛生推進者あるいは衛生推進者）を選任しなければならない（労安衛法10条〜12条の２）。また，一定の規模を有する事業場においては，産業医を選任しなければならず（同法13条），一定の危険な作業現場には，作業主任者を選任しなければならない（同法14条）。

一方，重層的な下請構造にある建設や造船業においては，元請業者による統括安全衛生責任者，これを補佐する元方安全衛生管理者を，また，下請業者は，安全衛生責任者を選任する必要がある（同法15条〜16条）。

(4)　危険防止措置および就業にあたっての措置

事業者は，労働者が被災するおそれのある諸々の危険を防止するため，また，元請業者，発注者，請負業者，機械等の貸与者は，労災防止にあたり，必要な措置を講ずることが義務付けられている（労安衛法29条〜34条）。具体的には，「危険又は健康障害を防止するための措置」（第４章），「機械等並びに危険物及び有害物に関する規制」（第５章），安全衛生教育など「労働者の就業に当たっての措置」（第６章）があり，これらの規定を受けて，労安衛則や労安衛令などに詳しく定められている。

2　労安衛法の健康確保措置

(1)　作業環境管理および作業管理

事業者は，粉じん，暑熱・寒冷・多湿，騒音，有害化学物質等の製造など，有

害な業務を行う屋内作業場などについて，作業環境測定を行い，その結果を記録しなければならない（労安衛法65条1項・2項，労安衛令21条）。また，この結果に基づき労働者の健康保持のため必要と認められるときは，施設等の設置・整備，健康診断の実施など適切な措置を講じなければならない（同法65条の2第1項）。

さらに，労働者の健康に配慮し，従事する作業を適切に管理するよう努力する義務が求められている（同法65条の3）。

(2)　健 康 管 理

労安衛法は，事業者に一般健康診断（労安衛法66条1項）や一定の有害業務に従事する労働者に対して特殊健康診断を行う義務を課している（同法66条2項）。労働者にも受診義務を課しいるが（同法66条5項），拒否しても罰則はない。なお，事業者の指定した医師とは異なる医師を受診し，その結果の証明書を提出すればよいとし，「医師選択の自由」を認めている（同項ただし書）。これは，事業者の指定する医師が，その意に沿った診断結果を作成するおそれがあることから，労働者自らが希望する医師の診断を受けることを認めたものである。ただし，就業規則に基づき指定病院での精密検査受診を命じたところ，指定病院は信用できないとして受診命令を拒否したことが業務命令違反に問われた事案において，最高裁は，就業規則に基づく精密検査の受診義務は，その内容・方法に合理性や相当性がある以上，労働者が有する診療を受けることの自由および医師選択の自由を侵害するものではないと判示した（電電公社帯広局事件：最判昭61・3・13）。

(3)　医師による面接指導

2018年の働き方改革関連法の制定により労安衛法が改正され，「長時間労働により疲労の蓄積が認められる労働者に対する面接指導等」が強化された。これにより事業者は，次の項目に該当する労働者に対し，医師による面接指導の実施が義務づけられた。

その対象となるのは，㋐時間外・休日労働が月80時間超えで，疲労の蓄積があり，面接を申し出た労働者（労安衛法66条の8，労安衛則52条の2），㋑研究開発業務従事者で，月100時間超の時間外・休日労働を行った者（同法66条の8の2，同則52条の7の2），㋒高度プロフェッショナル制度の適用者で健康管理時間が週40時間を超えた時間について月100時間超えて行った者（同法66条の8の4，同則52条の7の4）である。面接指導義務に違反した事業者には罰則が科される。

事業者は，面接指導の結果に基づき，労働者の健康保持にかかる必要な措置について，医師の意見を聴かなければならず（同法66条の 8 第 4 項），必要があると認めるときは，就業場所の変更，労働時間の短縮等の措置を講じなければならない（同法66条 5 項）。

(4)　ストレスチェック

職場におけるストレスが原因となって，メンタル面の不調に陥る労働者が増加する傾向にあることから，2014年に労安衛法が改正され，「ストレスチェック制度」が設けられた（労安衛法66条の10）。これは，従業員数50人以上の事業所を対象として，心理的な負担の程度を把握するための検査（ストレスチェック）を行い（同法66条の10第 1 項），検査結果に基づく医師による面接指導の実施を義務づけるものである（同法66条の10第 3 項）。事業者は，医師の意見を勘案し，必要があると認める場合，労働者の実情を考慮して，就業場所を変更する等の適切な措置を講じなければならない（同法66条の10第 6 項）。

3　労災補償制度

(1)　労災補償制度とは

労災補償制度とは，労働者の業務上の負傷，疾病，障害および死亡（以下，「傷病等」という）について，本人もしくは遺族に対して補償される制度である。

この制度が確立される以前は，市民法に則り，使用者に損害賠償を請求していた。この場合，不法行為（民法709条）として，請求者である被災労働者側（遺族を含む）が，使用者の故意・過失を立証する責任を負わなければならない（過失責任主義）。しかし，この点を立証することは実際において困難であり，たとえ立証し得たとしても，訴訟を行うには少なからぬ費用と時間を要し，また，使用者に相当の資力がない場合には，補償を受けられないおそれも出てくる。

労災補償制度は，このような法制度の不備を解決するべく，1947年，労基法および労災保険法の創設によって，使用者の故意・過失を必要としない無過失責任により補償を受けられる権利として確立されたのである。

(2)　労基法における災害補償

労基法第 8 章「災害補償」では，業務上の傷病等について，療養補償，休業補償，障害補償および遺族補償などの責任義務を負うと規定されている。業務上の

傷病等であることから，使用者に無過失責任を課し，補償額は平均賃金を基礎として定型・定率的に定められており（療養補償を除く），また，使用者の補償責任の履行を確保するため罰則も設けられている（労基法119条）。これらのことから，民法上の損害賠償とは性格が異なったものとなっている。しかし，使用者の支払能力の状態によっては，補償を受けられないおそれがある点において，私法による補償制度と同じ限界を有している。

(3)　労災保険法における災害補償

災害補償制度のもう 1 つは，労災保険法に基づく給付である。労災保険制度は，業務上および通勤による傷病等について，必要な保険給付を行うことを目的として制定され（労災保険法 1 条），政府が保険者となっている（労災保険法 2 条）。使用者の過失の有無にかかわらず，また，通勤災害においても，法の規定による定型的な給付がなされるもので，被災労働者あるいは遺族に対し，直接保険給付が行われる社会保険方式を採用している。なお，通勤災害制度は，わが国のモータリゼーションに対応して，1973年に制定されたものであるが，この制度がない国では，会社が用意したバス等での通勤中の事故は労災補償の対象となるものの，マイカー通勤等の事故はカバーされないという問題が生じている。

適用関係では，正社員，パートタイマー，アルバイトなどの労働者を使用する，すべての事業（国の直営事業及び官公署を除く）が対象となる（労災保険法 3 条 1 項）。なお，労災保険法上，「労働者」概念は明記されていないが，労基法 9 条の概念と同様であると解されている。中小事業主や傭車運転手などの一人親方等，「労働者」以外のものについては，例外的に特別加入制度が設けられている（労災保険法33条）。

保険料は賃金総額に業種ごとの労災保険率を掛けて算出した額を全額事業主が負担する（労働保険料徴収法11条）。また，一定規模以上の事業については，過去 3 年間の保険給付額に応じ，保険料率を40％の範囲内で増減させるメリット制が採用されている（労働保険料徴収法12条 3 項）。

労災保険法により労基法上の補償に相当する給付がなされた場合，使用者は労基法上の補償責任を免れる（労基法84条 1 項）ことから，実際には，労基法上の災害補償制度が適用されることはほとんどない。この点において，労災保険制度は，労基法がもつ災害補償の限界を補う大きな役割を果たしているといえよう。

民法上の損害賠償責任との関係では，労災保険法による給付が行われても労働

者や遺族は使用者に対し，別途損害賠償を請求することが可能である（労災民訴）。労災保険法による給付は定型的であり，また，必ずしも高い水準とはいえず（休業した場合の給付額は平均賃金の 8 割），慰謝料に関しては考慮されていないことなどから，使用者の損害賠償責任は免れ得ないと考えられているからである。

このほか，労災保険法は無過失責任主義であるのに対し，損害賠償には過失相殺法理が適用される。労災保険法による給付は賃金額をもとに，定型的に決定されるが，損害賠償は実損額について個別的に算定される。労災保険法による給付には年金で支給されるものもあるが，損害賠償は一時金で支給されるなどの相違点があげられる。

(4)　労災保険制度の法的性格

労災保険制度は労基法上の労災補償責任を超えて諸々の制度を展開してきた。具体的には，遺族補償給付や障害補償給付の年金化，一人親方あるいは中小事業主などの特別加入制度の創設，通勤災害制度の導入，要介護状態における介護補償給付の支給，労働福祉事業の創設および費用の一部国庫負担の導入などがあげられる。

このような，いわゆる「労災保険法の一人歩き」現象から，労災保険制度の機能が被災労働者の生活保障を主軸とする方向に変化していることに鑑み，労災保険が社会保障化したという意見がある。その一方，使用者の補償責任を前提として，保険料全額を使用者に負担させている点を捉え，ほかの社会保険とは異なる特徴を有していることから，そのような見方に疑問を呈する意見もあり，議論は錯綜している。

4　業務上災害・通勤災害の認定

(1)　「業務上災害」の認定

(a)　「業務上災害」の要件と意義

労災保険法上の業務災害とは，労働者が業務上において傷病等が発生した場合をいう（労災保険法 7 条 1 項 1 号）が，この業務災害にかかる保険給付は，労基法規定の災害補償事由（労基法75条から77条・79条および80条）が生じた場合に行われる（労災保険法12条の 8 第 2 項）。労災保険給付が行われると，使用者は災害補償の責めを免れる（労基法84条 1 項）ことから，両法における業務上の傷病等の範囲は，同一であると解されている。

　業務上の傷病等として認定されるためには，その傷病等が業務に起因して発生したものでなければならない（業務起因性）。業務起因性が認められるためには，業務とその傷病等との間に，相当な因果関係の存在が必要とされる。

　業務起因性は労働関係がもとになり成立することから，業務上傷病等が，「労働契約に基づき事業主の支配下にあること」を条件に発生したことを要する（業務遂行性）。

　従来，業務災害認定にあたっては，業務起因性と業務遂行性の 2 要件が必要であるとされていたが，その後，後者は，業務上の有無を判断する 1 つの概念にすぎなくなった。したがって，業務遂行性がなければ業務起因性も成立しないことになるが，業務遂行性があっても業務起因性があるとは限らないのである。

　このような枠組みのもと，「負傷・死亡」または「疾病」について，業務上認定の可否が行われる。

　「業務上」の認定がなされると，労災保険から給付が行われるが，ほかの社会保険による給付水準と比較すると，その格差は大きいものがある。また，厚生年金等から障害あるいは遺族給付が支給される場合でも，一部調整が行われるものの，両者が併給して支給される。このように「業務上」と認定されるか否かにより，保障の厚みが異なることから，労働者にとって極めて重要な意義を有している。

(b)　「業務上災害」の判断枠組み

　労働者が事業場内において，通常どおり業務に従事している際に発生した災害は，事業主の支配下・管理下にあることから，原則として業務遂行性および業務起因性が認められる。しかし，業務遂行性があっても，自然災害，第三者による行為，私的事情による行為などによって発生した場合は，業務起因性が否定される。もっとも，これらの場合でも，業務に内在する危険が現実化したものといえる場合は，業務起因性が肯定されうる。たとえば，作業中に同僚との間で意思疎通を欠いたことから，憤怒した相手方に殴られ負傷した事案では，暴行が作業に内在する危険から生じたもので，被災者側の私的挑発行為により生じたものではないとして業務上災害と認定された（浜松労基署長（雪島鉄工所）事件：東京高判昭60・3・25）。また，競馬場に勤務する女性が，同じ職場に勤務していた男性警備員にストーカー的行為をされたうえ，勤務先で殺害された事案において，その暴行が業務に内在する危険が現実化したものであるとして，業務起因性が肯定されている（尼崎労基署長（園田競馬場）事件：大阪高判平24・12・25）。

　事業主の支配下にあって管理下にない出張については，特別の事情がない限り，全過程において事業主の支配下にあるといえるので業務遂行性が認められる。また，宿泊を伴う場合は，「宿泊施設内で行動している限り」，業務遂行性があるとされ，宿泊施設内での飲酒は，その目的，量などを考慮のうえ，「出張に伴う宿泊に当然付随する行為」として，飲酒後発生した事故について業務起因性を認めた事案もある（大分労基署長（大分放送）事件：福岡高判平 5・4・28）。

　一方，業務上の疾病（職業性疾病）にかかる認定については，その疾病が業務起因性を有するものであって，業務と疾病との間に相当因果関係の存在が認められなければならない。職業性疾病は，業務に内在する有害因子のばく露により，それが徐々に影響して発病する場合が多く，また，労働者が有害な作業環境を離れた後に発症するケースも少なからずある。さらに業務だけが原因でなく，本人の素因や基礎疾患が合わさって発症するケースもあることから，労働者側で業務起因性を立証するのは極めて困難であるといえる。そのため，労規則別表 1 の 2 において職業性疾病を列挙し，それに該当する疾病については，その業務への従事と関係する疾病のり患を証明することにより，業務起因性が推定されている。

　なお，業務上認定で注目を集めているのは，過労死・過労自殺問題であるが，この問題に関しては本節コラムに譲ることとする。

(2)　「通勤災害」の認定

(a)　「通勤災害」の性格

　通勤災害保護制度は，「通勤」が使用者の支配下における行為とはいえないことから，労災保険法創設時には規定されていなかった。すなわち，業務災害は，事業主の支配下において発生するものであるが，通勤災害は，住居や経路，手段の選択について，労働者の自由意思に任せた通勤から生ずるものであり，事業主には，これを予防する手立ても責任もないからである。しかし，「通勤」は，業務に必然的に伴うもので，業務との関連性が密接であること，また，1960年代の高度経済成長期における産業の都市集中化による通勤事情への影響などを背景として，1973年12月に通勤災害が労災保険法上の保護対象として加えられることになったのである。

　通勤災害は，一種の社会的危険から起こる災害と考えられており，使用者の責任によるものではないため，給付の名称に「補償」の文言が付されておらず，また，療養給付を受ける場合，200円を超えない範囲の一部負担金を必要とし，さ

らに労基法19条の解雇制限規定の適用がないなど，労災保険法における業務災害の場合とは異なる取扱いがなされている。

(b)　「通勤災害」の定義と判断枠組み

　労災保険法は，「通勤災害」を「労働者の通勤による負傷，疾病，障害又は死亡」であると規定している（労災保険法 7 条 1 項 2 号）。ここで「通勤」とは，労働者が，「就業に関し」，住居と就業場所間の往復のほか，兼業労働者の就業場所間の移動や単身赴任労働者等の住居間移動につき，「合理的な経路及び方法により行うことをいい，業務の性質を有するものを除くもの」と定義されている（同条 2 項）。

　通勤災害として認定されるためには，通勤と災害との間に相当因果関係がなければならない。また，通勤災害は，通勤に通常伴う危険が具体化したものであることから，その災害が通勤に内在する危険の現実化したものと認められるか否かにより判断される。

　なお，労働者が移動の経路を「逸脱・中断」した以降は，通勤とはみなされない（同条 3 項）。ただし，「逸脱・中断」が日用品の購入等日常生活上必要な行為であって，やむを得ない事由により行うための最小限度である場合は，逸脱・中断後，通勤経路に復した以降は「通勤」となる。

　退勤の途中，通勤経路から離脱し義父宅に立ち寄り，同人の介護を行った後の帰宅途中における被災事案につき，「介護」が「日用品の購入その他これに準ずる行為」にあたるなどの理由により通勤災害と認められた（羽曳野労基署長（通勤災害）事件：大阪高判平19・4・18）。このことが契機となって，「介護」が「日常生活上必要な行為」として労災則 8 条に追加されたのである。高齢社会を迎え，仕事と介護の両立を余儀なくされる労働者への必然的措置といえよう。

　一方，食料品購入のため，通勤経路を40メートルほど逸脱し被災した女性労働者につき，通勤災害とは認められなかった事案（札幌中央労基署長（札幌市農業センター）事件：札幌高判平元・5・8）があるが，女性の社会進出に伴い，共働き世帯が増加していることに鑑み，仕事と家事の両立が不可避な労働者の保護を必要とする観点から，生活必需品購入にかかる逸脱・中断については，「合理的な経路」と解すべきであろう。

脳・心臓疾患の業務起因性の判断のフローチャート

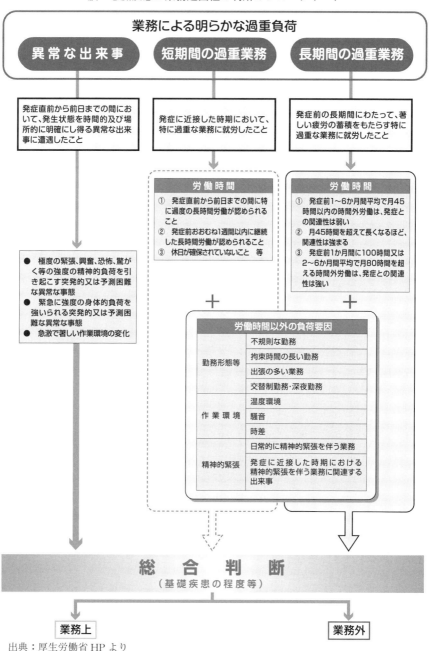

業務による明らかな過重負荷

| 異常な出来事 | 短期間の過重業務 | 長期間の過重業務 |

発症直前から前日までの間において、発生状態を時間的及び場所的に明確にし得る異常な出来事に遭遇したこと

発症に近接した時期において、特に過重な業務に就労したこと

発症前の長期間にわたって、著しい疲労の蓄積をもたらす特に過重な業務に就労したこと

労働時間
① 発症直前から前日までの間に特に過度の長時間労働が認められること
② 発症前おおむね1週間以内に継続した長時間労働が認められること
③ 休日が確保されていないこと　等

労働時間
① 発症前1～6か月間平均で月45時間以内の時間外労働は、発症との関連性は弱い
② 月45時間を超えて長くなるほど、関連性は強まる
③ 発症前1か月間に100時間又は2～6か月間平均で月80時間を超える時間外労働は、発症との関連性は強い

● 極度の緊張、興奮、恐怖、驚がく等の強度の精神的負荷を引き起こす突発的又は予測困難な異常な事態
● 緊急に強度の身体的負荷を強いられる突発的又は予測困難な異常な事態
● 急激で著しい作業環境の変化

＋　　＋

労働時間以外の負荷要因

勤務形態等	不規則な勤務
	拘束時間の長い勤務
	出張の多い業務
	交替制勤務・深夜勤務
作業環境	温度環境
	騒音
	時差
精神的緊張	日常的に精神的緊張を伴う業務
	発症に近接した時期における精神的緊張を伴う業務に関連する出来事

総 合 判 断
（基礎疾患の程度等）

| 業務上 | | 業務外 |

出典：厚生労働省 HP より

コラム 2 - 8　過労死・過労自殺

　業務上の認定に関し，大きな関心を集めているのが過労死および過労自殺問題である。過労死は，「karoshi」として英語辞書にも掲載され，今や世界的に通用する悪しき日本のシンボルとなってしまった。

　過労死の原因となる脳・心臓疾患は，被災者本人の私生活面や基礎疾患等の要因が影響しあって発症に至ることから，業務上災害と認定されることは少なかった。過重業務の有無や程度について，行政通達は，当初，発症直前に異常な出来事がある場合に限定し，その後は発症前 1 週間の過重負荷（昭62・10・26基発620号），次に 1 ヵ月の過重負荷（平 7・2・1 基発38号）を考慮するとしていたが，長期間の業務上の疲労蓄積の判断に適切性を欠くなどの批判や社用運転手のクモ膜下出血発症を業務外疾病とした行政判断について，長期間にわたる疲労の蓄積が労働者の基礎疾患を増悪させたとして，これを取消し，業務災害にあたるとした最高裁判決（横浜南労基署長（東京海上横浜支店）事件：最判平12・7・17）が契機となって2001年12月，従来の認定基準を改めるに至った。以後，発症以前の長期間（ 2 ～ 6 ヵ月）にわたる疲労の蓄積（「過労死ライン」… 1 ヵ月の平均時間外労働80時間）などが考慮されるようになった（平13・12・12基発1063号）。さらに2021年，働き方の多様化や職場環境の変化が生じていることから最新の医学的知見を踏まえ，労働時間と労働時間以外の負荷要因を総合評価して認定することの明確化などが追加される改正が行われた（令 3・9・14基発0914第 1 号）。

　一方，過労自殺については，「業務における強い心理的負荷による精神障害を原因とする自殺による死亡」と定義されているが，過労自殺が社会的に注目されるようになったのは，電通事件（東京地判平 8・3・28）を契機としてのことであった。そもそも労働者の自殺行為は，故意による死亡であると考えられるため，労災保険法上保険給付が行われないのが原則である（労災保険法12条の 2 の 2 ）。しかし，過重な業務を原因とする，うつ病等の精神障害による自殺行為について，業務起因性を認める判決（加古川労基署長（神戸製鋼所）事件：神戸地判平 8・4・26）が出されたのである。このため，精神障害・自殺の労災認定にかかる行政解釈が発出され（平11・9・14基発544号），その後，新しい医学的知見および判例の動向などを踏まえ，数度の改正が試みられた結果，現行認定基準（平23・12・26基発1226第 1 号）が示されるに至った。これによれば，精神障害発病前おおむね 6 ヵ月の間に，業務による強い心理的負荷が認められることなどが重視されている。

　過労死・過労自殺が大きな社会問題となっていることに鑑み，2014年 6 月，「過労死等防止対策推進法」が制定された。同法は，過労死等の防止対策を国の責務としてとらえ，そのために必要な調査研究，啓発活動・相談体制の整備，民間団体への支援に関することなどが定められており，過労死・過労自殺の歯止めになることが期待されている。

第9節　雇用平等

トピック　「平等」とは？「差別」とは？

◇閉店作業を終えて給与明細をもらったカフェ「56」（ゴロー）のアルバイター・店内ホールにて

亮「今日はこれで上がり！ようやく給料日だよ。今月気がついたらすごい買ってて，生活本当に厳しかった。これだけあれば十分足りそう。」

春香「亮さんスニーカーにお金かけすぎなんですよ。今日も新しいの履いてきたじゃないですか。先月貸した1万円返してくださいね。」

亮「まぁ，春香だって給料入ったんだし，少し後でも…あれ？春香，俺より時給50円高くない？」

春香「ん？亮さん1300円に上げてもらってないんですか？私がこのバイトを始めたとき人が全然集まらなくって，時給を50円あげたって吾郎店長言ってましたよ。」

亮「エー，知らない。」

未悠「あたし春ちゃん入ってきたときに上げてもらったよ。ほら，私の明細。1300円って書いてあるでしょ。」

亮「本当だ。未悠は俺よりむしろ前のタイミングでこの仕事始めたよね。これって差別じゃない？」

未悠「あんたしょっちゅうバイト休むからさ，それでなんじゃないの？」

亮「おいおい，そんなに休んでないし，ちゃんと許可もらってるって。しかも俺たちやってる仕事ほとんど同じだぜ。絶対おかしいって。ジョーは時給いくら？」

Joe「僕は，これ，1350円。」

亮・未悠「エー！」

Joe「時給のことなんてなかなか話さないから，みんなと同じと思ってたなぁ。あ，でも，僕，外国人のお客さんが来たら君に任せるよって言われて採用された。」

春香「ジョーはニューヨーカーだもんね。しかも半年前に日本に来たとは思えないほど，日本語もうまいし。」

亮「ま，ジョーが接客うまいのは認める。ただ俺だって仲良くしてくれている常連のお客さんいるし…これも差別のような。俺，ちょっと吾郎さんに話聞いてくる。吾郎さん今事務室？」

春香「事務室ですよ。さっきまで私そこに呼び出されていたので。」

未悠「春ちゃん何かあったの？ゴロー店長，呼び出しするなんて珍しいね。」

春香「実は，なんか私がバイトに入ってから売り上げが上がったらしくて，今月特別ボーナスもらいました！」

亮・未悠・Joe「エー!!春香／春ちゃんだけー?!」

　　　誰かと一緒に働いていると，他の人と労働条件や賃金などいろいろなことが違うことが見えてくる。納得できる違いならいいけれど，そうでもないこともよくある話。アルバイターのみんなの違いは，どのような事情があれば許される，あるいは許されないのだろうか?この節で考えてみよう。

1　雇用平等とは何か

(1)　雇用平等に関する法の問題背景

　誰もが平等な社会を実現しよう！というスローガンに正面から反対する人はそれほど多くないだろう。歴史的に見ても貴族・平民，士農工商といった身分格差や白人・黒人といった人種差別など様々な不平等は，速度の違いこそあれ各国で是正の対象となってきた。高い賃金をもらっても，同様の働き方や能力の同期がより高い賃金をもらっていればどこか不満に感じるように，平等への欲求は私たちの心の中にも潜んでいる。

　もっとも，何をもって「平等」というかは難問だ。そもそも私たちは誰一人として同じではないし，社会的に置かれた立場も考慮すればその多様性はさらに増す。平等が問われる場面も様々で,各個人に同じ扱いをすれば平等（形式的平等）といえる場合もあれば，違いに応じて違う扱いをすることが平等（実質的平等）といえる場合もある。この「違い」の中には，取り扱いの違いとして考慮すべき事柄もあれば，すべきでない事柄もあり，これを区別する基準も明確ではない。こうした複雑な問題状況や価値観の違いを考慮しながら，「平等」といえる状態の実現を目指しているのが雇用平等に関する法（以下「雇用平等法」）なのだ。

(2)　雇用平等法の展開

　このような不明瞭さを含みつつも，平等を保障することは近代立憲国家の基本として位置づけられてきた。日本でも，すべて国民は法の下に平等であって，人種，信条，性別，社会的身分または門地により，政治的，経済的または社会的関係において差別されないことが憲法に明記され（14条），日本の雇用平等法の基礎になっている。

　この憲法の要請は,労基法では均等待遇原則（労基3条）や男女同一賃金原則（労基4条）として具体化された。これらの重要性は今日も変わらないが，募集・採

用は対象外とされ，労基法の刑事的効力によりその内容を柔軟に解釈することが難しいなど，規制対象の広がりは限られていた。

　この限定性を補完したのが，法の下の平等を背景に性差別の禁止が公序（民90条）を形成しているという構成（公序法理）で性差別を規制する方法である。女性のみを対象とする結婚退職制を無効と判断した住友セメント事件判決（東京地判昭41・12・20）によってもたらされたこの論理は，その後日産自動車事件最高裁判決（最判昭56・3・24）によって踏襲され，現在も新たな雇用平等法理を展開する際の法的構成の1つとして機能している。1985年には男女雇用機会均等法（均等法）が制定され，日本における差別禁止法が形作られた。

　雇用平等に関する法整備は男女平等以外の領域でも進んでいる。数多くの例外を認めつつも2007年には旧雇用対策法10条（現労働施策総合推進法9条）に募集・採用における年齢差別の禁止が定められ，2014年には障害者雇用促進法34・35条に障害者差別の禁止が明文化された。労働契約に基づいて設定される雇用形態間の平等を実現するための法整備も進んだ。2007年には，雇用形態間の平等取扱いが労働契約上の基本原則とされ（労契法3条2項），フルタイム・パートタイム労働者間の均等・均衡待遇（2007年改正短労9条，2014年改正短労8条，2018年に現行の法律名に改称して次の有期・無期労働者の均衡待遇規定を吸収），有期・無期労働者間（2012年改正労契法20条），派遣労働者と派遣先労働者間（2012年改正派遣法では努力義務，2018年改正派遣30条の3では強行規定化）での平等の実現が求められている。さらには女性が活躍しやすい環境を一定程度整えた企業にその旨の表示を認めるなど（女性活躍推進法10条），実効性確保の仕組みも充実しつつある。

⑶　雇用平等法の体系

　雇用平等法をどのように体系化するかについては議論があるが，少なくとも，差別事由の特徴に応じて大きく2つに分類されることについてはコンセンサスが形成されつつある。

　1つは性別や宗教など，自身の意思で変えることができない属性や基本的人権に関わる属性に基づく区別が問題になる場合である。この種の属性に基づく区別は，労働者本人の特徴を見ずに取扱いを区別する点で個人の尊重の否定につながる。そのため取扱いが有利か不利かを問わず，その属性に基づいて取扱いを区別すること自体が社会的に非難の対象になる。ただし年齢差別や障害者差別のように，その属性と労働能力に一定の相関関係があったり，その属性を有する者が社

会的に置かれた立場を考慮する必要があったりして，その属性に基づく区別が比較的広く認められる場合もある。

　もう 1 つは通常の労働者と比較して相対的に短時間労働であることや労働契約に期間の定めがあることなど，労働契約に基づいて設定された属性に基づく区別が問題になる場合である。この属性は労働者の意思に基づいて設定されたものであるため，この属性に基づいて労働条件に差が生じても問題にする必要はないようにもみえる。しかし家庭責任を担っていたり，正社員の就職口が少なかったりしてこの属性を選ばざるを得なかった労働者の存在や，この差を放置することの社会的問題性などを考慮して，一定の規制が講じられている。この規制根拠の考え方の違いに対応して，この種の雇用平等法の法的性質の理解の仕方については争いがある。現行法は，パートタイム労働などの属性に基づいて賃金などの取扱いを区別すること自体は原則として許容する一方で，その賃金の差などの区別の程度が仕事内容の違いなどと比べて不釣合いに大きい場合にはこれを規制する仕組みを採用している。これの詳細については，第 4 節の 5 を参照して欲しい。

2　性差別の禁止

　雇用の場における男女平等は，賃金については労基法 4 条，賃金以外の労働条件については均等法，これら全体を視野に入れつつ訴訟では労基法 4 条や均等法がカバーしない問題領域において用いられる公序法理というように，異なるルールを組み合わせて実現されている。まずは労基法 4 条の内容について確認してみよう。

(1)　男女同一賃金原則
(a)　基 本 構 造
　使用者は，労働者が女性であることを理由として，賃金について，男性と差別的取扱いをしてはならない（労基 4 条）。性別にかかわらず同一の賃金を支払うべきことを求めるこの男女同一賃金原則は，ヴェルサイユ条約（1919年）やILO100号条約（1951年，日本は1967年に批准）などによって国際的に古くから承認されてきた基本原則である。本条は「女性であること」と定めているが，女性に対する優遇も女性差別に該当することから，男性差別も規制対象とすると解されている。

　ある男女間の賃金格差が性別を理由とするか否かは，均等待遇原則（労基 3 条）

と同様に，その格差を取り巻く事実を総合考慮して判定される。男女別の賃金表が用いられている場合のように（秋田相互銀行事件：秋田地判昭50・4・10），賃金格差が性別に基づくことが明白な場合はこの証明は簡単だ。しかし近年はこうした事案は少なくなり，むしろ総合職，地域限定職などの雇用管理の方法による区別や世帯主か否かに基づく区別（三陽物産事件：東京地判平6・6・16）など，一見性中立的な仕組みが用いられているが，その運用，あるいはその仕組み自体に性差別が隠されているかが問題となるケースの方が一般的である。

　ある賃金格差が特定の性別を理由とするか否かを判定する際には，差別を訴える労働者と性別を除いておおむね同じ立場にある異性の労働者を比較対象者として設定して，これとの比較が行われることが多い。申立人と比較対象者が同一の労働をしている場合は労基法4条違反が認められやすいが，他の事情により常に認められるわけではないし，逆に同一労働をしていなくても認められることがある。

　賃金決定に関する証拠の多くは使用者の下にあるため，労働者が賃金格差の理由を詳細に説明することは難しい。そこで労基法3条（均等待遇原則）の証明と同様に，労働者が使用者の差別意思と男女間の賃金格差を証明すれば，使用者が職務内容や能力評価，勤続年数などこの格差を正当化する合理的な理由を証明しない限り，労基法4条違反が成立すると解されている（前掲秋田相互銀行事件）。国や社内の統計を分析した結果，女性の方が男性よりも勤続期間が短い傾向にあるため，男性よりも賃金を低く設定する取扱いは，実際の勤続期間を推測困難な使用者には合理的な取扱いのようにもみえる。しかしこれは差別を申し立てている女性個人を評価したものではない点で女性差別を否定する理由にはならない（統計的差別の禁止，岩手銀行事件：仙台高判平4・1・10）。雇用管理区分に応じて賃金表を設定することは広く行われているが，この雇用管理区分が現実の職務内容等に対応しない場合には，賃金格差を合理化する理由にならない（兼松（男女差別）事件：東京高判平20・1・31）。

　労基法4条違反が成立した場合，刑事罰が科されるとともに（労基119条1号），差別的賃金を定めた労働契約の部分は無効となり，不法行為（民709条）を理由として差別がなければ支払われたであろう賃金と実際に支払われた賃金との差額分等の損害賠償を請求することができる。賃金の支払基準が就業規則等に明確化されている場合には，労基法13条を基礎に差額賃金（日本鉄鋼連盟事件：東京地判昭61・12・4労判486号28頁）を請求することもできる。

(b)　同一（価値）労働同一賃金原則

　ILO100号条約や女性差別撤廃条約は，同一労働同一賃金原則を定める。この原則は，同一労働に従事する男女には原則として同一の賃金を支払わなければならないというものである。日本では雇用形態間差別の文脈でも同一労働同一賃金が論じられることがあるが，もともとは性差別禁止の文脈で論じられてきた原則である。

　ここでの問題は，労基法4条がこの原則を保障しているといえるかである。この原則は職務給に馴染む原則であるとして，年齢や学歴など属人的な要素で賃金を決めることが多い日本では，この原則を認める基盤が存在しないことなどを理由に，労基法4条はこの原則を保障しないとする立場が一方にある。裁判例も，この原則に近い考え方を採用したもの（日ソ図書事件：東京地判平4・8・27）はあるが，この原則をはっきりと採用したものはない。他方で，労基法4条がこの原則を明示に排除していないことや，この原則を，雇用する労働者が同一の労働をしていれば使用者は同一の賃金を原則として支払うべきとする労働契約上の平等取扱いに関する義務の一つと理解してこの原則が日本でも保障されていると解する立場もある。

　国際的には，同じ価値の労働をしている者には原則として同じ賃金を支払わなければならないものとする同一価値労働同一賃金原則も多くの国で採用されている。この原則は，同一労働同一賃金原則を用いて同じ仕事をしている者の間での差別を禁止するだけでは，女性が支配的な比較的賃金の低い職と男性が支配的な比較的賃金の高い職との間に存在する賃金格差を是正することできないため，仕事を価値に換算して仕事の違いを乗り越えて比較をすることを意図している。日本にはこの原則を明記した法律や裁判例は存在しないが，この原則を否定するものもない。この原則を活用するときの鍵の一つである職務評価制度の活用が雇用形態間差別の文脈において模索されていることは，この原則を日本で運用する際の基礎を整える意味を持つだろう。

(2)　男女雇用機会均等法

(a)　均等法の展開

　賃金以外の労働条件に関する性差別は，均等法によって規制されている。

　均等法は女性差別撤廃条約批准（日本は1985年批准）のための国内法整備の一環として勤労婦人福祉法（1972年制定）を改正する形で1985年に制定された。当

時の均等法は，女性差別を禁止する一方で男性差別は許容する片面的な差別禁止を定め，その禁止の程度も募集，採用，配置，昇進については努力義務にとどまっていた。

しかし優遇であっても性別で取り扱いを区別することには変わりないし，かえって女性は保護を要する弱い性別との認識を社会に根づかせかねない。性差別の禁止が公序であると認めた最高裁判決（前掲日産自動車事件）も既に存在したことで，この仕組みへの批判が強まった。

そこで1997年の均等法改正では，差別禁止が全て強行的禁止とされ，女性優遇も女性であることを理由とする差別に該当すると解することで実質的に性差別の禁止が実現された。この改正では，ポジティブ・アクションの利用や，機会均等調停委員会（現紛争調整委員会の機会均等調停会議）による調停を一方当事者の申請で開始することを認め，均等法違反に対する勧告に従わない場合に企業名の公表を予定する制度を設けるなど，救済や実効性確保の仕組みも強化された。

2006年の均等法改正では，法文上も男女双方に対する性差別の禁止が明記され，差別禁止の対象となる雇用ステージが拡大された。また，間接差別の禁止の明文化，妊娠・出産等を理由とする不利益取扱いの禁止の明文化，セクシュアル・ハラスメントに関する事業主の配慮義務の措置義務への強化などが行われた。

(b)　規制の仕組み

(i)　直接差別の禁止

事業主は，性別を理由として応募者・労働者を差別してはならない（雇均5条・6条）。この差別の禁止は，次の間接差別の禁止と対比して直接差別の禁止と呼ばれる。禁止対象となる雇用ステージは，募集および採用（雇均5条），配置，昇進，降格および教育訓練（雇均6条1号），住宅資金の貸付等厚労省令で定める福利厚生措置（同条2号，雇均則1条1号～4号），職種および雇用形態の変更（雇均6条3号），退職の勧奨，定年および解雇ならびに労働契約の更新（同条4号）である。

性別を理由とすることの証明は，均等待遇や男女同一賃金原則におけるそれと基本的に同じ方法で行われる。適法なポジティブ・アクションに該当する場合や，芸術上，防犯上，宗教上の理由などから特定の性別のみに当該業務を従事させる職務上の必要性が存在する場合等については，例外的に性別に基づく取扱いが認められる。

均等法の直接差別の禁止は，指針（「労働者に対する性別を理由とする差別の禁止

等に関する規定に定める事項に関し，事業主が適切に対処するための指針」平成18年厚労告614号）に基づいて1の雇用管理区分の中で機能すると解されている。雇用管理区分とは，職種，資格，雇用形態，就業形態等の区分その他の労働者についての区分であって，当該区分に属している労働者について他の区分に属している労働者と異なる雇用管理を行うことを予定して設定しているものをいう。具体的には管理職候補の総合職と定型的な業務を担当する一般職の区分や，正社員やパートタイム労働者の区分があてはまる。このルールは，例えば総合職の男性と一般職の女性との間の労働条件格差については，均等法の規制が及ばないことを意味する。そのため均等法制定当時，能力主義の採用を意識して広まりつつあった総合職・一般職などにコースを分けて雇用を管理する複線型の雇用管理制度（コース別雇用管理制度）が，強制的にあるいは事実上男女を特定のコースに誘導することで既存の男女別の雇用管理を温存させる機能も持つことになった。このような男女コース別雇用管理制度については，均等法で差別禁止が強行規定化された以降これを公序に反することを理由に違法とする例がある一方（野村證券（男女差別）事件：東京地判平14・2・20），合理的なコース転換制度を設けていれば前記時点以降も適法と判断した例がある（兼松（男女差別）事件：東京地判平15・11・5）。

(ii)　間接差別の禁止

　資格の有無や学歴に基づいて人事処遇を区別することは，これまで紹介してきた差別の禁止のいずれにも当てはまらないようにみえる。しかし社会実態にまで視野を広げてみると必ずしもそうとはいい切れない。例えば，アメリカには黒人に十分な教育の機会を与えなかった歴史があり，日本にも女性には高等教育は不要と考えられていた歴史があるが，これらを前提とすると，前述の基準は黒人や女性に不利に働く。もしこのような基準の利用を制限無く認めれば，歴史的に形成された社会の差別的構造が足かせとなって平等が実現されない。間接差別の禁止は，このような社会構造を理由とする差別（構造的差別）を禁止することを主目的とした差別概念である。

　均等法は間接差別の禁止を，事業主は，均等法が対象とする雇用ステージにおいて行われる措置であって労働者の性別以外の事由を要件とするもののうち，措置の要件を満たす男性および女性の比率その他の事情を勘案して実質的に性別を理由とする差別となるおそれがある措置として厚生労働省令で定めるものについては，当該措置の対象となる業務の性質に照らして当該措置の実施が当該業務の

遂行上特に必要である場合，事業の運営の状況に照らして当該措置の実施が雇用
管理上特に必要である場合その他の合理的な理由がある場合でなければ，これを
講じてはならないと規定する（雇均 7 条）。「合理的な理由」は，当該措置の対象
となる業務の性質に照らして当該措置の実施が当該業務の遂行上特に必要である
場合，事業の運営の状況に照らして当該措置の実施が雇用管理上特に必要である
こと等を意味する。「厚生労働省令で定めるもの」としては，募集採用における
身長体重要件，募集採用，昇進，職種変更における転勤要件，昇進における転勤
経験要件が定められている（雇均則 2 条 1 号〜 3 号）。

　間接差別は，直接差別とは異なり，事業主が差別的意図を有していなくても成
立する。労働者側が問題とする措置の差別的効果を統計や実態を用いて証明し，
当該措置の合理性を使用者が説明することを通じて，適法と解されていた措置の
合理性を問い直すことができる。しかし均等法の間接差別の禁止は， 3 つの場面
に適用対象を限定され，この問い直し機能をほとんど持たない点に国際的に見た
特徴がある。もっとも公序概念（民90条）など他の法律の下で間接差別の禁止が
認められる余地は残されている。

(iii)　ポジティブ・アクション

　以上のような性差別禁止法を作り，差別を 1 つ 1 つ是正していけば，いつか性
差別はなくなるかもしれない。しかしこれでは社会に根づいた差別的な社会構造
や意識を是正するまで長い時間がかかり，この間，性差別の犠牲者が生まれ続け
ることになる。このような状態を早期に是正し，差別の連鎖を防ぐための手段と
してポジティブ・アクションの利用が認められている。

　均等法は，ポジティブ・アクションを「雇用の分野における男女の均等な機会
及び待遇の確保の支障となっている事情を改善することを目的として女性労働者
に関して行う措置を講ずること」と規定し（雇均 8 条），同法の差別禁止の例外
として認める。例えば， 1 つの雇用管理区分において女性労働者が男性労働者よ
りも相当程度少ない場合に，昇進・昇格の基準を満たすなど同程度の資格を有す
る男女のうち，女性を優先して採用することが認められる。男性は社会において
女性よりも一般的に優位な地位にあるため，男性に対するポジティブ・アクショ
ンは認められない。国は，ポジティブ・アクションを実施しようとする事業主を
支援することができる（雇均14条）。

　ポジティブ・アクションは，差別の是正を目的とするとはいえ，男女を区別し
て扱うことにほかならない。そのため，その内容によっては男性差別として違法

評価される可能性は残る。

(iv) 婚姻，妊娠，出産等を理由とする不利益取扱いの禁止

事業主は，女性労働者が婚姻し，妊娠し，または出産したことを退職理由として予定する定めを置くこと（雇均9条1項），婚姻を理由として解雇すること（同条2項），妊娠，出産，産前産後休業の取得等を理由とする解雇その他不利益取扱いをしてはならない（同条3項）。ただし判例は，これらの定めが強行法規であることを認める一方で，妊娠，出産等を契機とする（「理由とする」ではない）不利益取扱いは原則違法だが，①当該労働者が自由な意思に基づいて不利益取扱いを承諾したものと認めるに足りる合理的な理由が客観的に存在するとき，または，②業務上の必要性から不利益取扱いをせざるを得ず，その必要性や内容等から同項の趣旨および目的に実質的に反しないものと認められる特段の事情が存在するときは，例外的に禁止の対象にならないものとする（広島中央保健生協（C生協病院）事件：最判平26・10・23）。この点の詳細については，第10節の4を参照して欲しい。

また，妊娠中または出産後1年を経過しない女性労働者に対する解雇は，これが妊娠，出産等を理由とするものでないことを事業主が証明しない限り，無効となる（雇均9条4項）。

(v) セクシュアル・ハラスメント防止措置義務

相手方の意に反する性的な言動を意味する「セクシュアル・ハラスメント」（以下「セクハラ」）は，均等法において，性的な言動に対する労働者の対応により当該労働者が労働条件について不利益を被るタイプ（対価型）と，性的な言動により労働者の就労環境が悪化させられるタイプ（環境型）に分けて理解されている。事業主は，セクハラを防止するために必要な雇用管理上の措置を講じる義務を負う（雇均11条1項）。妊娠・出産等に関するハラスメント（いわゆるマタハラ）についても防止措置義務を負う（同法11条の2）。

講じるべき措置としては，①事業主の方針の明確化およびその周知・啓発，②相談に応じ，適切に対応するために必要な体制の整備，③セクハラに係る事後の迅速かつ適切な対応などがある（「事業主が職場における性的な言動に起因する問題に関して雇用管理上講ずべき措置についての指針」平18・10・11労告615号）。この措置義務は，行政との関係において課される公法上の義務であって，労働者が使用者にこれらの措置を講じることを請求する権利を認めたものではないが，この義務の履行状況は，使用者の民事責任を検討する際の考慮要素となる。

(c)　実効性確保制度

　事業主は，均等法に関する紛争について自主的解決を図るよう努めなければならない（雇均15条）。個別労働関係紛争解決促進法の特例として（雇均16条），均等法に関する問題の解決について当事者が援助を求めた場合，都道府県労働局長は必要な助言，指導，勧告を行い（雇均17条 1 項），必要と認めた場合には紛争調整委員会による調停が行われる（雇均18条 1 項）。事業主は，労働者がこれらの申請をしたことを理由として不利益な取扱いをしてはならない（雇均17条 2 項，18条 2 項）。厚生労働大臣が勧告したにもかかわらず（雇均29条 1 項。都道府県労働局長にこの権限を委任することもできる・同条 2 項），事業主が従わなかった場合には，その旨を公表することができる（雇均30条）。

(3)　女性活躍推進法

　性差別の禁止を刑事罰や行政からの圧力を通じて実現する労基法や均等法とは異なり，「女性の職業生活における活躍の推進に関する法律」（女性活躍推進法）は，差別是正に向けた取り組みを行った企業にメリットを与えることによって性差別的状態を解消しようとする点に特徴がある。

　女性活躍推進法は，常時雇用する労働者の数が301人以上（2022年 4 月以降は101人以上）の事業主に対して，女性の活躍状況を確認したうえで，これを改善するための達成目標や取り組みの内容などを定めた行動計画を作成する義務を課す（ 8 条）。行動計画の実施状況が優良な事業主は，厚生労働大臣からその旨の認定を受け（ 9 条），認定事業主であることを示すマーク（「えるぼし」）を企業の商品や広告，名刺などに記載することができる（10条 1 項）。これにより女性活躍に積極的な企業として認知され，例えば採用がしやすくなるというメリットを期待することができる。事業主は，女性の活躍状況に関する情報を定期的に公表することも義務づけられる（16条 1 項）。

(4)　LGBT 差別の禁止

　身体上の性別が女性なら自身を女性として認識し，恋愛・性愛の対象は異性（heterosexual）である男性，というのが社会の多数派である。ただ，身体上は女性でも自身を男性と認識，あるいはどちらともいえないというように，身体上の性別と自身が認識する性別（性自認：Gender Identity）が異なる人（transgender）もいるし，恋愛・性愛の対象（性的指向：Sexual Orientation）が同性（homosexual,

男性：gay, 女性：lesbian) や両性（bisexual）の人もいる。これらの性的少数派（セクシュアルマイノリティ）は，それぞれの英字の頭文字をとって LGBT と総称される。また，性的指向と性自認は，これらの英単語の頭文字を合わせて SOGI と表現される。

LGBT は，宗教的事情やいわれのない偏見により，社会的に差別され，極端には刑事罰の対象とされてきた。しかし，いかなる性自認・性的指向を有するかは個人の性的人格にかかわることが次第に認識されるようになり，各国で LGBT に対する差別を禁止する法の整備が進んでいる。

日本でも，同性婚（パートナーシップ）にその証明を発行し，法律婚に準じる配慮を求める条例が各地で制定されるなど，LGBT への理解が進みつつある。雇用の場における LGBT 差別を直接的に禁止する法律はまだ存在しないが，自らの性自認に基づいた性別で社会生活を送ることが法律上保護される利益であることを認め，トランスジェンダーの女性（身体は男性）の性自認を否定する言動について国賠法上の違法性を認めた裁判例（国・人事院（経産省）事件・東京高判令3・5・27労判1254号5頁）が現れている。

性的指向・性自認が個人の性的人格にかかわるとの認識からいえば，法の下の平等（憲14条）や個人の尊重（憲13条）を基礎により一般的な配慮を使用者に求めることや，LGBT に対する差別の禁止が公序（民90条）を形成し，不法行為（民709条）を通じて救済されると解する余地もある。均等法は LGBT を意識して制定されていないが，同法が LGBT を含むよう解釈，改正する可能性も模索可能である（LGBT については，「コラム　LGBT 問題の構造」も参照）。

3　国籍・信条・社会的身分

性以外の領域に目を向けると，使用者に対して，労働者の国籍，信条または社会的身分を理由として，賃金，労働時間その他の労働条件について差別的取扱いをすることを禁じる労基法3条が目に入る。この定めは，性差別とは異なり，賃金とその他の労働条件の両方を規制対象とする。ただし，同法が規制するのは労働契約を締結することによってはじめて生まれる「労働条件」であり，募集や採用については規制の対象外と解されている（三菱樹脂事件：最大判昭48・12・12）。本条違反については，刑事罰の適用があるほか（労基119条），違反した取り扱いは無効となり，不法行為責任を発生させる。

一見奇妙なのは，賃金については労基法4条に性差別禁止が明文化されている

にもかかわらず，この労基法3条が「性」を対象としていないことである。この理由は，産前産後休業制度など，労基法の中に女性を特別扱いする規定が存在することとの抵触を回避しようとしたことにある。

　本条に定められている差別事由について見てみると，まず「国籍」は，アメリカ国籍，中国籍等国家の所属員たる資格を意味する。黒人や白人などの人種は，生物学的・人類学的分類で国籍とは異なるが，国籍または社会的身分の一種として，禁止される差別事由に該当すると解されている。

　「信条」は，人の内心におけるものの考え方であり，仏教，キリスト教等の宗教的信仰のみならず政党支持等の政治的信念や意見も含む（昭22・9・13発基17号）。特定の宗教や政治的思想に即して運営されている事業（傾向事業［経営］）においても，信条を理由に取扱いを区別することができるのは，事業目的と当該特定の宗教・政治的思想が本質的に不可分であり，その承認，支持を存立の条件とし，これらを労働者に求めることが客観的に妥当である等，例外的場面に限られる（日中旅行社事件：大阪地判昭44・12・26）。

　「社会的身分」には，自らの意思によって免れることができない生来的地位（門地など。昭22・9・13発基17号）に加え，破産者や前科など後天的な社会的分類も含まれると解される。非正規労働者の低労働条件が社会的に問題となった時期には，この文言に，パートタイム労働者等の雇用上の地位が含まれるか否かに注目が集まった。裁判例はこれを否定する（丸子警報器事件：長野地裁上田支判平8・3・15）が，非正規労働を選ばざるを得ない者の存在に着目したり，労基法の刑事的効力と民事的効力を区別して考えたりすれば，これを肯定する余地も出てくるだろう。

　差別を証明するために必要な資料の多くは使用者側にあるため，労働者にとって差別の証明は容易ではない。そのため裁判例は，使用者の差別意思を推認させる事実と他の労働者との間の労働条件格差の存在を労働者側が証明した場合には差別の存在を推定し，使用者側がこの推定を覆す合理的な理由を示すことができなければ，差別が成立したものと判断する傾向にある（東京電力（長野）事件：長野地判平6・3・31等）。

4　差別の救済

　差別禁止が実現されるためには，差別禁止のルールのほか，これを実効化する仕組みが必要である。この点については，労基法が刑事罰による圧力を定め，均

等法が前述したような行政指導等や紛争解決の場の提供を定めている（本節2（2）(c)参照）。ポジティブ・アクションも差別的状態を直接是正する仕組みである。

　ある取り扱いや状態が差別に該当すると裁判所において判断された場合，民事的にはどのような救済を求めることができるだろうか。当該取扱いが違法，無効となることは労基法や均等法の強行的性質に照らして明らかだが，その後の救済内容についてはいずれも明記するところがない。

　まず採用差別の場合，採用強制を認めることについては，使用者の採用の自由（憲22条1項，29条）や使用者の意思表示を強制することにつながることなどを根拠に，裁判所は非常に消極的である。学説においても慰謝料の請求が認められるにとどまるとの立場が多い。

　昇進・昇格差別について，一般的に認められているのは，当該差別的取扱いが不法行為に該当することを理由とする損害賠償請求である（社会保険診療報酬支払基金事件・東京地判平2・7・4）。これに加えて，差別がなければ得ることができたであろう職位や格付けにあることの確認を求めることができるかについては争いがある。職位等の決定は使用者の経営に直接関わる事柄であり，労基法や均等法にはこうした確認請求を直接根拠づける定めはない。しかし，この確認請求が認められなければ，仮に損害賠償請求が認められたとしても差別的な職位等が存続することになり，差別的な賃金支払いや従事できたはずの業務に従事できない状態が続いてしまうおそれが生じる。

　裁判例は，ある職位等への配置の決定が使用者の人事上の裁量を基礎に行われることを念頭に，この請求を認めない傾向にある。反面，こうした人事上の裁量が小さい場合，例えば格付けの決定が契約の内容になっていたり形式的に行われていたりする場合には格付けや職位の確認を認める余地がある（格付けについて，芝信用金庫事件：東京高判平12・12・22）。

　賃金差別の証明が認められた場合，差別を受けたことを理由に得ることができなかった差額賃金等の支払いを受けることができる。これに加えて，慰謝料の支払いや差別のない賃金の支払いを受ける地位確認が可能であるかが争点となる。差額賃金の支払いが行われれば原状が回復されたと解して慰謝料請求を認めない裁判例（例えば，三陽物産事件：東京地判平6・6・16）もあるが，差別が労働者の人格権侵害に該当することをふまえればこれを認めるべきだろう（石崎本店事件：広島地判平8・8・8）。裁判例の中には，差別的賃金により減少した公的年

金の差額の支払いを認めたものもある（昭和シェル石油事件：東京地判平15・1・29）。

コラム 2-9　LGBT 問題

　本書では，「LGBT」という表記を用いているが，性的マイノリティはこれらに限られない。性的指向を持たない人（アセクシャル：asexual）や性自認や性的指向が定まらない人（クエスチョニング：questioning）もいる。このような多様性を反映して，LGBT に続けてクエスチョニングの Q を加えたり（LGBTQ），複数形の s を加えたり（LGBTs）することもある。ほかにもいろいろな表記が提案されているが，共通するのはセクシュアリティの多様性を意識していることだ。

　多様なセクシュアリティを理解するためには，それぞれの特徴や置かれた立場を理解する必要がある。性的指向は，誰を好きになるかというまさに私的な事柄で，職場であえてこれを明らかにさせる必要はない。家族手当の支払い対象にパートナーシップ関係にある同性を認めるか否か，といった形でこれが明るみに出て争点化することもあるが，当事者が望まないのにその情報が明らかにされた（アウティング）場合，ときに当事者を自殺に追いやる可能性もある。職場のケースではないが，一橋大学法科大学院生が同性愛者である事実を同級生に LINE でクラスメイトに暴露されて自殺に至った事件がよく知られている。

　性自認も個人のプライバシーに関わるが，自身の身体上の性別とは異なる性自認に合った社会生活を送ることを当事者が求めることを通じて，職場での対処が必要となることが比較的多い。自認する性別と身体，法律上の性別を合致させればこのようなことも起こらなそうだが，法律上の性別を変えるには，変更後の性別の外見を創出したり，生殖機能を喪失させたりするなど当事者が必ずしも望まないハードルが存在し，その企業で勤務している期間がこの変更プロセスと重なってトランスジェンダーである事実が明らかになることもある。

　こうした性的マイノリティの生きづらさの根本には，社会の仕組みや人々の意識が性的マイノリティを想定しない男性・女性の二分法で構築されている実態がある。個人の性的指向や性自認を平等に尊重するなら，この社会を多様な性的指向や性自認を前提に再構築するのが筋だが，これは一朝一夕に実現できるものではない。この変化の過渡期の現在，男女二分法でできた社会制度と多様な性的アイデンティティとのズレをすりあわせる負担が性的マイノリティに偏らないよう，この負担を社会や使用者も平等に負担する仕組み作りが求められている。

第10節　ワークライフバランス

トピック　ある日の川端ゼミ

川端　今日のテーマは，男性の育児休業取得だよね。

高尾　厚労省による2021年調査では，女性の取得率は85.1％なのに，男性は13.97％にとどまっている。それでも，1996年には女性49.1％，男性0.12％ですから，男性は四半世紀で100倍以上ですが，政府目標の30％（2025年）には遠い。

豊田　スウェーデンでは，90％らしいです。なんでとらないのかな。

日野　取得率だけでなく，休業期間も問題では。女性が10か月から１年が64.0％を占めているのに，男性の89.2％が１か月以下です。

川端　日本の男性の育児時間は少ないのだろうか。

立川　男性の方が給料高いから，休業で収入を減らしたくないのでは。

三鷹　職場が育児休業制度を利用しづらい雰囲気となっているから。

中野　会社や上司，職場の育児休業取得への理解がないだろうな。

四谷　小規模企業やワンマン企業では，休業制度が整備されていないのでは。

神田　育休取得の妻を雇用する企業と，取得しない夫を雇用する企業とでは，コスト負担において不公正格差を生じさせていないのか。

川端　育児をしないのは意気地がない！

　育児休業により，男女労働者がゆっくりと子育てを楽しめるようにすることは，とても大切である。しかし，技術革新の進歩の著しい今日においては，１年近くも仕事から離れることは，キャリアに影響することも考えられる。このため，労働者が希望し，かつ育児環境が許す場合には，例えば１週間に半日出社するような制度も考察する必要があるかもしれない。あくまで労働者の希望に基づく弾力的な制度としてであるが。

1　ワークライフバランスとは

　人間にとって，労働時間はとても大切な時間であるが，それ以外の私的時間（生活時間）も劣らず重要なものである。１日８時間労働制は，１日24時間を労働，睡眠，私的時間に３分する生活パターンという発想に基づくものと言われている。これは，イギリスのロバート・オーウェンが「仕事に８時間，余暇に８時間，休息に８時間」（Eight hours labour, eight hours recreation, eight hours rest）運動を提唱し，これが後に世界中のメーデーにおいて主張された結果として実現されたと言

われている。

　ところで労働法が対象とするのは，企業や工場内における労使関係や雇用関係に関する事項であり，とりわけ労基法が規律するのは，あくまで使用者の指揮命令下で労務提供する労働時間であることに疑いない。妊娠・出産休暇，育児・介護休業等は，本来的には家庭生活のための休業であるが，これらの家庭責任に対する使用者の配慮なしには，労務提供は困難となるのみならず，労働者の生命や健康にも影響する。このため，仕事と生活との両立，すなわちワークライフバランスが達成がされるべき理由がここにある。

　労働法が個人生活に関与するようになったはじめての規定が，「労働と生活との調和」を規定した労契法3条3項であるが，これは，以上の認識が浸透してきたことの表われであり，ワークライフバランスを達成するための指導理念となるものであろう。

　ワークライフバランスとの関係では，育児・介護が最大の問題となるところ，育児介護休業法（育介法）がこの問題に対応している。たとえば転居を伴う転勤命令が出れば,当然家庭生活や人間関係に大きな影響を与えることになる.そこで,育介法は，事業主に対して，転勤させようとする労働者に転勤を命じる場合には,その労働者の育児や介護の状況に配慮する義務を定めている（同法26条）。

　このほか，労基法は，労働時間の規制を行っている（32条以下）のも，労働者の健康への配慮だけではなく，その生活時間の確保にあることに留意される必要があろう。

2　妊娠・出産をめぐる権利

　女性に特有である妊娠・出産自体は疾病ではないが，その心身の負担を軽減することは，職場でも同様であり，労基法や均等法は，妊娠・出産に関する保護規定を定めている。

(1)　軽易作業への転換

　妊娠した女性労働者が従来の業務で就労を継続することが困難な場合がある。そこで，労基法は，妊娠した女性労働者が請求した場合には，軽易業務への転換させなければならないと定めている（労基法65条3項）。この規定は使用者に対し，新しい業務を創設する義務を課すものではないが，業務の質や量を調整することが求められよう。

(2)　産前産後休暇

　産前産後休暇は，安心して妊娠・出産が行えるように与えられた休業期間であり（労基法65条），産前休業期間が最低6週間（多胎妊娠の場合は8週間），産後休業期間が最低8週間である。出産とは，妊娠4か月（85日）以降の出産，死産，流産を意味するが，予定日より遅れれば，産前休業期間も延長される（出産日は産前期間に含まれる）。なお，産前休業については女性労働者の請求により使用者は付与義務を負うのに対し，産後休業については，女性労働者の請求は不要である。

　産前産後休業期間は，原則として無給であるが，健康保険の被保険者である労働者については，期間中就労しなかった期間につき，出産手当金（健保法101条）として，出産日以前42日間（多胎妊娠の場合は98日間），出産日の翌日以降56日間のうち，労務に服さなかった期間1日について，標準報酬日額の3分の2が支給される（健保法102条1項・138条）。

　また健康保険の被保険者には，出産1児について，出産育児一時金（健保法101条）もしくは家族出産育児一時金として，産科医療制度加入の医療機関等の場合には42万円，未加入医療機関については40.4万円が支給される（健保法102条10項）が，現在50万円に増額することが検討されている。

　なお産前産後休業期間プラス30日間の解雇は禁止される（労基法19条）ほか，産前産後期間は年休の発生要件としての出勤率の算定に当たり，出勤したものとみなされる（同法39条10項）。さらに生後満1年も達しない生児を育てる女性労働者は，1日2回各々30分以上の育児時間を請求することができる（労基法67条）。

(3)　労 働 時 間

　妊娠中および産後1年を経過しない女性は，妊産婦と呼ばれる。妊産婦については，労働時間等の制限が設けられている。これには，当然制限されるものと，妊産婦が請求することによって制限されるものとがある。

　「請求」を条件とするものとして，①坑内業務の禁止（労基法64条の3第1項），②変形労働時間（同法32条の2，32条の4），ホワイトカラー裁量労働制（同法41条の2），および非定型的労働時間制（同法32条の5）を適用する場合でも，法定労働時間を超える労働の禁止（同法66条1項），③時間外・休日・深夜労働の禁止（同条2項，3項）等がある。

　これに対し，「請求」を要件としないものとして，危険有害業務の禁止（同法

64条の 3 第 1 項）がある。

(4)　妊娠中・出産後の健康管理措置

妊娠中および出産後の健康管理に関する措置として，事業主は，その雇用する女性労働者が母子保健法の規定による保健指導または健康検査を受けるために必要な時間を確保することができるようにしなければならない（均等法12条）。具体的には，当該女性労働者が妊娠中である場合には，以下の妊娠週数の区分に応じて，各期間ごとに 1 回，当該必要な時間を確保することである（均等則 2 条の 4 第 1 号本文）。しかし，医師または助産婦がこれと異なる指示をしたときはその指示するところにより，当該必要な時間を確保するようにしなければならない。（同号但書）。

妊娠週数	期間
妊娠23週まで	4 週
妊娠24週から35週まで	2 週
妊娠 6 週から出産まで	1 週

また，この保健指導および健康診査に基づく指導事項を守ることができるようにするため，事業主は，勤務時間の変更，勤務の軽減等の必要な措置を講じなければならない（均等法13条）。

3　育児休業・介護休業

ワークライフバランスにおけるライフには様々なものが含まれるが，最も問題になるのが育児と介護である。そこで，育児や介護と仕事との両立を図るため，育介法が制定されている。

(1)　育 児 休 業

1) 育児休業関連制度

育介法における制度には，育児休業に関わるものと，労働時間等の勤務態様に関する部分および不利益取扱い禁止規定に 3 分することができる。

ア）育 児 休 業

まず，本来的な育児休業制度とは，労働者が，原則として子が 1 歳（最長 2 歳）に満たない子を養育するためにする休業である（育介法 5 条 1 項）。育児休業における「子」とは，労働者と法律上の親子関係がある子（養子を含む）のほか，特

別養子縁組のための試験的な養育期間にある養子縁組里親に委託されている子等を意味する（育介規則1条）。

　育児休業制度を利用できるのは，日々雇用を除く労働者であり，有期雇用労働者については，2022年4月以降は，従来の勤続1年以上という要件が外され，子が1歳6か月（2歳までの育児休業の場合は2歳）に達する日までに労働契約が満了することが明らかでない者との要件のみとなっている。もっとも，①入社1年未満，②申出の日から1年以内（1歳6か月または2歳までの育児休業の場合は6か月以内）に雇用関係が終了する，③1週間の所定労働日数が2日以内という条件のいずれかに該当する有期雇用労働者については，労使協定の締結により，育児休業制度の対象外とすることが認められている。このような差異が設けられる合理的理由が再検討されるべきであろう。

　育児休業の期間は，子が1歳（保育所に入所できない等の事情があるときは1歳6か月ないし2年）に達する日までの連続した期間であるが，いわゆるパパ・ママ育休制度として，子が1歳2か月に達する日までの間の1年間を取得することができる。なお，育児休業の取得回数については，2022年10月以降は，子1人につき原則として2回（1歳6か月，2歳までの育児休業は別に分割取得が可能となった（育介法9条，9条の2））。

　このほか，2022年10月から，子の出生後8週間以内に4週間まで，子1人につき2回取得可能な産後パパ育休（出生時育児休業）制度が導入されている（育介法9条の5）。育児休業期間中の就業は原則として不可であるが，2022年10月に導入された産後パパ育休では，労使協定の締結および労働者の同意を条件として，労働者が休業中に就業することが可能である。

イ）子の看護休暇

　子の介護休暇とは，小学校就学の始期に達するまでの子を養育する労働者（日々雇用を除く）は，1年に5日まで（当該子が2人以上の場合は10日），病気・ケガをした子の看護，または子に予防接種・健康診断を受けさせるために，休暇を取得する制度であり，時間単位の取得も可能である（育介法16条の2）。

　対象労働者は，小学校就学の始期に達するまでの子を養育する労働者であるが，労使協定により対象外とされる労働者もある。

ウ）育児休業取得状況の公表

　常時雇用する労働者数が1000人を超える事業主は，2023年4月以降，男性の育児休業等取得率を公表するする義務を負う（育介法22条の2）。

171

育児・介護休業法における主な制度の概要

◎　本表は法令により求められる制度の概要であり，各事業所においてより広い内容の
制度とすることは望ましいものです。

		育児関係	介護関係
休業制度	休業の定義	○労働者が原則としてその1歳に満たない子を養育するためにする休業	○労働者がその要介護状態（負傷，疾病又は身体上若しくは精神上の障害により，2週間以上の期間にわたり常時介護を必要とする状態）にある対象家族を介護するためにする休業
	対象労働者	○労働者（日々雇用を除く） ○有期契約労働者は，申出時点において，次の要件を満たすことが必要 ・子が1歳6か月（2歳までの休業の場合は2歳）を経過する日までに労働契約期間が満了し，更新されないことが明らかでないこと ○労使協定で対象外にできる労働者 ・雇用された期間が1年未満の労働者 ・1年（1歳以降の休業の場合は，6か月）以内に雇用関係が終了する労働者 ・週の所定労働日数が2日以下の労働者	○労働者（日々雇用を除く） ○有期契約労働者は，申出時点において，次の要件を満たすことが必要 ・介護休業取得予定日から起算して93日経過する日から6か月を経過する日までに労働契約期間が満了し，更新されないことが明らかでないこと ○労使協定で対象外にできる労働者 ・雇用された期間が1年未満の労働者 ・93日以内に雇用関係が終了する労働者 ・週の所定労働日数が2日以下の労働者
	対象となる家族の範囲	○子	○配偶者（事実婚を含む。以下同じ。）父母，子，配偶者の父母，祖父母，兄弟姉妹及び孫
	回数	○子1人につき，原則として2回 ○以下の事情が生じた場合には，再度の育児休業取得が可能 ○新たな産前産後休業，育児休業又は介護休業の開始により育児休業が終了した場合で当該休業に係る子又は家族が死亡等した場合 ○配偶者が死亡した場合又は負傷，疾病，障害により子の養育が困難となった場合 ○離婚等により配偶者が子と同居しないこととなった場合 ○子が負傷，疾病，障害により2週間以上にわたり世話を必要とする場合 ○保育所等入所を希望しているが，入所できない場合 ○子が1歳以降の休業については，子が1歳までの育児休業とは別に取得可能 ○1歳以降の休業について上記①の事情が生じた場合に限り，1歳6か月又は2歳までの育児休業も再度の取得が可能	○対象家族1人につき，3回
	期間	○原則として子が1歳に達するまでの連続した期間 ○ただし，配偶者が育児休業をしているなどの場合は，子が1歳2か月に達するまで出産日，産後休業期間，育児休業期間とを合計して1年間以内の休業が可能	○対象家族1人につき通算93日まで

		育児関係	介護関係
休業制度	期間（延長する場合）	○1歳6か月までの育児休業は子が1歳に達する日において（子が1歳2か月に達するまでの育児休業が可能である場合に1歳を超えて育児休業をしている場合にはその休業終了予定日において）いずれかの親が育児休業中であり，かつ次の事情がある場合には，子が1歳6か月に達するまで可能 ・保育所等への入所を希望しているが，入所できない場合 ・子の養育を行っている配偶者（もう一人の親）であって，1歳以降子を養育する予定であったものが死亡，負傷，疾病等により子を養育することが困難になった場合 ※同様の条件で1歳6か月から2歳までの延長可	
子の看護休暇	制度の内容	○小学校就学の始期に達するまでの子を養育する労働者は，1年に5日まで（当該子が2人以上の場合は10日まで），病気・けがをした子の看護又は子に予防接種・健康診断を受けさせるために，休暇が取得できる ○時間単位で取得も可能	
子の看護休暇	対象労働者	○小学校就学の始期に達するまでの子を養育する労働者（日々雇用を除く） ○労使協定で対象外にできる労働者 ・勤続6か月未満の労働者 ・週の所定労働日数が2日以下の労働者	
介護休暇	制度の内容	○要介護状態にある対象家族の介護その他の世話を行う労働者は，1年に5日まで（対象家族が2人以上の場合は10日まで），介護その他の世話を行うために，休暇が取得できる ○時間単位で取得も可能	
介護休暇	対象労働者	○要介護状態にある対象家族の介護その他の世話を行う労働者（日々雇用を除く） ○労使協定で対象外にできる労働者 ・勤続6か月未満の労働者 ・週の所定労働日数が2日以下の労働者	

（産後パパ育休を除く）

出典：厚労省ホームページより

2）介護休業関連制度

ア）介 護 休 業

　介護休業とは，労働者がその要介護状態（負傷，疾病または身体上もしくは精神上の障害により，2週間以上の期間にわたり常時介護を必要とする状態）にある対象家族を介護するためにする休業である（育介法11条）。

　対象労働者は育児休業の場合と同様であり，対象となる家族の範囲は，配偶者（事実婚を含む），父母，子，配偶者の父母，祖父母，兄弟姉妹および孫である（育介規則。取得回数は，対象家族1人ごとにつき3回，また取得期間は，対象家族1人につき通算93日である。

イ）介 護 休 暇

　介護休暇は，突発的な必要から短期間所得できる休暇であり，要介護状態にある対象家族の介護その他の世話を行う労働者は，1年に5日まで（対象家族が2人の場合は10日まで），介護その他の世話を行うために取得できる（育介法16条の5）。2021年1月からは，時間単位の取得が可能となっている。

3）育児・介護に共通する制度

　育児・介護に共通する制度として，労働時間や深夜労働等を規制するものがある。

ア）所定労働時間を超える労働の制限

　3歳未満の子を養育する労働者，または要介護状態にある対象家族を介護する労働者が請求した場合には，事業主は，所定労働時間を超えて労働させてはならない（育介法16条の8）。いずれの場合も，1回の請求につき，1か月以上1年以内の期間であり，請求できる回数に制限はない。ただし，事業の正常な運営を妨げる場合には，事業主はこれを拒否できる。

イ）時間外労働の制限

　小学校就学の始期に達するまでの子を養育する労働者，または要介護状態にある対象家族を介護する労働者が請求した場合，事業主は所定労働時間を超えて労働させてはならない（育介法17条）。請求できる期間，回数等はアと同じである。

ウ）深夜労働制限

　上記イの労働者が請求した場合，事業主は午後10時から午前5時まで労働させてはならない（育介法19条）。期間については1回の請求につき6か月以内であり，回数についての制限はない。

エ）所定労働時間の短縮措置等

　3歳未満の子を養育しつつ，育児休業をしていない労働者（1日の所定労働時間が6時間以下の労働者を除く）に関して，事業主は，1日の所定労働時間を原則として6時間とする措置を含む措置を講ずる義務を負う（育介法23条）。この措置を講じない事業主は，①育児休業に関する措置に準ずる措置，②フレックスタイム制，③始業・終業時刻の繰上げ，繰下げ，④事業所内保育施設の設置運営その他これに準ずる便宜供与のいずれかの措置を講じなければならない。

　また，常時介護を要する対象家族を介護する労働者に関して，事業主は，対象家族1人につき，以下の措置のいずれかを，利用開始から3年以上の間で2回以上の利用を可能とする措置を講じなければならない。具体的には，①所定労働時間を短縮する制度，②フレックスタイム制，③始業・終業時間の繰上げ，繰下げ，④労働者が利用する介護サービスの費用の助成その他これに準ずる制度である。

オ）労働者の配置に関する配慮

　就業場所の変更を伴う配置の変更において，就業場所の変更により就業しつつ，子の養育や家族の介護を行なうことが困難となる労働者がいるときは，事業主は，その子の養育や家族の介護の状況に配慮しなければならない（育介法26条）。

カ）ハラスメント防止措置

　事業主は，育児休業，産後パパ育休，介護休業，その他子の養育または家族の介護に関する制度または措置の申出・利用に関する言動により，労働者の就業環境が害されることがないよう，労働者からの相談に応じ，適切に利用するための必要な体制の整備その他の雇用管理上必要な措置を講じる義務を負う（育介法25条）。

4　不利益取扱いの禁止

(1)　法令による禁止

　妊娠・出産および育児・介護に関連する不利益取扱いの禁止には，解雇禁止とそれ以外の不利益取扱いとがある。

1）労基法による解雇禁止

　労基法は，産前産後休業期間中およびその後30日間は解雇を禁止している（同法19条）。これは絶対的に解雇禁止規定であり，この期間中は，他の解雇事由があっても解雇できない。なお，この30日間は同法20条の解雇予告期間であるから，産後休業期間満了時の解雇予告は許されるものと考えられるが，他の解雇禁止事由や解雇権濫用（労契法16条）のチェックを受けることになろう。

2）均等法による不利益取扱いの禁止

しかし，何といっても，妊娠・出産あるいは育児・介護を理由とする解雇を数多く禁止しているのは，均等法である。

均等法では，事業主は，女性労働者が妊娠したこと，出産したこと，前述した産前産後休業を請求・取得したこと，その他の妊娠・出産に関する事由を理由とする解雇その他の不利益取扱いを禁止している（9条3項）。

「妊娠・出産に関する事由」とは，①妊娠したこと，②出産したこと，③妊娠中および出産後の健康管理措置を請求もしくはこれを受けたこと，④坑内業務および危険有害業務に就くことができず，もしくは従事しなかったこと，⑤産前産後休業を請求し，もしくは取得したこと，⑥妊娠に伴う軽易業務転換を請求し，もしくは転換したこと，⑦時間外・深夜労働等を拒否したこと，⑧育児時間を請求し，もしくは取得したこと，⑨妊娠または出産に起因する症状により労務の提供ができないこと，もしくは労働能率が低下したことである（均等法施行規則2条の2）。

3）育児介護休業法による解雇等の不利益取扱いの禁止

育介法は，育児休業，産後パパ育休，介護休業，子の看護休暇，介護休暇，所定外労働・時間外労働・深夜業の制限，所定労働時間の短縮措置等について，申出をしたことまたはしいと苦闘を理由とする解雇その他の不利益取扱いを禁止している（16条等）。

このほか，本人または配偶者の妊娠・出産等の申出（2022年4月1日から），産後パパ育休の申出および産後パパ育休中の就業可能日等を申出・同意しなかった等（同年10月1日から）の事由も加えられている。

⑵　裁　判　例

妊娠等を理由とする解雇その他の不利益をめぐる裁判例を概観する。

まず，妊娠に伴う軽易作業請求を理由とする理学療法士の副主任からの降格が，強行法規である均等法9条3項違反とされた広島中央生協病院事件最高裁判決（最判平26・10・23）が重要である。同判決は，①当該労働者が軽易業務への転換および降格により受ける有利な影響ならびに降格により受ける不利益な影響の内容や程度，降格についての事業主による説明の内容その他の経緯や当該労働者の意向等に照らして，当該労働者につき自由な意思に基づいて降格を承諾したものと認めるに足りる合理的な理由が客観的に存在するとき，②事業主において，当

該労働者につき降格の措置を執ることなく軽易業務への転換をさせることに，円滑な業務運営や人員の適正配置の確保などの業務上の必要性から支障がある場合であって，その業務上の必要性の内容や程度および上記の有利または不利な影響の内容や程度に照らして，降格につき同法9条3項の趣旨および目的に実質的に違反しないものと認められる特段の事情が存するときを例外として，原則として均等法9条3項違反となるとの基準を採用した。また妊娠・出産を理由とする解雇が労契約法16条により無効とされたフーズシステム事件（東京地判平30・7・5）がある。

　次に，妊娠中および産後1年以内の女性（妊産婦）の解雇を無効とする均等法9条4項をめぐっては，協調性欠如を理由とするものであり，妊娠を理由とする解雇ではないとして，解雇無効とした原判決を破棄したされたネギシ事件（東京高判平28・11・24）がある。これに対し，社会福祉法人緑友会事件（東京地判令2・3・4労判1205号5頁）では，園長への反抗的言動等を理由とする，産後1年を経過していない女性保育士に対する解雇が無効とされている。

　育児休業に関しては，育児休業拒否が不法行為に該当するとして損害賠償が認容された日欧産業協力センター事件（東京高判平17・1・26），育児休業終了後の復帰後の担当業務変更に伴う役割等級制におけるグレード引下げ・賃金減額が，就業規則に根拠規定もなく，人事権濫用と評価されたコナミデジタルエンタテインメント事件（東京高判平23・12・27），3か月間の育児休業を取得した男性看護師に対し，翌年度の職能給の昇給を行わなかったことは，育休法10条に定める不利益取扱いに該当し，不法行為を構成するとされた医療法人稲門会（いわくら病院）事件（大阪高判平26・7・18）等がある。

コラム2-10 独身者にもワークライフバランスを

　労働法はもちろん労働時間を規制するものであるが，近年では生活時間という概念が登場している。これは，仕事時間と私的時間とを分断するのではなく，両者を統合的に把握する法概念である。

　生活時間と言えば，ワークライフバランスを連想し，その代表的なものとして，家事・育児・介護等の家庭生活と仕事との両立育児・家事との両立を直ちに連想することが少なくないが，当然ながら，結婚しない人，子供を産まない人もいる。生涯未婚率（50歳までに一度も結婚しない人の割合）を40年前と比べると，男性2.6人，女性4.5人（1980年）であったものが，2020年には，各々25.7％，16.4％と，男性4人に1人，女性6人に1人を占めている（都道府県別にみると，男性は東日本，女性は西日本に多いのは不思議である）。以上の数字は50歳時未婚率であるから，3組に1組という離婚率を考えれば，再・再々婚者の比率を考慮したとしても，独身者・単身親の比率はもっと高くなろう。このほか親の介護をする独身者も少なくない。

　また，ポストコロナの時代が到来すれば，副業や転職の機会も増えるであろう。この副業も，従来とは異なり，勤務しながら起業することも増加していくであろう。さらに，人生80面時代を迎えているにもかかわらず，18歳や22歳で一生の職業が決まってしまうのは不自然ではないだろうか。AI等の活用により，本来の裁量労働制やフレックスタイム制の下で，新しい職業に就くための時間や，大学院での学び直しの時間を確保することが望ましいであろう。まさに，「独身者にも，ワークライフバランス」が求められているのである。

　ところで，ワークライフバランスを考察するに当たっては，使用者の「合理的配慮」が重要であろう。これは障害者雇用で用いられ，障害者雇用促進法等にも明文化されている概念であるが，それに限定されず，LGBTQの人達や，育児介護に従事する労働者だけでなく，自己の能力を高めようとしている独身労働者等に適用されれば，仕事と生活との調和がより可能なものとなろう。

第11節　労働者の人格権

トピック　人間らしい働き方とは？

◇開店前の準備作業をするカフェ「56」（ゴロー）のアルバイター・店内ホールにて

未悠「亮～，コーヒーマシンにブレンド豆ちゃんと入っているか確認お願い。」

亮「OK～。…これだけあれば大丈夫でしょ。この天気だと結構お客さん来そうだけど。」

未悠「ありがと。あ～～あ。あの変なお客さん，今日も来るのかな？」

亮「未悠にいつも雑談しかけるあのスーツの男だろ？ちょっと目つきがいやらしいのは男の俺でも気になる。」

未悠「この前，『彼氏いるの？』みたいな話してきてさ，さすがに気持ち悪いからゴロー店長に言って，話してもらったよ。お客さんだから強く言えないけどさ，セクハラだよね。」

Joe「僕はこの前，オーダーを間違えたら『土下座しろ！このガイジン！』って怒鳴られてさ，日本の『お客様は神様』が何か分かった気がした。」

亮「俺も一緒にシフト入っていたけど，あれはひどかった。絶対パワハラ。ジョーはすごく落ち着いていたけどさ，俺だったらキレるね。」

未悠「最近少し客層変わったかな。この店，制服結構おしゃれだし，髪型・髪色のしばりも少ないし，働くにはかなりいいのにな。」

亮「えっ？髪型とか自由なのが普通じゃないの？」

未悠「あんた接客系のバイトあまりしてこなかったでしょ。しばりあるのがかなりフツーよ。そのスニーカーでお店に立てないことも多いし，ジョーのひげも場合によってはアウト！」

Joe「Oh！ひどい！剃ったら簡単には伸びないよ。イスラムの人はどうするんだろう？」

亮「俺はこのスニーカーには絶対の誇りを持っているからね！そういえば，お店が忙しくなってきたから新しいバイト雇ったって吾郎さん言っていたね。」

Joe「おととい面接していたよ。女の子だった。」

亮「え，どんな感じの子？」

未悠「そこの大学の１年生で春香ちゃんて名前。法学部で，どこのサークルに入ろうか迷っているらしいよ。ちょっと小柄で，どっちかっていうとかわいい系。」

亮「おとといの話で何でそこまで知ってんの？その子のプライバシーは？」

未悠「はは。ま，これからお友達になるわけだしさ。私もこのバイト長いし。」

労働者も当然「人」。働くことでいろいろな制約を受けるのはやむを得ないとしても，人として侵害されてはならないものがあることも同じく確かなこと。アルバイターのみんなが受けた扱いは，果たして許されるのか？この節で考えてみよう。

1　人格権とは何か

(1)　人格権保護が問題になる背景

　人格権とは，主として身体・健康・自由・名誉などの人格的属性を対象とし，その自由な発展のために，第三者による侵害から保護されなければならない諸利益の総体を意味する。この権利は，誰に対しても保障されるべき基本的な権利であり，雇用の場にとどまらず，市民社会全般において名誉毀損からの保護や肖像権といった人格権から導かれる保護の必要性が論じられている。

　この人格権の保障をあえて雇用の場の問題として論じることには理由がある。それは，ここで問題の中心となっている労働契約の目的が，労働者個人による役務提供という当該労働者の人格から切り離せない行為の提供にあるからである。この役務提供は，使用者からの指揮命令に基づいて，多くの場合，他の労働者とともに使用者の組織に組み込まれて集団的に行われる。この過程では，例えば労働者はときに意に沿わない業務を行い，私的な情報を使用者に提供せざるを得なくなる。使用者の支配下に労働者とその活動を置くことになる労働契約関係は，労働者の人格権が侵害される環境を生じさせやすいのである。

(2)　人格権をめぐる議論の展開

　こうした問題構造をふまえ，労基法にも労働者の人格権を保護する定めが置かれている。差別の禁止（3条等）や人身の自由（5条等）など，古くから認識されてきた人格権侵害の代表例を規制した定めである。

　戦後昭和年代の日本の労使関係は現在のそれと比較すると密接で，労働者に対して，企業の一員となり，忠誠や帰属意識を求める傾向にあった。この環境下では，労働者の自由やプライバシーといった人格権は重要視されないことが多く，裁判において人格権が問題になるのも，不当労働行為や思想信条差別など，既存の法律等に規定された人格権に対する侵害の適法性が，ある組合の行為や労働条件等に対する侵害行為の適法性を争う文脈で問われるのが一般的であった。

　しかしバブル経済崩壊後を中心に企業を取り巻く経営環境は厳しさを増し，生き残りを図る企業は能力主義の徹底や成果主義賃金制度の導入，正規労働者の非

正規労働者への置き換え等の「合理化」を徹底するようになった。この動きは，労働者の企業への帰属意識の低下や人間関係の希薄化を招き，女性の社会進出を代表例とする働き手の多様化と相まって，既存の人格権保護規定では直接とらえることが困難ないじめや嫌がらせ（ハラスメント）が社会問題化するようになった。従来労働法領域では，労働契約関係が他の契約関係とは異なる性質を有することに着目して，独自の理論が主張されることが多かった。しかし人格権保障という市民法領域と共通する論点に向き合う必要が生じるに至ったことで，この権利に関する市民法領域における議論の展開をふまえつつ，労働法領域の特徴を反映した労働者の人格権が論じられるようになった。

　このような経緯から，労働者の人格権としての保護が要請される利益には，一方には，身体の自由や名誉，プライバシーといった普遍的なものがある。他方では，これらにとどまらない，職場での評価や就労における誇り，他の労働者と自由な関係を形成する利益といった労働を通じて獲得される労働者としての利益も労働者の人格権として把握すべきという主張がなされている。議論の中心は憲法上明記された人格権というより，名誉権やプライバシー権など憲法上個別的人権として列挙されていない精神的人格権にあり，人格権は新たな問題状況に対応するための法的基礎にもなっている。

　人格権の法的根拠をどこに求めるかについては争いがあるが，個人の尊重を定める憲法13条がその基底にあることには異論は少ない。これを軸に，性的人格に関する事柄の場合には法の下の平等（憲法14条），宗教的人格に関する事柄の場合には法の下の平等に加えて思想及び良心の自由（憲法19条）というように各問題場面に応じて法的基礎が求められることになろう。

(3)　人格権侵害が争われる問題類型

　人格権侵害が争点となる場面は多岐にわたる。比較的古いタイプの事案では，組合ベルトの取り外し命令に従わなかったことに対する教育指導としての就業規則の書き写し命令（JR東日本（本荘保線区）事件：最判平8・2・23）や，組合員に対して不当に仕事を与えなかったり，これまでの知識，経験等を十分に生かすことのできない業務に従事させたりすること（オリエンタルモーター事件：東京地判平18・1・20）といった組合差別的事案がある。思想，信条を理由とする不当配転，賃金差別，転向強要等（東京電力（群馬）事件：前橋地判平5・8・24），性を理由とする昇格差別（岡谷鋼機事件：名古屋地判平16・12・22）なども，差別禁

止が問題となる場面で人格権侵害が問題となるケースである。

　また，執拗な退職勧奨・強要（下関商業高校事件：最判昭55・7・10，エフピコ事件：水戸地下妻支判平11・6・15，ザ・ウィンザー・ホテルズインターナショナル事件：東京地判平24・3・9）のように積極的に人格権が侵害されることもあれば，10年以上に及ぶ授業担当からの排除（松蔭学園事件：東京地判平4・6・11），従来の職務経験に見合わない職務への配置（バンク・オブ・アメリカ・イリノイ事件：東京地判平7・12・4）のように，あたかも普段の配置の一環のようにして人格権が侵害されることもある。セクハラ（福岡セクシュアル・ハラスメント事件：福岡地判平4・4・16）も性的人格権に関する論点である。

　ほかに，プライバシーの侵害や（HIV感染者解雇事件：東京地判平7・3・30），「職場における自由な人間関係を形成する自由」に対する侵害（関西電力事件：最判平7・9・5）も人格権侵害の一種として把握されている。

　人格権は，新たな人格的利益を保護するための理論的基礎となっており，今後の展開も見過ごすことができない。以下では，人格権侵害が問題となる代表的な論点——プライバシー権（2），セクハラ（3），パワハラ（職場いじめ）（4）——を取り上げて，その問題状況を概観することにしよう。

2　労働者のプライバシー

(1)　プライバシー権と自己決定権

　プライバシー権は，憲法上明記されていないが，幸福追求権（憲法13条）を根拠に判例や学説において広く承認されている。この権利は，いくつかのタイプに分類される。

　プライバシーという言葉ではじめに思いつくのは，他人には知られたくない個人的な秘密だろう。プライバシー権も当初はこのニュアンスでとらえられ，「私生活をみだりに公開されない法的保障ないし権利」（「宴のあと」事件：東京地判昭39・9・28）と定義され，個人の私的領域に他者を無断で立ち入らせない自由権的・消極的権利として理解された。しかしその後，急速なICT（Information and Communication Technology，情報通信技術）の発達により情報が社会の様々な場面で活用されるようになり，個人情報を行政や企業等に提供せずに生活することが現実的ではなくなった。ここにおいて，プライバシー権は，一方では情報をコントロールする権利として理解されるようになり，私的な事柄を公開しないこと（消極的情報コントロール権）にとどまらず，個人が自身の情報を閲覧，削除，訂正

するといった個人情報の保護を，個人情報を提供された相手方に対して積極的に求めること（積極的情報コントロール権）も含む権利として理解されるようになった。

　他方で，プライバシー権は，家族のあり方の自由やライフスタイルの自由，尊厳死などに関わる生命処分の自由等も保障すると解されてきた。情報とは関連しないこれらの類型の権利は，情報コントロール権とは区別され，自己決定権に関する権利として整理されるようになった。

　このようにプライバシー権は，情報コントロール権と自己決定権に分類され，前者はある私的な情報を秘密にしておく権利と公開した情報に関与する権利にさらに分かれる。

⑵　個人情報保護法

　労働者のプライバシー権を直接的かつ包括的に保障する法律はない。個人情報保護に関する一般法である個人情報保護法と個々の法律に規定される個人情報の収集や管理に関する規定のほか，判例法理によって一定の保護が講じられている。

　個人情報保護法が保護する「個人情報」とは，生存する個人に関する情報で特定個人を識別可能なものを意味する（2条1項）。これには，氏名や年齢等の事実に関する情報のほか，個人の身体，財産等の属性に関する判断や評価を表す全ての情報が含まれる。本人の人種，病歴等のよりセンシティブな情報は「要配慮個人情報」（2条3項）としてより高度な保護が講じられている。

　個人情報保護法は「個人情報データベース等」を事業の用に供している者（個人情報取扱事業者）に対して，要配慮個人情報についてはその取得自体に原則として労働者の同意を必要とし，個人情報の利用については原則として本人が予め同意した目的（18条）や対象者（27条）の範囲でなければならないものとする。ここでの同意は事後の紛争防止の観点から本人が十分に認識可能な程度に具体的に利用目的を示した上での明示的なものである必要があるが，就業規則等による包括的同意で足りるか，個別的同意を要するかについては争いがある。そのほか，個人情報保護法には，個人情報を安全に管理するための措置を講じる義務（23条），本人が個人情報の開示を求める権利（33条）や訂正を求める権利（34条）等が定められている。

　個人情報保護法への違反は，不法行為責任を根拠づける事実となる（社会医療法人Ａ会事件：福岡高判平27・1・29）。

⑶　プライバシー権侵害の問題類型

プライバシー権の侵害が疑われる取り扱いは，所持品検査（西日本鉄道事件：最判昭43・8・2）や戸籍上の姓の利用強制（学校法人日本大学第三学園事件：東京地判平28・10・11）等，様々な形態で生じる。ここでは代表的な問題類型を概観することにしよう。

⒜　採用時の調査

使用者には採用の自由が認められ，法律その他の制限に反しない限り，採用基準や方法などを自由に決定することが認められている（三菱樹脂事件：最大判昭48・12・12）。これの一環として行われる採用調査は，その方法によっては労働者のプライバシー権を不当に制約するものになる。

最高裁判決の中には，採用時における思想信条の調査等を，採用の自由を前提に，個人にプライバシー権があることをあまり意識せず，継続的な人間関係として相互信頼を要請する労働契約関係の特徴，思想・信条の調査が間接的であること等を理由に認めたものがある（前掲三菱樹脂事件）。しかし個人情報保護法が制定され，募集時に収集可能な個人情報の範囲を原則としてその業務の目的の達成に必要な範囲に限定する職業安定法（5条の4第1項）のルールが存在する今日，こうした論理はそのまま通用するとはいえないだろう。

採用時に認められる調査は，当該労働契約の趣旨に照らして信義則上合理的と認められる範囲に限られる（大森精工機事件：東京地判昭60・1・30）。指針（平11労告141号）は，原則として収集してはならない情報として，人種，民族，社会的身分，門地，本籍，出生地その他社会的差別の原因となるおそれのある事項，思想及び信条,労働組合への加入状況を掲げる。労働者に無断でHIV（T工業（HIV解雇）事件：千葉地判平12・6・12）やB型肝炎の検査（B金融公庫（B型肝炎ウィルス感染検査）事件：東京地判平15・6・20）を行うことを違法とした裁判例がある。

入手した個人情報は，適正に管理されなければならない。これには，入手した労働者の秘密を正当な理由なく他人に知られることのないよう厳重に管理することとともに，情報の正確・最新のものへの更新，破壊・改ざんの防止，不正アクセスの防止,不要となった情報の破棄・削除を実施するための措置が含まれる（前記指針）。

⒝　健康診断の受診強制

他方で裁判例は，法定の健康診断について労働者に受診義務を課し（労安衛法66条5項），法定外の健康診断についても，就業規則の合理的規定に基づいて受

診を命じることを認める（電電公社帯広局事件：最判昭61・3・13）。問題となるのは自身の健康とこれに関する情報を預けることになる医師を選択する権利が労働者に認められるかである。労働安全衛生法は法定健康診断についてこれを認めており（66条5項但書），法定外の健康診断についても，健康情報というセンシティブな情報が開示，保有される対象を決めるというプライバシー権をめぐる問題状況は基本的に変わらないことから，この権利が信義則上認められるべきである。

(c) インターネット利用等に対する監視

職場においてもプライバシーを保障されるべき空間があることは，例えば，更衣室をビデオカメラで隠し撮りすることが当然許さないことから分かる。使用者は，このようなことが起きないよう職場環境を整える義務（丙川商事会社事件：京都地判平9・4・17）を負う。

問題は，労働者の日常的な職場における活動，例えばインターネットの利用状況を常時監視することが認められるか否かである。インターネットの利用を認めるにあたり常時監視を受けることを条件とすることを利用規程等に明記すればこれを認めるべきとする立場も有力である。しかし使用者の管理下にあっても労働者は人格を放棄しているわけではなく，電子機器による精密な監視を受けることへの心理的負担をふまえると，規程を置く場合であっても常時監視を行うことについて適法な目的や合理的な理由・方法によらなければならないと解するべきだろう（監視規程がない場合について，F社Z事業部事件：東京地判平13・12・3）。監視によって情報を得ることについては，個人情報保護法の規制も受ける。

(d) 人事考課情報の開示請求

成果主義や能力評価制度の広まりによって，労働条件決定に人事考課が与える影響は強まっている。ブラックボックスになりがちなこの人事考課情報の開示請求が認められるならば，その公平性，透明性の向上に役立つため，積極的情報コントロール権の考え方に基づいてこのような請求が認められるかが問われてきた。

個人情報保護法は，「業務の適正な実施に著しい支障を及ぼす場合」（33条1項2号）等一定の場面を除き，人事考課情報を含む個人情報の開示請求，これを前提とする内容の訂正と削除，利用の停止請求を認める（33～35条）。この定めの存在や，開示請求の人事考課の公正さを担保するにあたっての必要姓，労働者の人格的・職業的発展における不可欠性をふまえれば，信義則に基づくプライバシーに配慮する義務の一内容としてこの請求も認められると解すべきだろう。裁判例には，これを否定するものがあるが（商工組合中央信用金庫（職員考課表提出命令）

事件：大阪地決平10・12・24），個人情報保護法を通じてこの権利の重要性が確認された今日，その射程範囲は限定されていると考えられる。

(e)　身だしなみの規制

仕事をする際に制服の着用を義務づけたり，髪型を制限したりすることはよく行われる。しかし，どのような身だしなみをするかは，本来私たちの自己決定に委ねられるべき事柄であるため，こうした命令は無制約に認められるわけではない。労働者の身だしなみ決定に関する自由と，ある身だしなみを強制する使用者の必要性（営業の自由）との調整を背景に，身だしなみの制限は「企業の円滑な運営上必要かつ合理的な範囲内にとどまり，具体的な制限行為の内容は，制限の必要性，合理性，手段方法としての相当性を欠くことのないよう特段の配慮が要請される」（東谷山家事件：福岡地小倉支決平 9・12・25）。ひげを剃ることなど，制限の影響が就業時間外に及ぶ場合には，その制限の妥当性はより慎重に判断される（郵便事業事件：大阪高判平22・10・27）。ある身だしなみをすることが宗教的事情に関わる場合には，宗教的自己決定とともに差別的取扱いの有無が問題になり，性同一性障害を理由に，身体の性別とは別の性別での服装で出勤することについても，性的アイデンティティに関わる自己決定の問題として，その保障が論じられる必要がある。

3　セクシュアル・ハラスメント，マタニティ・ハラスメント

(1)　セクシュアル・マタニティハラスメントの定義

セクシュアル・ハラスメント（以下，SH）とは，相手方の意に反する性的な行為と定義することができる。これは，いわば社会的定義であり，ここでは主観的要件で成立する。しかし，加害行為者に対し，解雇・懲戒処分を行った，使用者に対する損害賠償責任が問われる法的場面においては，「違法な性的行為」という客観的要件が必要となる。なお，男女雇用機会均等法（以下，均等法）は，SHを「職場において行われる性的な言動」と定義し，事業主の措置義務を定めている（11条）。その具体的内容は「指針」（「事業主が職場における性的な言動に起因する問題に関して雇用管理上講ずべき措置についての指針」，以下「SH指針」）に定められているが，SHだけでなく，同性愛，性的志向，性自認も対象とされている。SH指針は，SHを対価型と環境型に分類しているが，職場環境が悪化すれば退職に追いやられるのであるから，両者の差異は相対的なものに過ぎない。また，SH指針は，環境型の例として，「女性労働者が，仕事が手につかないこと」等

を例示しているが，これはもはや不法行為のレベルであり，雇用管理上の措置を求めるSH指針の例示としては不当であろう。

次に，マタニティ・ハラスメント（以下，MH）とは，「職場における妊娠・出産等に関する言動」を意味する（均等法11条の2）が，妊娠等を理由とする不利益取扱いも，これに含まれて議論されることがある。MHの予防には，職場の同僚の理解が不可欠であるが，常に要員不測であるわが国の職場においては，他の労働者の業務負担が過重となりがちであり，これがMHを発生させる原因にもなっているから，何よりも事業主による業務体制の整備が不可欠であろう。

⑵　違法性要件

すべての性的な行為が違法なSHと判断されるのではなく，被害者の性的自由，性的自己決定権を侵害する場合に違法なSHと評価されることになる。具体的には，行為の態様，男性行為者の地位・年齢，被害者女性の年齢・婚姻歴の有無，両者の関係，行為が行われた場所，言動の反復・継続性，被害者の対応等を総合的に判断して評価される（横浜セクシュアル・ハラスメント事件：東京高判平9・11・20）が，被害女性の年齢や婚姻歴の有無を過度に評価することは問題であろう。

⑶　加害者等の法的責任

SHの加害者は，不法行為責任（民法709条）を負うほか，懲戒や解雇という雇用関係上の責任を負うことになる。使用者については，不法行為責任を負う場合と債務不履行責任（同法415条）を負う場合とがある。前者は，さらに上司等により職務遂行過程で行われるSHにつき，使用者が損害賠償責任を負う場合（使用者責任、同法715条）と，SHの申立てを使用者が放置した結果として被害が拡大したような場合（同法709条）とがある。

このほか，使用者は，安全配慮義務とは別個の義務として，被用者の労務遂行に関連して，被用者の人格的尊厳を侵し，その労務提供に重大な支障を来す事由が発生することを防止し，またはこれに適切に対処して職場が労働者にとって働きやすい職場環境を保つよう配慮する注意義務を負っている（福岡事件：福岡地判平4・4・16）。なお，SH指針は，事業主の措置義務として，①方針の明確化と周知・啓発，②相談体制の確立，③事後の迅速かつ適切な対応等が定められているが，これは職場環境配慮義務の最低の条件であり，これらの措置を執っていなかった結果としてSHが発生した場合には，使用者に債務不履行責任が生じる

ことになろう。

　次に、MH については，均等法に規定される以前の事案であるツクイほか事件（福岡地小倉支判平28・4・19）では，妊娠に伴い業務軽減を求めた女性労働者に対し，女性所長が「妊婦として扱うつもりはないんですよ」，「万が一何かあっても自分は働きますちゅう覚悟があるのか，最悪ね。だって働くちゅう以上，そのリスクが伴うんやけえ」等の発言が問題となっている。同判決は，以上の発言に嫌がらせの目的は認められないとしても，社会通念上許容される範囲を逸脱するもので相当性を欠くとしたうえで，妊娠した原告に対して業務軽減等の適切な措置を執らなかったことが雇用契約上の付随義務としての就業環境整備・健康配慮義務に違反しているとして，債務不履行として30万円の慰謝料が認容されている。

4　パワーハラスメント

　職場におけるパワーハラスメントは，2000年代の初め頃から社会問題化し，様々な紛争として顕在化している。注目されるべきは，その件数の多さであろう。たとえば，訴訟という類型でみるならば，労働法関係の判例誌に掲載されたパワーハラスメントに関する裁判例の多さ，とりわけ最近 5 年におけるそれは特筆に値しよう。あるいは，厚生労働省「平成30年度個別労働紛争解決制度の施行状況（令和元年 6 月26日）」によれば，平成30年度の(1)民事上の個別労働紛争の相談件数，(2)助言・指導の申出件数，(3)あっせんの申請件数の全てにおいて，「いじめ・嫌がらせ」が首位を占めているところであって，こうした状況は 5 年以上にわたって続いている。

　とはいえ，労働者側がパワーハラスメントなり職場いじめなりを主張しているけれども，子細にみれば，他の法的問題（たとえば不当労働行為など）として考えるべきでないかと思われる事案も少なくない。また，そもそも，2000年代以降，唐突にパワーハラスメントと呼称すべき加害的な言動が，あらゆる職場で生じるようになったというわけでもない。「パワーハラスメント」という言葉が登場する以前から，今でいうパワーハラスメントと考えられる言動は存在していたのであって，この点には，留意が必要である。

(1)　パワーハラスメントとは何か

　実は，つい最近まで，パワーハラスメントについての法的な定義は存在していなかった。ここでいう法的な定義というのは，法令における定義という意味であ

る。

　すなわち，2019年の「労働施策の総合的な推進並びに労働者の雇用の安定及び職業生活の充実等に関する法律（以下『労働施策総合推進法』）」の改正により，パワーハラスメントについて一定の規制が設けられることになるまで，法令における定義は存在しなかった。しかも，厳密にいえば，同法においても「パワーハラスメント」という用語は使われていない。とはいえ，同法に基づく「事業主が職場における優越的な関係を背景とした言動に起因する問題に関して雇用管理上講ずべき措置等についての指針（令和2年1月15日厚生労働省告示第5号，以下『指針』）」には，「職場におけるパワーハラスメント」との文言が用いられており，それは同法における新設条文のひとつである30条の2第1項における文言の言い換えであることからすれば，同条文は，パワーハラスメント概念について言及するものといえよう。すなわち，労働施策総合推進法30条の2第1項，あるいは指針からすれば，パワーハラスメントは，「職場において行われる①優越的な関係を背景とした言動であって，②業務上必要かつ相当な範囲を超えたものにより，③労働者の就業環境が害されるものであり，①から③までの要素を全て満たすもの（指針2（1））」と定義される。たとえば，オフィスで，①上司が新入社員に対し，②データ入力の些細なミスを理由に「まともにパソコンも使えないやつは死んでしまえ，殺すぞ」などと長時間にわたり叱責し，③その新入社員が萎縮しパソコンを使用するのさえためらうようになった場合，当該上司の言動はパワーハラスメントの上記定義を満たすものといえよう。

⑵　労働施策総合推進法における規定等

　上記の通り，労働施策総合推進法にパワーハラスメントに係る規定が新設された。具体的には，第8章として30条の2から30条の8までが新設されたが，なかでも重要なのは，事業主の措置義務に関する条文である30条の2と30条の3のふたつとなろう。30条の2第1項では事業主に措置義務が課され，第2項ではパワーハラスメントに関し相談したことなどを理由とする解雇その他不利益取扱の禁止が定められ，同3項以下では「指針」を定める根拠規定などが置かれている。

　また，30条の3では，パワーハラスメントにつき，広報・啓発をなすなど国の責務（1項），研修を実施するなど国の講ずる措置に協力する事業主の責務（2項），関心と理解を深め必要な注意を払う事業主（役員）の責務（3項），関心と理解を深め必要な注意を払い事業主の講ずる措置に協力する労働者の責務（4項）につ

いて規定しているが，これらはいずれも努力義務規定となっている。とはいえ，経営層が自らパワーハラスメントをなすような事案が複数みられる（以下⑶参照）ことからすれば，同条 3 項の規定の持つ意味は少なくないだろう。

　事業主における措置義務の内容に関しては，指針において，詳らかである。具体的には，①事業主の方針等の明確化及びその周知・啓発，②相談（苦情を含む）に応じ適切に対応するために必要な体制の整備，③職場におけるパワーハラスメントに係る事後の迅速かつ適切な対応といったことが核とされている。たとえば，①パワーハラスメントについての方針を就業規則などに規定し，それを労働者に周知し一定の啓発をなし，②外部などに相談窓口を設け，③パワーハラスメントに係る相談の申出があった場合，被行為者と行為者への迅速対応をなすとともに，パワーハラスメント方針について改めて周知等をなし再発防止に向けた措置を講じることなどが事業主には求められる。なお，措置義務に関する規定の施行は，大企業につき2020年 6 月 1 日，中小企業につき2022年 4 月 1 日となっている。

　ところで，労働施策総合推進法における規定そして指針は公法的規制であって，私法上の効力を直ちに生じさせるものでないが，事業主において指針に沿った取組がなされていたかどうかにより訴訟上の結論が左右される可能性があるし，指針の内容は，職場環境配慮義務といった各種ハラスメントを射程とする付随義務の具体的内容と重なり得る点に，十分留意すべきであろう。

⑶　パワーハラスメントに関する裁判例

　パワーハラスメントに関する裁判例は数多い。そこでは，使用者における職場環境配慮義務違反や安全配慮義務違反が問われることが少なくない（職場環境配慮義務などにつき本章第 2 節 2 参照）。また，使用者に対し債務不履行責任を問うものや不法行為（使用者）責任を問うもの，あるいは加害行為者に対し不法行為責任を問うものが多くみられる（これについても同参照）。

　どの事案が典型的であるというのは難しいが，比較的著名な事案として，先輩看護士による後輩看護士への加害行為が 3 年近くに及んだという事案の誠昇会北本共済病院事件（さいたま地判平16・ 9 ・24）がある。具体的には，行為者が被行為者に，買い物をさせ，肩もみをさせ，家の掃除をさせ，車を洗車させ，長男の世話をさせ，風俗店へ行く際や他病院医師の引き抜きのためスナックに行く際に送迎をさせ，パチンコ屋での順番待ちをさせ，馬券を購入しに行かせ，女性を紹介するよう命じ困らせ，ウーロン茶 1 缶を3000円で買わせ，職員旅行の際に飲み

物費用を負担させ，介護老人施設作りに関する署名活動をさせ，被行為者がその
交際相手とのデート中に仕事を理由に病院に呼び戻し，勝手に携帯電話を覗き被
行為者の交際相手にメールを送信するなどしたという事案であった（なお被行為
者は自殺）。同事件では，被告行為者の不法行為責任と，被告法人の安全配慮義
務違反による債務不履行責任が肯定されている。

　また，行為者が被行為者に対し飲酒を強要し，あるいは，夏季休暇中の被行為
者に対し深夜に「お前。辞めていいよ。辞めろ。辞表を出せ。ぶっ殺すぞ，お前」
などという留守電を残したなどといったザ・ウィンザー・ホテルズインターナショ
ナル事件（東京高判平25・2・27）では，被告行為者の不法行為責任と被告法人
の不法行為責任（使用者責任）が肯定されている。

　さらに，どちらかといえば，近時の事案において職場環境配慮義務違反が問わ
れやすい傾向にあるが，職場環境配慮義務違反が肯定された具体的事件として，
主として言葉による加害行為がなされた事案である社会福祉法人和柏城保育園事
件（福島地郡山支判平25・8・16）や，言葉による加害行為のほか一定の業務を集
中させられるなどした事案である医療法人社団恵和会事件（札幌地判平27・4・
17）などが挙げられる。

　ところで，公務事案の場合は国家賠償法1条1項責任が問われ，あるいは，代
表取締役その他代表者による場合は会社法350条責任が問われることもある。た
とえば，前者（公務事案）としては，被行為者の配転直後，行為者らが聞こえよ
がしに「何であんなのがここに来たんだよ」などと言ったり，外見をからかった
りするなどした事案の川崎市水道局事件（東京高判平15・3・25）が挙げられるが，
被告である市の安全配慮義務違反による国家賠償法1条1項の責任が肯定されて
いる。後者（代表取締役等事案）としては，代表取締役であった行為者がミスを
するなどした被行為者に対し，「てめえ，何やってんだ」・「どうしてくれるんだ」・
「ばかやろう」などと汚い言葉で大声で怒鳴り，あわせて頭を叩くことも時々あっ
たほか，殴ることや蹴ることも複数回あったという事案のメイコウアドヴァンス
事件（名古屋地判平26・1・15）が挙げられるが，被告会社は，会社法350条によ
り行為者が被行為者に与えた損害を賠償する責任を負うとされている。なお，こ
れら両事案において，被行為者は自殺している。

　なお，上記(2)で，経営層による事案も複数みられるとしたが，その例としては，
先述のメイコウアドヴァンス事件のほか，カンリ事件（東京高判平27・10・14）
を挙げることができる。同事件は，被告会社の代表者によるプライバシー侵害や

強要が問題となったが，東京高裁は，「在日韓国人であり日常生活において専ら通名を使用してきた労働者に対して本名の使用を命じ又は勧奨することは，労働契約上の付随義務として信義則上負う職場環境配慮義務…による労働契約上の責任を生じさせることがある」ほか，その態様等具体的事情によっては不法行為上違法となるとして被告会社の代表者の不法行為責任を肯定した。

　しかし，読者の中には，被行為者側による主張が認められなかった事案はないのか，という疑問も生じることだろう。これについては，前田道路事件（高松高判平21・4・23）や，医療法人財団健和会事件（東京地判平21・10・15）を挙げることができる（なお，後者は，被行為者である原告によるパワーハラスメントに係る請求の部分について棄却されたという事件である）。いずれの事件でも，被行為者側に一定の問題行動があった事案である（前者では不正経理等，後者ではミスが許されない医療現場でのミスの積み重ね等が，それぞれ認定されている）。

　このようにしてみると，被行為者において何らの落ち度もなく，いわば職場いじめとして整理すべき事案類型（たとえば先述の誠昇会北本共済病院事件や川崎市水道局事件など）と，被行為者において何らかの問題行動が伴う，上司などによる叱り方の問題として整理可能な事案類型（たとえば先述のメイコウアドヴァンス事件や前田道路事件など）という，ふたつの類型が，パワーハラスメント事案にあるといえるかもしれない（あくまで事案的な整理に過ぎないが）。

　ともあれ，労働者の人格的利益なり人格権なりについて侵害行為が生じないような風土作りが，使用者に強く求められる時代に遷移しつつあるといって間違いない。また，近時の紛争をみるに，「労働者」に必ずしも該当しない就労者へのハラスメントも問題になりつつあることにも注意が必要である。たとえば，アムールほか事件（東京地判令4・5・25）は被告会社代表者によってなされたフリーランスに対するセクシュアルハラスメントないしパワーハラスメントの事案だが，東京地裁は，フリーランスの原告と被告会社間の業務委託契約を準委任契約と性質決定したうえで，当該契約の付随義務としての安全配慮義務違反を認めている。今後は，こうしたフリーランス等へのハラスメントや，顧客等の第三者からのハラスメント（いわゆるカスタマーハラスメント）についても議論を深める必要があるだろう。

コラム 2-11　個人情報の保護と活用のバランス

　個人のプライバシーを守るという発想は，ウェットで家族主義的と批判されてきた日本企業の考え方を変えた。社員の住所・電話録を会社全体で共有することや慶弔物故事項を社内ニュースに掲載することは，個人情報保護法上当然に許されることではなくなった。ICT の発達を受けた企業へのさらなる情報の集積と社会的重要性の高まりは確実である。マイナンバー制度に対するマイナンバー法のような，情報の重要性に応じたより厳格な規制が必要となる場面も増えてくるだろう。

　ただ個人情報は，保護されるだけでなく，活用されることで私たちの生活や働き方を豊かにする。そのため両者のバランスの取り方が常に課題となる。例えば，個人情報保護法の2015年改正は，要配慮情報の取得について本人同意の要件を追加する一方，ビッグデータ活用を意識して，特定個人を識別・復元できないようにした個人情報を「匿名加工情報」として第三者提供等の規制を外し，例外的に本人の同意なく利用目的の変更を認める条件を緩和した（17条 2 項）。

　類似の問題構造は，使用者の安全配慮義務と労働者の健康情報に関するプライバシーとの関係にも見られる。労働者の健康情報は要配慮情報に該当するが，これが開示されなければ，使用者は十分な健康配慮措置を講じることが難しい。では不開示ならば使用者はその健康情報に関連する安全配慮義務違反をすべて免れるべきかというとそうとも言い切れない。使用者は，指揮命令を通じて労働者の身体健康に影響を与える立場にあり，労働者からの申告の容易さも職場の関係・環境に依存することをふまえると，何もせず健康状態を認識できる場合に安全配慮義務を負うことはもちろん，健康状態把握のための一定の働きかけを義務づけられてもおかしくない。

　プライバシーをめぐる感覚自体，個人や関係性によって変化することもこの課題の共通解の設定を難しくする。冒頭の個人情報の取り扱いを当然と感じた人もいる一方，「過剰反応」と感じた人もいるだろう。プライバシー権が個人の尊厳を確保するためのごく基本的な権利であることからは，個人情報の扱い方は本人が決定するという観点をまずは認識したうえでこの問題に取り組むべきだろう。

第12節　労働契約関係の終了

トピック　進むリストラの新たな形態

川端教授　今日のゼミのテーマは,「解雇」についてだ。

小松　使用者が一方的に労働契約を終了させることが解雇です。民法では,解約告知と言います。

草凪　理由もなく解雇できるのですか。

山岸　たしか民法では,使用者の解雇も労働者の退職も自由と書いてありました。

川端　期間を定めなかったら,所定の予告さえすれば,自由に解約できるというのが契約法の原則なんだ。近代市民法としての民法は,身分を否定し,かつ契約の自由(ここでは契約解約の自由)を尊重することが基本的考え方となっている。

山岸　それで,民法627条は,14日の予告さえすれば,使用者は労働者を解雇できるという解雇の自由原則を定めているのです。

草薙　そういえば,6か月契約のバイトの先輩が,期間満了で解雇されています。

小松　それは雇い止めといって,解雇とは区別される。6か月の有期契約なのに,使用者が一方的に3か月で契約終了させるのが解雇だ。

草薙　でも,使用者の解雇と労働者の退職がもたらす効果は同じではないですね。使用者は,解雇しても労働者はすぐに補充できるだろうけど,解雇された労働者は,すぐに生活が困るだろうし,次の仕事が見つけるのは大変です。

川端　そうだね。そこで,労働基準法をはじめとする労働法規が解雇に対する制限や規制をしているんだ。では,それを具体的に見ていこう。

1　労働契約の終了事由

　雇われて働く関係(労働契約)が終わるのは,どういう場合だろうか。一般的には,解雇,退職,定年などが思いつくだろうが,労働者の死亡や企業の清算,期間の定めのある労働契約の期間満了や,契約更新拒絶(雇止め)で終わることもある。

　解雇や退職の内容はこの後見ていくが,法的にはこの2つは大きく異なる。ところが日本では,労働契約の終了といっても,「解雇」なのか「退職」なのかはっきりしない(何なら,当事者たちすらわかっていない)ことも少なくない。あえて曖昧にしておいたほうがお互いのため,ということも場合によってはあるのかもしれないが,退職金の額とか,損害賠償の額,撤回できるかどうかなどいろいろ

影響があるので，法的には，「どっちでもよい」というわけではないのである。

　ここでは，そんな労働契約の終了を見ていこう。

2　解　　雇

(1)　解雇の自由と解雇規制

　まずは解雇。解雇とは，使用者のほうから労働契約を解消すること（いわゆるクビ）。解雇は，労働者側に原因・理由があるケース（普通解雇，懲戒解雇）と，使用者側に原因・理由があるケース（整理解雇）とに大別されるが，いずれにせよ労働者にとっては，解雇されたら収入が途絶えるし，なかなか次の仕事が見つからないと生活にも困ってしまうから，簡単に解雇されるのは勘弁してほしいところだろう。

　ところが，契約の大原則を定める「民法」では，このあたりはドライ。具体的には，契約期間が定まっていない労働契約（雇用契約）であれば，使用者も労働者も，一方的に（理由を問わず）契約の解約を申し入れることができ，その場合は2週間たったら契約が終わる（民法627条）となっている。つまり労働者も使用者も，嫌になったら，2週間で一方的に労働契約を解消させられる（＝退職も解雇も，2週間前に言えばOK）のである。

　民法は，労働契約に限らず，契約全般について「契約期間が決まってないのなら，どちらかが途中で嫌になったのに，無理やりしばりつけて続けさせるのはよくない」という発想。だからこそ，2週間の予告で十分だろうということなのだが，他の契約ならともかく，労働者は解雇されるとすぐ生活に困ってしまう可能性が高いから，たった2週間前の予告で理由も問わず解雇されてはたまらない。他方，使用者は労働者が1人退職しても，それだけで経営できなくなるということはあまりないだろう。そう考えれば，労働者の退職よりも，使用者の解雇のほうがダメージが大きいのだから，法的に規制していく必要性が高いはず。そこで次に見るように，労働法によって，解雇に対していくつかの規制が置かれているのだ。

(2)　労働法上の解雇の制限

①　解 雇 制 限

　労働法では，一定の場合には解雇が禁止されている。まず労基法では，労働者が，業務上の負傷・疾病による療養のために休業する期間とその後の30日間，産

前産後休業中とその後の30日間については解雇を禁止している（労基法19条）。こういった時期（労働能力が落ちている時期）に解雇されてしまうと再就職も大変だし，逆にこんな時期だからこそ特に保護が必要だからだ（ただし，業務上の負傷・疾病で療養期間が長引いており 3 年たっても治らない場合には，平均賃金の1200日分の打切補償（労基法81条）を支払うことで，この解雇制限はなくなる（労基法19条 1 項但書，学校法人専修大学事件：最判平27・6・8。ただし「金さえ払えば自由に解雇できる」わけではなく，後述する解雇権濫用法理に照らして判断される点は注意しておきたい）。また，労働者の国籍，信条などを理由とする差別的な解雇や，労働基準監督署などに法令違反を申告したことを理由とする報復的な解雇も許されない（労基法 3 条，104条）。

　労基法以外では，労働組合員であることや組合に加入しようとしたこと等を理由とする解雇など（労組法 7 条 4 号），結婚や妊娠，出産などを理由とする解雇など（均等法 9 条 2 項・3 項），育児休業や介護休業の申出や取得を理由とする解雇など（育介法10条，16条）も禁止されている。これらは労基法19条の解雇禁止と異なり，「理由とする」解雇の禁止なので，「他の理由」があれば一応これらの条文には抵触しないが，本当に「他の理由」があったといえるかは慎重に判断されなければならない（なお妊娠中および出産後 1 年以内の女性労働者の解雇は，妊娠・出産等を理由としての解雇でないことを使用者が証明しなければ無効となる（均等法 9 条 4 項））。

②　解雇の手続

　①の制限に引っかからない場合は，民法に従えば，解雇するときも 2 週間前に予告すればいい，となりそうだが（民法627条），さすがに 2 週間前では労働者には厳しいだろう。そこで労基法は，労働者保護のために，解雇の少なくとも30日前に予告するか（解雇予告），平均賃金の30日分以上を解雇予告手当として払わなければいけない（労基法20条 1 項）としている。一応，天災事変などで事業継続が不可能になったような場合や，労働者の責に帰すべき事由がある場合は，解雇予告をしないでの即時解雇も可能だが，これらは「即時解雇でも仕方ない」といえるくらいの事情があることが前提なので，その点にかかる労働基準監督署長の認定が必要となる（懲戒解雇だったら即時解雇可能，というわけではないことには注意！）。

　ところで，使用者が解雇予告をせずに解雇した場合（労基法20条違反の解雇）はどうだろう。学説には，そういった解雇は無効であるとする説や，罰則適用は

あるけど解雇自体は有効とする説などがあるが，最高裁（細谷服装事件：最判昭35・3・11）は，解雇予告や解雇予告手当の支払いを欠く解雇通知は即時解雇としてけ効力は持たないが，使用者が即時解雇に固執しない限り，30日経過するか，または解雇予告手当の支払いをしたときに解雇の効力が発生するとしている（相対的無効説）。

　そのほか，労働者が解雇予告された日から退職日までの間に，解雇の理由について証明書を請求した場合は，使用者は遅滞なくこれを交付しなければならない（労基法22条2項）。理由を使用者に説明させることで，理不尽な解雇を防ぐとともに，争いになったときに，後から解雇の理由が追加されないようにしているのである。

(3)　解雇権濫用の法理

　(2)で見たように，労働法では，解雇が禁止されている事由や，解雇のための手続き（30日前の解雇予告など）などの規制はあるが，逆にいえば，こういった規制に引っかかってさえいなければ，解雇は自由なのだろうか。

　実際，労基法が成立した昭和20年代初頭は，不景気で解雇が頻発していたが，法律上は，(2)でみたような規制以外に，解雇を直接制限するルールはなかったことから，「解雇は自由にできる（解雇自由説）」という考え方も見られた。とはいえ，現実には解雇は労働者の生活を大きく脅かすものだから，「解雇は自由にできる」というのは生存権（憲法25条）に照らしてもあまりに乱暴ではないだろうか？

　そういった観点から登場してくるのが，2つの学説。1つは「社会的に見て正当な理由がある場合に限って解雇ができる」という正当事由説で，もう1つは「使用者には一応解雇する権利（解雇権）があるけれど，権利濫用になる場合は解雇は無効になる」という解雇権濫用説だ。正当事由説のほうが労働者保護の度合いは高そうだが，民法627条で「（使用者も，労働契約を）いつでも解約できる」となっている以上，解雇権の存在そのものを否定することは難しいということもあり，やがて解雇権濫用説が主流となっていく。

　裁判所も，ユニオン・ショップ協定に基づく解雇の有効性が問題となった日本食塩製造事件：最判昭50・4・25で，使用者の解雇権行使は「客観的に合理的な理由を欠き社会通念上相当として是認……できない場合には，権利の濫用として無効になる」とし，後述する高知放送事件：最判昭52・1・31とも相まって，解雇権濫用法理が定着していくのである。もっとも，判例上は定着したといっても，

197

法律に解雇権濫用ルールがはっきり規定されているわけではないため，企業からするとわかりにくいといった批判もあって，2003年に労基法18条の2として「客観的に合理的な理由を欠き，社会通念上相当と認められない場合は……無効とする」との規定が置かれ，解雇権濫用の法理が明文化された。ただ，労基法は，割増賃金不払いなどの法違反に対し罰則で取り締まることに主眼がある法律なので，こういう抽象的な規定で，しかも罰則もないものを労基法に置くのはどうなのかという批判があった。結局，2007年の労契法成立によってそのままの文言で労契法16条となり（労基法18条の2は廃止），現在に至っている。

(4)　労契法16条と具体的な適用

①　基本的な考え方

労契法16条は上で見たように解雇権濫用法理を明文化したものとされているが，ここでの「客観的に合理的な理由」とか「社会通念上相当」とはどんな意味だろうか。

大雑把にいえば，前者は，就業規則の解雇事由に該当するとか，労働者の能力不足とか，労働者の違反行為の存在など。後者は，仮に客観的に合理的な理由があったとしても，解雇までするのは社会通念に照らして重すぎないかどうか，ということだ（ただ裁判例の中には，この2つを必ずしも明確に区別せずに結論を導くものも少なくない）。なお，解雇が有効となるためには，「客観的に合理的な理由の存在」と「社会通念上相当であること」の両方が必要であり，どちらか一方が欠けていても，解雇は権利濫用となる。例えば，ラジオのアナウンサーが2週間のうち2回寝過ごして，早朝のニュースが放送できなかったことで解雇された高知放送事件（上述）では，最高裁は，就業規則の解雇事由に該当するとして客観的に合理的な理由はあるとしつつも，これまでにそのアナウンサーに処分歴がないこと，放送の空白時間もそれほど長くなかったこと，ファックス担当者が起こすことになっていたのにその担当者も寝過ごしていたこと，1度目の事故後にも何の措置も取っていなかったこと，過去に放送事故で解雇された人はいなかったこと等から，解雇は社会通念上相当とはいえない，として解雇を無効と判断している。

では次に，解雇が行われる理由ごとに，実際にどのような形で判断されるのかを見ていこう（なおこれら以外にも，ユニオン・ショップ協定に基づく解雇があるが，ここでは省略する）。

② 労働者側に原因・理由がある解雇（普通解雇）

労働者側に原因や理由がある解雇としては，労働者の能力不足や態度などを理由とする解雇があり，これらは普通解雇といわれる（なお，労働者が重大な企業秩序違反をした場合になされる懲戒解雇もあるが，ここでは省略する）。

問題となりやすいのは，勤務成績や勤務態度が悪い労働者を解雇することはできるだろうか。程度にもよるが，基本的には，いきなり解雇するのは，客観的合理性や社会通念上の相当性を欠き許されない，と考えられる。まずは，他の仕事をやらせてみたり，教育訓練や注意・指導などで能力向上を図ったりすることが必要で，裁判例でも，それらをせずに解雇したケースでは無効と判断されやすい（セガ・エンタープライゼス事件：東京地決平11・10・15等）。他方で，何度か配置換えしたり，丁寧に教育訓練をやっても全然改善しないほどダメだとか，労働者側が全く努力しなかったり，終始反抗的な態度を取っているようなケースでは，解雇が有効と判断されやすい（ストロングスリッパ工業事件：東京地判平5・2・19，海空運健康保険組合事件：東京高判平27・4・16等）。なお，「日本では簡単に解雇できないから，もっとクビにしやすくすべき」という声も強いが，裁判例を丁寧に見れば，「え，これでも解雇できないの？」と思えるケースは実はそんなにない。要は，使用者側がやれることを十分やらず，いきなり解雇するケースが多いために，このような誤解が広がっているのである。

もっとも，最初から高度な専門性や管理職経験を期待されての採用や，職種を特定して採用されている場合などは解雇のハードルが低くなる。具体的には，その地位や処遇にふさわしい職務遂行ができていないと，解雇が有効と判断されやすい（フォード自動車事件：東京高判昭59・3・30，欧州連合事件・東京地判令4・2・2）。なお外資系企業などでは，PIP（業務改善プログラム）として，成果の芳しくない労働者に対し，一定期間での目標達成を課し，未達成の場合には解雇するといった扱いが珍しくないが，目標が一応達成できているようなケースでは，解雇無効と判断されたものもある（ブルームバーグ・エル・ピー事件：東京高判平25・4・24，ノキアソリューションズ＆ネットワークス事件：東京地判平31・2・27）。

このほか，業務命令違反を理由としての普通解雇もある。裁判所は，業務命令違反の解雇は比較的有効と認める傾向が強い（ビックカメラ事件：東京地判令元・8・1等）。もっとも，危険地域での就労を命令され，それを拒んだことを理由とする解雇などは，解雇権濫用として認められないことになるだろう（電電公社千代田丸事件：最判昭和43・12・24）。このほか，私傷病により働けなくなったことを

理由とする解雇も問題となるが，業務内容の軽減化や，労働時間の融通，慣らし勤務などによって就労可能となるようなケースでは，裁判所は，そのようなことを検討せずに行った解雇を無効と判断する傾向が強い（東海旅客鉄道（退職）事件・大阪地判平11・10・4，東京キタイチ事件：札幌高判令2・4・15）。

③　使用者側に原因・理由がある解雇（整理解雇）

　解雇の中でも，経営不振や企業組織再編など，使用者側に原因や理由があるものを整理解雇という。法的には，普通解雇と整理解雇が区別されているわけではないため，整理解雇も労契法16条の解雇権濫用法理の規定に即して判断されるが，普通解雇とは違って使用者側の都合による解雇なので，基本的には労働者に落ち度はない。そのため，解雇が認められるためのハードルは，普通解雇よりも高くないとまずいだろう。判例も，そのような発想から，整理解雇が有効かどうかについては，「整理解雇の4要件（要素）」といわれる判断枠組みに沿って判断する傾向が強い。この4要件（要素）とは，具体的には1）人員削減の必要性があること，2）解雇回避の努力が尽くされていること，3）解雇対象者の人選基準とその適用が合理的であること，4）労働組合や被解雇者と十分に協議がされていること，の4つである。かつては，これらが全部満たされて初めて整理解雇が有効との考え（4要件説）が主流だったが，最近は，これらの要素をもとに総合的に判断するとの考え（4要素説）が主流となっている。

1）人員削減の必要性

　文字通り，人を減らす必要性があるほど大変かどうか，ということである。古い裁判例では，人員削減をしないと倒産するほどの必要性を求めるもの（大村野上事件：長崎地大村支判昭50・12・24）もあったが，そこまでにならないと解雇できないというのは企業に厳しすぎるとの批判や，そもそも経営上の必要性の有無は裁判所には判断が難しいといったことから，最近の裁判例は，必要性についてはよっぽどでない限り企業判断を尊重する傾向がある（同年度に新規採用や高額賞与を出していた場合など——オクト事件：大阪地決平13・7・27）。

2）解雇回避の努力が尽くされているか

　いきなりだが，解雇には，「最後の手段」原則という考え方がある。要するに，解雇は労働者への影響がすごく大きいので，あくまでも「最後の手段」で，他にやれることがあるなら，まずはそっちをやってから…という発想であり，そこから出てくるのがこの要素だ。近年の4要素説では，この要素がかなり重視される傾向にある。

　具体的には，配置転換や出向の検討，役員報酬の減額，新規採用停止，残業削減などをやらずに整理解雇をしているケースでは解雇無効とされやすい（あさひ保育園事件：最判昭58・10・27）。ただ，希望退職の実施や，非正規雇用の解雇などについては，解雇回避努力として適切かどうか，学説も対立がみられる。

　最近の裁判例では，コロナウイルス感染症拡大による極度の経営悪化の下でタクシー運転手の整理解雇を行ったことが問題となった事案で，雇用調整助成金など行政支援の活用を検討していなかったことで，解雇回避努力を尽くしていないとの判断から解雇無効とされたものがある（センバ流通（仮処分）事件：仙台地決令2・8・21。なお厳密には，この事件は(5)の有期契約期間途中の解雇である）。

　3）人選の合理性

　全員が対象という場合はともかく，誰を整理解雇の対象とするかについては，基準が合理的であって，きちんとそれが当てはめられていることが必要だ。とはいえ，どんな基準なら合理的かというのはそう簡単ではない。性別や国籍，労働組合加入状況などは当然ダメだろうが，裁判例では，勤務成績や欠勤日数などの企業貢献度や相対的に賃金の高い中高年層（日本航空（客室乗務員）事件：大阪高判平28・3・24），養うべき家族がいないかどうか（八興運輸事件：大阪地判平12・9・8）などの基準が合理性ありとされている（が，特に年齢などの基準については，学説からの批判も強い）。

　4）労働組合や被解雇者との協議

　なぜ整理解雇しないといけないかという丁寧な説明は不可欠だが，同時に，退職金の上乗せの提案や再就職サポートなどの条件提示なども，解雇の有効性判断に影響する（この点が大きく評価されて解雇が有効とされた裁判例として，クレディ・スイス証券事件：令4・4・12）。なお，労働協約に解雇協議条項などが置かれている場合には，協議を経ない解雇は基本的には無効と判断されよう。

　ところで，企業が倒産する場合でも，再建を前提としている場合（民事再生法や会社更生法等）には，整理解雇法理に沿って判断される（山田紡績事件：名古屋高判。たしかに，削減の必要性は高まるだろうし，できる解雇回避努力も限られてくるだろうが，再建前提であれば倒産＝整理解雇が可能，というわけではない。他方で，破産手続きや会社解散（会社法471条）の場合は，清算によって会社自体が消滅するので，整理解雇は基本的に有効となる（大森陸運ほか2社事件：大阪高判平15・11・13，静岡フジカラーほか2社事件：静岡地判平16・5・20等）。ただ，子会社の解散などのケースでは，法人格否認の法理によって，親会社等の雇用責

任が認められる可能性はある。

⑸　有期労働契約途中の解雇

　有期労働契約に関しては，5で紹介する，契約期間満了時の更新拒絶（雇止め）が問題となることが多いが，契約期間の途中で解雇されるという場合もある。ただし最初に結論を言っておくと，⑷までで見てきた解雇よりも，有効と認められるハードルはかなり高い。

　契約期間途中での解雇については，もともと民法628条が，「やむを得ない事由」があれば途中でも契約解除できる，と規定しているが，裁判所も「やむを得ない事由」の存在についてはほとんど認めてこなかった（モーブッサンジャパン事件：東京地判平15・4・28，安川電機事件：福岡高決平14・9・18。認めたケースとして，学研ジー・アイ・シー事件：大阪地判平9・3・26）。もっとも，当事者間で「やむを得ない事由がなくても期間途中で解雇できる」旨の合意を有効とする裁判例もみられた（ネスレコンフェクショナリー関西支店事件・大阪地判平17・3・30）。

　現在は，労契法17条1項で「やむを得ない事由がある場合でなければ，その契約期間が満了するまでの間において，労働者を解雇することができない」とされている。民法628条とよく似ているが，「やむを得ない事由があれば解雇できる」のではなく「やむを得ない事由がない限りは解雇できない」となっているため，より一層ハードルが上がったといえよう（また労契法は強行法規のため，上述のように当事者合意で緩めることはできない）。労契法施行後の裁判例でも，同条違反で解雇無効とされているケースがほとんどである（レラ・六本木販売事件：東京地判平28・4・15，ハンプティ商会事件：令2・2・10）。要するに契約期間途中の解雇は，「契約期間満了まで待っていられないほどヤバい事情」でなければできない，ということなのだ。

3　退職（辞職，合意解約，私傷病退職）

⑴　退職とは

　退職とは，労働者からの申し出による労働契約関係の終了であり，一般的には，①労働者の一方的な意思表示によるもの（辞職）と，②労働者と使用者が合意をして労働契約を終了させるもの（合意解約）の2つを指す（学説には，①を「退職」として合意解約と区別するものもあるが，ここでは辞職と合意解約をあわせて「退職」と整理しておく）。この項では，この「辞職」と「合意解約」に着目し，それに関

する法的問題について解説していく。

⑵　辞職と合意解約

上でも述べたように，辞職とは，労働者が一方的に「辞めます」と伝えて労働契約を終了することであり，合意解約とは，労使のどちらか（通常は労働者）が「退職したい」と申し出て，それを相手方（通常は使用者）が承諾することで労働契約が終了するものである。

労働者が退職する場合の手続きについては労働法には明確な規定はないが，使用者は就業規則に「退職に関する事項」を必ず定めなければならない（労基法89条3号）ため，就業規則の定めに従って手続きを行うことになる。実際には，「労働者が書面により退職を願い出て，会社が承認する」などのように「合意解約」型の規定が置かれていることが多いであろう。

ただ，合意解約と辞職は，法的には明確に異なる。合意解約は，あくまで「申込みと，その承諾」で成立するものであり，当事者同士がよければ，別にすぐに退職となっても問題はない（逆に，当事者同士の合意がなければ，労働契約は終了しない）。これに対し辞職は，一方的な意思表示。しかも民法627条によって，伝えてから2週間たてば，たとえ使用者の承諾がなくても，労働契約は終了する。つまり，使用者がいくら「絶対に辞めさせない」と主張していても，申込みから2週間経てば退職できるのである（ただし，これは無期雇用労働者の場合）。

要するに「辞めます」という場合，合意解約の申込みと理解すれば，使用者側がそれに承諾しなければ退職できないが，承諾してくれなくても辞職の意思表示と理解すれば，2週間たてば辞められる，ということである。後述するようにどちらかがはっきりしないことが実際には多いが，一般的には，「退職願」だと合意解約の申込み，「退職願」だと辞職の意思表示，と解釈されやすいだろう。

なお合意解約でも辞職でも，民法の意思表示に関する規定は適用されるので，錯誤や強迫等によって，無効になったり取消せたりすることもある（心裡留保の事案として昭和女子大学事件：東京地決平4・2・6，強迫の事案としてニシムラ事件：大阪地判昭61・10・17等）。

⑶　退職をめぐる法的問題

⒜　退職申し入れの時期

就業規則に「労働者は，退職の1か月前までに退職願を提出すること」などと

規定されているような場合，民法627条の「2週間前」という規定とどちらが優先するのだろうか。これは，民法627条を任意規定と解するか強行規定と解するかで考え方が異なる。この点，厚生労働省のパンフレット（『知って役立つ労働法――働くときに必要な基礎知識』）などでは，上述の「2週間前」という基準を紹介する一方で，「就業規則の規定があればそれに従って退職の申し出をする必要がある」旨が述べられており，任意規定と考えていることが分かる。しかし学説・裁判例は後者の立場，つまり民法627条を強行規定と解したうえで，2週間よりも長い予告期間を就業規則で定めても，その効力を認めないとするものが多い（高野メリヤス事件：東京地判昭51・10・25，プロシード元従業員事件：横浜地判平29・3・30。民法627条1項を強行規定と明確に述べるものとして，キレイラボカンパニー事件：東京地判令4・2・9）。就業規則に規定さえすれば何か月前でもそっちが優先するというのはどう考えてもおかしいし，民法627条も労基法も，労働者の意に反する足止めを強く問題視していることを踏まえれば，就業規則の規定に関わらず2週間で辞められると理解すべきであろう。

これと関連して，労働者が退職に際して引き継ぎをせずに辞めてしまった場合はどうか。裁判例では，労働者が2週間の期間をおかずに出社しなくなったケースで，労働者への損害賠償請求が認められたものもある（ケイズインターナショナル事件：東京地判平4・9・30）が，引継ぎのために，退職の申し出から89日以前に辞めた場合の退職金を減額するとしていたケース（前掲・プロシード元従業員事件）や，後任者が来るまで勤務し引継ぎを行うとの誓約書を欠かされていたケース（広告代理店A社元従業員事件：福岡高判平28・10・14）などでは労働者への請求が退けられている。一般論としては，退職に際して業務の引継ぎをきちんと行うことは信義則上の義務といえようが，残った年休の消化などよりも優先されるとは法的には言い難いであろう。少なくとも，引継ぎをしないから退職させないという扱いは許されない。

(b)　退職願の撤回

労働者がいったん退職を願い出たあとで「やっぱり，辞めるのをやめたい」と考え直すこともあるが，このようなことは可能なのだろうか。

理論的には，合意解約の申込みだと考えれば，使用者が承諾するまでは自由に撤回できるだろうが，辞職の意思表示だと考えれば，使用者に到達すれば撤回はできない（民法97条）ということになろう。ただ（2）でも述べたように，実際には，労働者からの申し出がどちらの意図でなされたのか，はっきりしないこと

も多い（というか，そこまで考えて退職を申し出る労働者は，あまりいないだろう）。学説や裁判例では，合意解約と解するほうが，撤回が認められやすいという点で労働者保護に資することなどから，よほど辞職の意思が明確である場合を除いて，原則として合意解約の申込みと解する立場が有力である（大隈鐵工所事件：最判昭62・9・18，株式会社大通事件：大阪地判平10・7・17）。

　もっとも合意解約の場合，「どの時点で使用者が承諾したといえるのか」が問題となる。上述の大隈鐵工所事件では，人事部長による退職願受領をもって合意解約が成立したとされたが，退職届を受領した常務取締役観光部長に退職承認権限がなかったとして撤回を認めたケース（岡山電気軌道事件：岡山地判平3・11・19），理事長が承認する前に代理人弁護士が「もう一度話合いたい」旨の電話をしたことで撤回を認めたケース（学校法人大谷学園事件：横浜地判平23・7・26）もある。勤務先での決裁権者の承認があったか否かがポイントになるといえよう。

(c)　退 職 勧 奨

　退職勧奨とは，使用者が労働者に対して退職を勧めることであり，実際の退職には，労働者がそれに応じて退職するというケースも少なくない。退職を勧めること自体がすべて違法とはいえないが，近年は，かなり執拗・強引になされたり（退職強要），退職勧奨に応じない労働者に対していじめ・嫌がらせがなされるケースも問題となっている。

　裁判例では，退職の意思がない労働者に対して十数回にわたる退職勧奨をなしたことを違法とした下関商業高校事件：最判昭55・7・10が著名であるが，目的・態様・手段などから見て，社会通念上相当と認められる程度を超えて，労働者に不当な心理的威圧を加えたり，名誉感情を不当に侵害するような言辞を用いた退職勧奨は不法行為と判断される傾向にある（退職勧奨を繰り返した後に降格・配転した新和産業事件：大阪高判平25・4・25や，視覚障害を有する高校教諭に特段の業務を与えなかった学校法人須磨学園事件：神戸地判平28・5・26等）。ただし，退職勧奨の態様などから，労働者の自由な意思形成を促す行為として許容される範囲であったなどとして，不法行為の成立が否定されるケースも多い（日本アイ・ビー・エム事件：東京高判平24・10・31，リコー事件：東京地判平25・11・12等，不法行為の成立を認めたものとして實清寺事件：東京地判令和3・4・27，東武バス日光ほか事件：東京高判令3・6・16）。

　もっとも，退職勧奨を受けて退職した場合，あくまでも退職の決意をしたのは労働者自身であるということで，慰謝料が認められても小額に留まるケースが多

い。しかし実際には，解雇規制を回避するためにあえて退職勧奨がなされるようなケースも少なくないことからすると，形式的には退職でも，「解雇」といってよさそうな場合もあるだろう。イギリスでは，使用者が先導して不公正な形で労働契約を終了した場合，法律上解雇と同様に扱われるとされている（みなし解雇）。解雇と同様に扱われるということは，労働者は，慰謝料の請求だけでなく職場復帰を求めることもできる，というわけである。学説にはこれをヒントに，悪質な退職勧奨で退職した場合には,その退職が無効となる,とするもの（擬制的解雇論）や，無効となるとまではいえないものの，使用者の退職勧奨と退職との間に相当因果関係が認められる場合には，退職による逸失利益を賠償請求できる，とするもの（準解雇論）があり，注目される。

　このほか，労働施策総合推進法が改正され，いわゆるパワハラに関する規定が同法に盛り込まれた（第11節 4 参照）が，同法30条の 3 第 3 項は，事業主自身が労働者への言動に必要な注意を払う努力義務を定めている。努力義務とはいえ，悪質な退職勧奨は，この条文に抵触する可能性もあることは留意が必要である。

(4)　私傷病休職と退職

　私傷病休職とは，労働者が業務外の傷病でしばらく労務提供ができない場合に，一定の期間，従業員としての地位を保持しつつ，就労を一時禁止ないし免除するという制度であり，法的な制度ではないが，就業規則にこういった規定が置かれていることが多い。

　休職制度は，一定期間中，労務を提供しなくても解雇されないという点では労働者にメリットがあるが，休職期間満了時点で休職事由が消滅しておらず復職不可能と判断されれば，自動的に退職になるという扱いが一般的であるため問題となる。

　かつての裁判例は，復職可能といえるためには，原職を支障なく行える健康状態になっていることを求めるものが主流だった。しかし昨今は，相当期間内の復職が可能であったり，そうでなくても企業の規模等から配置可能な職務が存在し，かつ労働者もそれを希望している場合には，休職事由が消滅したと解する傾向にある（JR東海事件：大阪地判平11・10・4，名港陸運事件：名古屋地判平30・1・31等）。

　もっとも，近年の私傷病休職で多いのは，精神疾患に関するものであり，復職可能との診断書が提出されても，対応の困難性から復職不可能とする使用者の判断の方が尊重されるケースが目立つ（日本ヒューレット・パッカード事件：東京高

判平28・2・25, コンチネンタル・オートモーティブ事件：東京高判平29・11・15等)。障害者就労に関する合理的配慮とも関連する問題であり, どこまでの対応が使用者に求められるのか, 理論の精緻化が求められている (なお復職が争われたケースではないが, Ｏ大学事件：京都地判平28・3・29では, アスペルガー症候群に由来する問題行動を起こした准教授の解雇につき, 大学として十分に配慮・援助等を講じていないとして, 解雇無効とされている)。

4　定　年　制

(1)　定年制とは

定年制とは, 労働者が一定の年齢に達したことを理由として, 労働契約を終了させるという制度のことである。

定年制は, 日本的雇用と呼ばれるわが国の長期雇用慣行・年功序列賃金体系の中で定着してきた。長期雇用慣行の下では, 総じて解雇はあまり行われない。しかし他方で高齢になった労働者をいつまでも雇用を続けるとなると, 年功序列賃金の下で企業の人件費負担は重くなってしまう。そうした事情の下で, よほどのことがなければ一定年齢までの雇用を維持しつつ, 一定の時点で雇用を打ち切り, 若年労働者に切り替えていく制度として, わが国に広く根付いてきたものである。日本的雇用 (特に年功序列賃金) はかなりの程度変容してきた, ともいわれるが, 少なくとも定年制による雇用維持機能は, まだまだわが国の企業社会にはそれなりに残っているといえよう。

1960年代あたりまでは55歳定年制が主流であったが, 現在は後述する高年齢者雇用安定法 (高年法) により, 定年を設ける場合は60歳以上とすることと, 65歳までの高年齢者雇用確保措置をとることが義務づけられている (8条・9条) ほか, 70歳までの安定した就業機会の確保が努力義務とされている (同法10条の2)。

定年をめぐっては, 定年後の継続雇用時の待遇の低さもしばしば問題となる (多くの場合, 定年時点でいったん契約を終了し, 新たに「再雇用」されるが, 殆どの場合, その際に給与が大幅に低下する) が, ここでは雇用継続の問題に限定して見ておきたい。

(2)　定年の法的性格

定年といった場合, 厳密には, 定年到達によって労働者が自動的に退職となる定年退職制と, 定年到達により解雇されるという定年解雇制とがあるが, 多くは

前者であろう。

　ある時点で労働契約が終わることが定年なのだとすれば,「そもそも有期雇用なのでは？」という疑問もありうる。しかし労基法13条が原則 3 年（例外 5 年）の契約期間上限を定めているため,有期雇用契約と解することは難しいであろう（この点通説は,定年到達前の解雇や退職が法律上制限されているわけではないので有期雇用契約と異なる,とするが,解雇はともかく,有期雇用契約であっても 1 年を超えれば退職が可能であるため（労基法附則137条),やや説得力に欠けるようにも思われる)。さしあたり「将来における契約終了事由があらかじめ予約された無期雇用契約」と理解しておきたい。

　定年制は,労働者の能力に関わりなく,年齢到達のみを要件として労働契約を終了させる制度であるため,年齢差別ではないかとの批判もある（アメリカや EUでは年齢差別として禁止されている)。この点について判例・通説は,長期雇用慣行の下で一定年齢までの雇用保障機能を有する点で労働者にメリットがあることや,人事の刷新など企業の組織運営上の適正化のために行われるものであることなどから,定年制を合理的（有効）とする（秋北バス事件：最大判昭43・12・25,アール・エフ・ラジオ日本事件：東京地判平12・7・13)が,他方で,整理解雇などで定年前に（労働者に落ち度がなくとも）雇用が失われる場合もありうることから,雇用保障機能を前提とする通説に疑問を呈する学説もある。

(3)　定年と高年齢者雇用安定法（高年法）
(a)　高年法の概要と展開

　1970年代以降,高齢社会の到来の中で「公的年金の支給開始年齢引上げ」と「高年齢者の雇用確保」が,政府の重要な政策課題として位置づけられるようになる。それに呼応して1986年には,高年法が（従来の中高年齢者雇用促進特別法を改正する形で）制定された。

　制定当初の高年法では,60歳定年制が努力義務とされていたが, 8 割以上の企業が60歳定年制を採用するに至った1994年に,定年を定める場合には,60歳を下回ることはできない,とされた（高年法 8 条)。さらに2004年には,60歳未満の定年禁止に加えて,65歳未満の定年を定めている事業主は,65歳までの雇用確保のために,①定年年齢の引上げ,②継続雇用制度の導入,③定年制の廃止,のいずれかの措置（雇用確保措置）を講じなければならないこととされた（高年法 9 条)。ただし2004年改正では,事業主が②を採用する場合（実際にはそのような事業主が

8割以上を占めている），事業主が，過半数労働組合（ない場合は，過半数代表）と労使協定を結べば，協定の基準によって，「誰を継続雇用の対象者とするか」を選別できることとなっていた。そのため，対象者とされなかった（継続雇用を拒否された）労働者が，雇用関係を争うケースも見られた（継続雇用選定基準を満たしている労働者は，雇用継続の期待に合理的な理由が認められるなどとして，再雇用と同様の雇用関係存続を認めた津田電気計器事件：最判平24・11・29等）。

　もっとも，老齢厚生年金の報酬比例部分の支給開始年齢が2013年から段階的に引き上げられることとなっていたことを受けて，2012年の高年法改正では，労使協定による選別制度は廃止され，希望者全員につき，65歳までの雇用確保措置を講ずることが義務づけられた（親会社，子会社，関連会社等を通じての継続雇用でも可）。もっとも行政解釈では，勤務状況が著しく不良である等，就業規則に定める解雇事由等に該当する場合には継続雇用しないことができる，としている。

　さらに2021年改正では，70歳までの安定した雇用確保が努力義務とされた（令和3年4月改正後の，同法10条の2）。具体的には，70歳までの定年の引き上げや継続雇用制度の導入，70歳まで継続的に業務委託契約を締結できる制度や一定の社会貢献事業に従事できる制度の導入などのうちいずれかの措置を講じることが努力義務とされている（業務委託や社会貢献事業まで含められているので，ほんとに「安定した雇用」といえるのか？という気もするが）。またこの他，65歳以上70歳未満での離職者には，再就職を援助する措置を講じること等が努力義務とされている。

(b)　高年法違反の効力

　事業主が高年法に違反した場合，どのような法的効果が生ずるのか。高年法は，指導，助言・勧告および企業名公表といった公法的なサンクションは予定されているが，私法上の効果（継続雇用の請求権や，継続雇用みなしなど）の規定がないため，この点が問題となる。

　まず，60歳以降の継続雇用などを行わなかった場合については，裁判例は，総じて私法上の効果を否定しており（NTT西日本事件：大阪高判平21・11・27，愛知ミタカ運輸事件：大阪高判平23・3・25等），学説も否定説が多い。否定説に立てば，労働者の救済は基本的には損害賠償に留まることになろう。しかし上述した津田電気計器事件最高裁判決のように，別途雇止め法理を援用し，継続雇用されたのと同様の雇用関係が存続していると見るのが相当，との結論を導くものもある。

　次に，60歳未満の定年（58歳など）を定めた場合（高年法8条違反）の法的効果

も問題となる。この点については，そのような定めが無効になること自体は争いはないが，そのうえで（ア）定年がなかった状態になるとする学説と（イ）60歳定年を定めたものとなるとする学説とに分かれている。労基法13条のような，契約を直律する効力を定めた法規定がないこと等を根拠に，（ア）の学説が多数となっている（裁判例も（ア）の立場に立っている（牛根漁業協同組合事件：福岡高宮崎支判平17・11・30））。

(c)　65歳以降の継続雇用等をめぐる問題

現時点では高年法が直接適用されるケースではないが，65歳定年後の継続雇用（再雇用）の拒否が問題となるケースも近年増加している。定年後の継続雇用の拒否は，厳密には「雇止め」とは異なるが，裁判例の中には，労契法19条2項を類推適用して，満70歳までの継続雇用を期待することにつき合理性ありとして，雇用関係存続を導くものも見られる（学校法人尚美学園（大学専任教員B・再雇用拒否）事件：東京地判平28・11・30，学校法人南山学園事件：名古屋地判令元・7・30等）。

ところで，2017年3月に発表された「働き方改革実行計画」の中では，65歳以降の継続雇用延長などに向けた環境整備が打ち出され，国家公務員の定年も，2023年度から段階的に65歳に引き上げられている（2031年に完全移行）。

5　期間の定めのある労働契約の更新拒絶

萩原真一郎『歌集　滑走路』（角川書店，2017年）の短歌に，つぎのようなものがある。「ぼくも非正規君も非正規秋がきて牛丼屋にて牛丼食べる」「更新を続けろ，更新を　ぼくはまだあきらめきれぬ夢があるのだ」。シンプルでありながら，魂を揺さぶられる。非正規労働者や有期労働者にとって，契約が更新されないことは，使い捨てられ，「失業」することを意味する。失業は，日々の生活の糧を奪い，物質的な生活の安定と精神的な安定をおびやかす。

日本では，特定の理由（産休の代わり，期間限定のプロジェクトなど）以外は有期労働契約の活用は認めないといった「入口規制」は存在しない。そのため，「本当は長く働かせるつもりだが，いらなくなったときにすぐ解雇できない（＝解雇権濫用法理があるため）のは困る。だったら，短い期間の契約にしておいて，それを何度も繰り返す（更新する）形にしておけば，いらなくなったら契約更新をしなければいい」といったような，使用者に都合のいいことがまかり通ってしまう（たしかに，労契法17条2項は，「必要以上に短い期間にしておき，それを繰

り返す形にしないように配慮しなければならない」としているが，明確にこのような形の契約が禁止されているわけではない。このため，企業が，有期労働契約を，柔軟な労働力，雇用の調整弁として，安易に活用する傾向がある。このことが，社会的には「ワーキングプア（働く貧困層）」といった貧困問題を生じさせる。このまま放置して，法的規制を行わなくてよいのかという政策課題がある。

　有期労働契約は，本来は期間満了により当然に終了するもので，当事者の双方が更新する気がなければそこで終わり，というのが原則（一応，期間満了後も労働者が引き続き働いていて，使用者がこれに異議を述べないときは，従前と同条件でさらに雇用したものと推定される（民法629条1項）が）。でも上述のように実際の職場では，短期間の有期労働契約を何度も反復更新して，かなり長く働かせているケースも少なくない。それなのに，つぎは更新しないというのが契約更新拒絶（雇止め）だ。

　例えば，読者の皆さんが，ある小売店で，2か月の有期契約期間でアルバイトを始めたとしよう。働き始めると案外いい職場で，正社員なみに重要な仕事も結構任されて，足掛け4年働き続けていた（契約を48回継続的に反復更新し，ほぼ手続きも自動更新状態だった）としよう。また，やっている仕事も正社員とほぼ同じだったとしよう。ところが，49回目の更新時に，店長から「悪いけど，つぎの更新はないから」と言われたら，仕方ないですねという結論になるだろうか。またあるいは，一応更新手続きはあるけれど，店長からは「君は優秀だから，できるだけ長く働いてもらえるとありがたい」と言われていたので，長く働けると期待していたのに，ある時に突然「やっぱりもう更新しない」と言われたら，当然に，契約終了となってしまうのだろうか。

　労契法19条は，①有期契約が実質的に無期雇用と同視できる場合と②更新の期待に合理的理由がある場合といった二つの場合の使用者の雇止めについて，法的規制をかけている。具体的には，雇止めに，客観的に合理的で，社会的相当性がなければ，労働者が契約期間満了前後に申し込めば，これまでと同じ条件で更新したものとみなす，としている（2で見てきた解雇権濫用法理とよく似ている）。なお，雇止め自体は，法律行為ではなく「観念の通知」という事実行為であるから，「雇止めが法的に無効になる」わけではないが，この2つのケースでは，労契法19条によって，使用者（上のケースの店舗の店長や本社の幹部）による雇止めの効果は結果的に否定される可能性が高い。19条1号は，東芝柳町工場事件：最判判昭49・7・22のような「実質無期契約類型」を，19条2号は日立メディコ事件：

211

最判昭61・12・4の「合理的期待類型」を念頭において，一定の雇止めに解雇権濫用法理を類推適用することを明文化したものなのである（なお，あくまで解雇権濫用法理の類推適用なので，結論的には更新されなくても仕方ない，となる場合もありうる）。これらは，労契法18条（72頁参照）とともに，使用者の安易な雇止めを許さない，つまり有期労働契約の「出口規制」を行うことが共通の目的である。上述のとおり日本では「入口規制」はないので，有期雇用契約形態とする理由は問わないが，有期労働契約の濫用的な活用に対して，事後的な「出口規制」を行っているのである。

　労契法19条1号の「実質無期契約類型」あるいは同条2号の「合理的期待類型」に該当するか否かの判断においては，当該有期雇用の臨時性・常用性，更新の回数，雇用の通算期間，契約期間の管理状況，雇用継続の期待を持たせる使用者の言動の有無を総合考慮して個々の事案ごとに判断される。具体的には，16年近くにわたり更新しており，業務内容も恒常的で，更新手続きも形式的だったとして1号該当性を認めたもの（エヌ・ティ・ティソルコ事件：横浜地判平27・10・15），更新回数が少なく，契約更新の手続きも厳格であったこと等から合理的期待はなかったとされたもの（学校法人A学園事件：那覇地決令元・11・27），更新回数は少ない（2回）ものの，問題なければ65歳までは更新するとされており，採用時にもそのように使用者から伝えられていたことで，解雇回避の方策などを全然検討せずに雇止めしたことは許されないとしたもの（テヅカ事件：福岡地判令2・3・19）などがある。

　ところで，使用者は，これらの規制を回避するために，例えば，①「無期転換はできない」等と明確な理由なくして雇止めする，②賃金の引き下げ等に応じなければ無期転換を認めない，③「5年上限」等の制限を一方的に就業規則に明記したり，契約更新の際に「次の更新はない」等の項目を盛り込む（「不更新条項の挿入」），④試験の合格や一定の勤務評価を無期転換の条件にする（「試験選抜・能力選抜型」），⑤6か月の空白で雇用期間がリセットされるクーリング制度を悪用し6か月以上の空白期間を再雇用の条件にする等のパターンを駆使することも少なくない。

　①は行政解釈でも公序良俗（民法90条）違反としているが，特に悩ましいのが③。使用者が有期労働契約に不更新条項を付しながら有期労働者が署名・押印をするなどして，これに同意してしまうと，この段階で更新の期待はなくなったとして，労契法19条2号該当性が否定されると解されることになりやすい。しかし，本当

にそのような解釈が適切なのかについては，裁判例として争われている（この点は，コラム参照のこと）。

コラム 2-12　不更新条項について

　有期労働契約の更新に際して，「今回の契約更新をもって契約更新は行わない」等の合意を記載した契約条項を「不更新条項」という。労働者は不更新条項を受諾せずに直ちに契約解消となるか，受諾して更新契約期間満了時の契約終了の合意を選ぶという二者択一の道しかないのか。例えば，1年の有期労働契約において3回目の更新の際に，使用者が不更新条項を挿入し，労働者がこの条項を認めて署名・押印すれば，労働者の自由な意思と捉えられ，労働者の契約更新の合理的期待が打ち消され，労契法19条2号の適用可能性は否定されるのだろうか。

　不更新条項の効力を相対的に捉え，その効力を否定する裁判例がある。明石書店（制作部契約社員・仮処分）事件・東京地判平22・7・30判決は，不更新条項は「期間の定めのある労働契約を解雇権濫用の適用に当たって，評価障害事実として総合考慮の一内容として考慮の対象になると解するのが相当である」として，解雇権濫用法理の一要素にとどまると判断した。また，九州博報堂事件・福岡地判令和2・3・17は，30年間もの長きにわたり契約更新を重ねてきた契約社員に対する不更新条項への署名・押印を理由にした雇止めの効力について，裁判所は不更新条項を「雇止めの予告」と捉えた上で，雇用継続にかかわり醸成されていた，労働者の高い期待が大きく減殺される状況にあったということはできないとして労契法19条2号該当性を認めた。

　一方，不更新条項の効力を認める――有期労働者に厳しい――裁判例として，つぎのものがある。近畿コカ・コーラボトリング事件・大阪地判平17・1・13は，最終の雇用通知書に不更新条項が挿入され，労働者を対象とした説明会，通常の更新時とは異なる，確認印の押印といった手続き，労働者の残余の年休の消化，労働者の他の業務委託先への応募が行われていたものである。判決は，不更新条項は使用者の雇止めを予定する条項であり，労働者の合理的期待の放棄への合意があるとして，労働契約が終了したと判断した。同様に，本田技研工業事件・東京高判平24・9・20判決も，労働者が次回は更新されないことを真に理解して契約を締結した場合には，雇用継続に対する合理的期待を放棄したものであるとして，解雇に関する法理の類推適用は否定され，雇用継続の期待利益は放棄されたと判断した。

　不更新条項の効力を否定することは，労契法19条2号該当性を認め，有期労働者の救済につながる。しかし，裁判例としては統一的な判断は形成されていないのが現状である。

第3章　集団的労働法

第1節　労働基本権の保障

トピック　ある日の川端ゼミ

　　15時からのゼミに，本日の報告予定者である塩野が遅刻してくる。

塩野　「いつもの時間に家を出て，私鉄系バスに乗れば間に合うはずだったんですが。バス会社の労働組合がストをしていたので，タクシーで大学まで駆け付けたんだけど」

堀田　「デモじゃなくて，ストでしょう？」

山口　「ストって，何ですか」

川端　「バス乗り場にストライキ決行中と書かれた看板出てなかったですか」

塩野　「野球のストライクは知ってますが」

川端　「語源は同じだよ。ストライクを打つ！　ストライキとは，労働法では同盟罷業呼ばれるように，こんな安い賃金じゃ働けない，賃金を上げることを要求して，皆で仕事を放棄することだ」

塩野　「ストライキって迷惑ですよね。お陰で，僕は遅刻してしまったし」

石村　「でも，日本国憲法で保障されているんですよね。争議権って」

1　労働基本権の保障

　憲法28条は，「勤労者に対する団結権，団体交渉権及び団体行動権は，これを保障する」と規定している。これが，労働者が自主的に労働組合という団結体を結成し，組織あるいは運営することにより活動を行う団結権，労働組合が使用者（団体）と団体交渉を行う団体交渉権，および労働条件等の維持改善を目的として，同盟罷業（ストライキ）等を行う争議権という，いわゆる労働三権（労働基本権）の保障と呼ばれるものである。

　ここでは，労働基本権が「勤労者」（労働者）だけに保障されていることに注目されるべきである。通常，憲法における基本的人権の保障の権利主体は，すべて「何人（なんびと）も」か，「国民」のどちらかであるが，憲法28条に限って，特定の社会的階層である「勤労者」に対する基本的人権が保障されているのが特徴である。

2　労働基本権保障の効果

　憲法28条の労働基本権保障を受けて，これを具体化した労働組合法（以下，労組法）は，刑事免責，民事免責，不当労働行為制度を定めている。

(1)　刑 事 免 責

　労働組合の団体交渉や争議行為は，強要罪（刑法223条），恐喝罪（同249条）あるいは威力業務妨害罪（同法234条）の犯罪構成要件に該当する可能性があるが，それでは労働組合の活動が無意味になってしまう。そこで，労働組合による正当な団体交渉その他の行為については，刑事罰が科されないというのが刑事免責である（労組法 1 条 2 項）。刑事免責については，労組法 1 条 2 項が刑法35条を援用していることもあり，違法性阻却説を採用する見解が多数であるが，労働組合の正当な争議行為については，そもそも刑法の犯罪構成要件には該当しないとする構成要件阻却説も有力である。

(2)　民 事 免 責

　ストライキをはじめとする争議行為は，使用者の業務を阻害する行為であり，労働組合には不法行為責任（民法709条），あるいはスト参加組合員は労働契約違反の債務不履行責任（同法415条）が生じることになる。やはり，それでは争議権を保障した意味が失われるので，労組法は正当な争議行為については，使用者（取引先，顧客等の第三者も含む）は，労働組合に対し，損害賠償請求ができないとする民事免責を定めている（同法 8 条）。

　なお，民事・刑事免責については，労組法により創設されたものではなく，憲法28条の保障内容を労組法が確認したに過ぎないという確認的規定説が支配的でる。

(3)　不当労働行為

　不当労働行為とは，使用者による団結権侵害として禁止される行為の総称であり，①労働組合の正当な行為等を理由とする解雇その他の不利益取扱い，②正当な理由のない団体交渉拒否，③労働組合への支配介入等の行為が含まれる（労組法 7 条）。

　不当労働行為については，裁判所による司法救済と，各都道府県に置かれる都

道府県労働委員会および中央労働員会の 2 審制が採用されている行政救済（労組法27条以下）とがある。行政救済制度については，労組法ではじめて創設されたとする創設的規定と理解されている。

3　公務員の労働基本権制限

憲法28条の権利主体である「勤労者」（労働者）には公務員も含まれるから，公務員にも労働基本権が保障されるのは当然である。しかし，国家公務員法や地方公務員法等により公務員の労働基本権は大幅に制限されている。

団結権については，公務員にも原則的に保障されている。①国家公務員・地方公務員の非現業職員については，警察，海上保安庁，監獄，消防の各職員を除き，職員団体の結成が認められており（国公法108条の 2，地公法52条 3 項），②国家公務員のうちの現業職員および特定独立法人職員および地方公営企業，特定地方独立法人，技能労務職の職員については労働組合を結成する権利が認められている（特独労法 4 条 1 項，地公労法 5 条 1 項）。

団体交渉権については，上記①の職員には交渉権が認められているものの，交渉対象は管理運営事項に限定されているのみならず，労働協約締結権が否定されている。また①の地方公務員については，法令・条例に抵触しない範囲での書面協定締結権にとどまっている。

争議権については，全ての職員が禁止されており（国公法98条 2 項，特独労法17条 1 項，地公法37条 1 項，地公労法11条 1 項），単純参加労働者は処罰されないが，争議行為を共謀し，そそのかし，もしくはあおり，またはこれらの行為を企てた者のみに刑事罰が科されている（国公法110条17号，地公法61条 4 号）。

以上のように，公務員の争議権を一律全面的に禁止していることについては，憲法28条との関係で，その合憲性が問題となる。この点につき，最高裁は，公務員の争議権制限が合憲である根拠として，①公務員という特殊な地位およびと公共性の強い職務を有していること，②公務員の労働条件等は勤務条件法定主義に基づき決定され，団体交渉の余地はないから，争議行為の制限も可能であること，③人事院勧告などの代償措置が設けられていること，④企業間競争原理が機能しない公務部門では，争議が長期化する可能性が大きいこと等が挙げられている（全農林警職法事件・最大判昭48・4・25，全逓名古屋中郵事件・昭52・5・4）。

しかし，争議権が手段的権利にすぎないのかは問題であるし，職務内容を問わず，争議権を一律全面的に禁止すること等につき合理性があるのかという批判が

向けられている。

コラム 3-1　ユニオンショップ制

　労働組合が使用者と団体交渉を行う場合には，多数の従業員を組織化することが不可欠となる。そこで採用されるのが，組織強制としてのショップ制である。労働組合が職業別・産業別に組織されている欧米諸国では，「使用者は，従業員を組合員から採用しなければならない」というクローズドショップ制が一般的であるが，企業別組合が支配的であるわが国では，「従業員は組合員でなければならない」というユニオンショップ制が採用されている。これは，従業員は入社後相当の期間内に労働組合に加入しなければならないというもので，労働協約の債務的部分に該当するものである。

　完全ユニオンショップ制では，相当の期間内に労働組合に加入しない，労働組合を脱退したり，労働組合を除名された場合，使用者は労働者を解雇すると定められているが，「従業員は組合員でなければならない」とのみ定める宣言型ユニオンショップ制，「会社が必要とする従業員は解雇しない」という尻抜けユニオンショップ制も少なくない。このように，わが国におけるユニオンショップ制の目的は，使用者による組合承認機能にあると指摘されている。

　ところで，使用者の解雇義務を定める完全ユニオンショップ制に対しては，労働組合に加入しない権利（消極的団結権），労働権（憲法27条）あるいは自己決定権（同13条）に反しないかと批判する学説も存在するが，最高裁は，団結する権利（積極的団結権）が団結しない権利（消極的団結権）に優越するとして，その趣旨に副う範囲でユニオンショップ制の合法性を肯定している。

　たとえば解雇の前提となる除名処分が無効であれば，ユニオンショップ制に基づく解雇も無効となる判断した日本食塩事件（最判昭50・4・25）では，解雇により間接的に労働組合の組織の拡大強化を図ろうとする制度であり，このような正当な機能を果たす限りにおいてのみ，その法的効力が認められるとしている。したがって，労働組合を脱退した労働者が新たな労働組合を結成したり，他の労働組合に加入した等の場合には，当該労働者は積極的団結権を行使しているのであるから，ユニオンショップ協定締結組合を脱退した労働者にはユニオンショップの効力は及ばない（三井倉庫事件・最判平元・12・21）。

　このほか，公務員については，労働組合への加入を義務付けられないが，これはオープンショップ制と呼ばれている（国公法108条の 2，地公法52条）

第2節　労働組合・組合活動

トピック　労働組合の結成主体である「労働者」とはだれか？

　今から100年ほど前の1920年，イギリスの社会運動家であるシドニー（1859〜1947）とベアトリス（1858〜1943）のウェブ Sidney and Beatrice Webb 夫妻は The History of Trade Unionism という本を出版し，イギリス労働組合運動は17世紀末から18世紀初め，一生働いても親方になれない職人層から発生した，つまり職人ギルドの親方が機械の導入による没落に抗したことに起源を求めるのは，適切ではないとの理解を示した（夫妻のことや同書の意義については，邦訳書である飯田鼎・高橋洸〔訳〕『労働組合運動の歴史』〔日本労働協会・1973〕下巻891頁以下の〈訳者解題〉を参照）。二人は，労働組合をつぎのように定義している（邦訳・上巻4頁）。

　「労働組合とは，賃金労働者が，その労働生活の諸条件を維持または改善するための恒常的な団体である」。

　ここでは，労働組合とは賃金労働者の団体であること，それが一時的なものではなく，継続的な団体であること，そして団体の存立目的が「その労働生活の諸条件」すなわち賃金や労働時間などの労働条件や待遇の維持・改善にあり，宗教や政治活動など労働条件の向上には直接関係ないことを目的とするものではないとした。このような理解を，わが国労働組合法第2条とくらべてみれば，これから大きな影響を受けていることが容易にわかる。さて日本では近時，労働組合の担い手である「労働者」とはいったいだれか，その理解を揺るがすような問題が起きている。

　労組法は使用者が組合からの団体交渉の求めに応じない場合，これを不当労働行為（同法7条2号）として禁止している（詳しくは，本章6節を参照）。ところが最近，コンビニエンス・ストアのアルバイト店員たちではなく，オーナーたち（フランチャイジー）の団体がフランチャイズ契約を締結する事業者（フランチャイザー）に団体交渉を申し入れたが，拒否されたことから，労働委員会に救済を申し立てた。中央労働委員会は両事件の初審命令を取り消し，救済申立を棄却した（2019年2月6日）。すなわち中労委はフランチャイズ契約当事者間に交渉力の格差を肯定しながらも，オーナーは「顕著な事業性を備えている」と結論付け，原決定を取消し，裁判所もこれを維持した（東京地判令4・6・6）。これに対しては，自らの事業維持のための他者の労働力を利用しても，反面では自らの職業利益を維持・向上させる「労働者」としての側面もあるのではないかとの主張もある。

　自らの自由と権利を擁護し，労働条件を向上させるために労働組合を結成し，また労働組合法により保護されるべき「労働者」とは，いったいだれなのか。

1　「労働組合」とは何か──「企業内（別）組合」という日本的特徴──

　労働者は使用者との個別的な取引では，自らおよび家族の生活を保障する賃金や待遇を確保するのは難しいことから，労働組合という集団の力をもって，使用者側に圧力を加え，有利な賃上げや条件改定を実現してきた。憲法28条は基本的人権として団結権を保障し，労働組合法１条１項は具体的に「自主的に労働組合を組織し，団結することを擁護する」と明言している。

　労組法は労働組合の組織のあり方それ自体について，何ものべていない。しかし現実の法適用にあたっては，そのあり様が大きく影響し，それを踏まえた規定（同法２条但書２号，７条３号但書）も設けられている。戦後日本では，労働組合は一般に，個別企業ごとに，担当する仕事が事務職であろうと，工場労働であろうと，同じ会社の正社員（従業員）により構成されている（企業内〔別〕組合enterprise union）。ところが欧米のみならず，アジアを含む外国では，労働組合は企業の外で，労働者が携わる仕事の共通性や熟練度を基盤にしたり（職業別組合craft union），またその熟練度や職種の違いを問わず，同一産業に働く者たちによって組織されている（産業別組合 industrial union）。日本では，たとえ同じ職場で，同じ仕事に従事していても，パートや派遣などの非正規労働者には，組合員となるべき資格を認めないことも多い。そこでは労働者は同じ仕事に携わる者同士の連帯感（団結意識）よりも，同じ社員＝従業員意識を強くもつことになる。組合員は「会社あっての労働組合」「会社がつぶれたら，組合も，雇用も存続できない」と考えがちである。わが国では，組合組織の日常的運営から争議行為にいたるまで企業施設内で，これらを利用しながら行動することが多い。それは反面，使用者にとっても，会社が本来なすべきことを組合が代行し，また外部からの影響を防ぐことができて，有益であると受け止められている。そして外国では，労働条件に関する団体交渉と労働者が企業固有の問題に関与すべき従業員代表制度とは明確に区別されている。しかしわが国では，その主体となるべき者が同じであることから，両者の関係は不明瞭なものとなりがちである（詳しくは，本章第３節「団体交渉」を参照）。

2　「労働組合」の要件と資格審査制度

　労組法は２条本文でその積極的な定義をかかげ，同条但書で消極的な要件を示している（自主性要件）。また同法５条では組合規約に記載すべき事項を列挙して

いる（民主性要件）。これら二つの条文が労働組合の資格要件を規定する。すなわち自主性要件が労働組合の対外的な側面に着目するのに対し，民主性要件とは，その内部運営に関わるものである。

(1)　自主性の要件

(a)　労働組合の結成主体としての「労働者」

　労働法上の労働組合と認められるには，まず「労働者」がその結成および運営の「主体」でなければならない（本節冒頭の「トピック」参照）。「労働者」とは誰か。同法 3 条によれば「職業の種類を問わず，賃金，給料その他これに準ずる収入によって生活する者をいう」。同じく「労働者」について定義する労基法 9 条とくらべると，労組法では「使用される者」という文言がない。これは労基法が現に職にある者の法定最低条件を確保することを目的とする（同法 1 条）のに対し，労組法にいう「労働者」とはたとえ失業中でも，賃金を得て生活すべき社会的・経済的な地位にあり，労働組合に参加する者として理解しているからである。ただし最近では，その理解が揺らいでいるのは，第 1 章や本節の「トピック」で見た通りである。

(b)　労働組合の目的

　つぎに労働組合は，労働者の「経済的地位の向上を図ること」を「主たる目的」とするものでなければならない（労組法 2 条本文。傍点は引用者，以下同じ）。同条但書 3 号は，「共済事業その他の福利事業のみを目的とするもの」および同 4 号は「主として政治活動または社会運動を目的とするもの」を，それぞれ労組法上の労働組合として扱わない。労働組合が NPO 等各種の非営利団体と区別される所以は，それぞれ社会的機能や役割において類似する点があったとしても，組合は構成員である組合員＝労働者の労働条件や待遇向上の実現を目的とする点にある。しかし労働組合は歴史的には，組合員に対する相互扶助にための共済活動を実施してきた。そのような活動を通じて組合員の生活状況が改善され，組合員相互の連帯意識が高められてきた。また労働組合は使用者に対してのみならず，たとえば政府に対して減税や社会保障制度の充実の実現，また戦争反対などの政治要求をかかげてデモ行進や集会を実施するなどの政治活動を行なってきた。つまり法は，労働組合が付随的な活動として福利厚生事業を行なったり，従たる目的としての政治活動や社会活動に関与することを肯定している。

(c)　組合の自主性確保への配慮

　つぎに法的に労働組合といえるためには，労働者が「主体となって自主的に」組織されるものでなければならない。「主体となって」には，二つの意味があろう。一方では労働者が組合構成員の大部分を占め，また運営にあたって主導的地位にあることである。他方では，労働組合が国や政党，使用者等の外部からの干渉を排除し，労働者自らの意思に基づいて運営されるべきことを意味する。これは，とくに対使用者との関係において重要である。なぜならば労働組合は社員会等の親睦団体とは異なり，労働条件の是正・改善を実現するために，使用者（団体）と争議行為を含む，広義の団体交渉を行なう。その際使用者の「言いなり」や支配のもとにあれば，両者のあいだに対等な交渉関係を実現することは到底不可能であろう。労働組合の自主性を法的に確保するために，日本では労組法は 2 条但書において，使用者の利益代表者と経費援助の範囲の二つを詳細に規定している。

(i)　使用者の利益代表者による組合参加の排除

　まず 1 号は，①「役員」，②「雇入解雇昇進又は異動に関して直接の権限を持つ監督的地位にある労働者」，③「使用者の労働関係についての計画と方針とに関する機密の事項に接し，そのためにその職務上の義務と責任とが当該労働組合の組合員としての誠意と責任とにてい触する監督的地位にある労働者」[ママ]そして④「その他使用者の利益を代表する者」の参加を許す場合は，それは同法にいう「労働組合」ではないとする。①は，株式会社の取締役，監査役，法人の理事・監事，その他団体における代表権限をもつ者である。②は人事部や総務部長として人事に関する直接的権限をもち，労働者に対する監督権限をもつ者である。③は，②と重複することもあろうが，人事・労務管理業務に携わり，対組合関係の方針や計画の策定・決定に関与し，そのために労働組合の活動に矛盾・抵触しうる者である。そして④は，以上の①から③に該当する者以外のもので，課長・部長など職務上，組合の自主性を損ないうる者たちである（ただし管理職の地位にある者たちが自ら固有の権利や利益を擁護するために組合〔＝「管理職ユニオン」を結成し，活動することは，法的に可能である）。

　本来，管理職員との関係で組合員の範囲を決めるのは，労働組合が自主的に行なうべきことであろう。にもかかわらず，現行法が詳しく規定しているのは，旧労組法（1945〔昭和20〕を改正した（1949〔昭和24〕年）当時の社会状況が影響している。すなわち敗戦直後の日本では，GHQ の占領政策の一環として戦前の軍国主義復活を阻止して，民主国家としての日本を実現するために，積極的に労

働組合の結成を奨励し，その結果として多くの組合が急速に結成されていった。そこでは戦時中の産業報国会がそのまま組合に衣替えをしたものや，工員や一般職員よりも高学歴の管理職員層にあった者が組合組織の運営の中心にいた。そこで現行法は，そのような事態を是正することを意図したのである。

(ii)　**使用者による経費援助の禁止と例外——便宜供与——**

つぎに2条但書2号は「団体の運営のための経費に支出につき使用者の経理上の援助を受けるもの」は，労組法上の「労働組合」ではないとする。組合が使用者から組織運営について財政的援助や便宜を得ていれば，使用者と労働条件等に関する交渉を行なうにあたり支障もあろうし，その自主性が疑われてもしかたがない。しかしこの但書には，さらに但書が付されている。すなわち①労働者が時間中に時間又は賃金を失うことなく使用者と協議・交渉すること，②福利厚生資金への使用者の寄付，③最小限の広さの事務所の供与については，のぞくとする。これは，わが国「企業内組合」の特殊性を反映し，またそこで列挙されている「便宜供与」についても，また戦後直後，組合自らが使用者との団交や争議をへて獲得したものであったことを考慮したものである。すなわち個別企業ないし事業所において，工職混合の正規従業員からなる企業内組合は，その日常的な活動から争議時にいたるまで職場をいわば舞台にして展開せざるをえない。そこから離れることは団結権にとって大きなマイナスとなる。また企業内組合は小規模なるがゆえに財政基盤が十分でないものも多く，使用者からの財政援助の一切を否定することは組合の存在それ自体を逆に脅かすことになるからである。

(iii)　**団　体　性**

労組法2条はさらに，労働組合について「団体又はその連合体をいう」とする。すなわち同法上の労働組合とは「単組」「単一組織」——労働者個人を直接の構成分子とし，また支部・分会などの下部機構を有するもの——のみならず，その「連合体」——労働者個人ではなく，労働組合が団体としての資格において構成員となる——も，労組法上の「労働組合」である。また労働組合は継続的な団体であり，争議に際して結成され，その終了後には目的が達成されたとして解散する，一時的な団結＝争議団は憲法28条による保護を受けても，労組法上の労働組合とは認められない。

(2)　**民主性の要件**

労働組合内における組織運営においては，組合員による活発な意見表明や，と

くに組合執行部に対する批判の自由が確保され，組合員の意思が組合の運営に反映されることが重要であることは，いうまでもない。組合規約は組合内部における民主主義を実現するための基礎的条件である。それゆえに労組法5条2項は組合規約に記載すべき事項を列挙している。1945(昭和20)年12月制定の旧労組法の多くが組織体としての規約の整備について一般的にのべるにとどまっていたのに対し，現行法では，組合の運営のあり方について，とくに役員選挙，ストライキおよび規約改正に関し，「直接無記名投票」「過半数の決定ないし支持」などという具体的な条件や方法にまで言及している。このような新たに設けられた規定における詳細な言及は，法により組合の民主的な運営の実現を確保するという意図によるものかもしれない。しかし反面，それは組合運営に対して，国が積極的に関与していくとの態度を表明するものである。

(3)　労働組合の資格審査制度とその問題性

わが国では，労働組合の結成について旧法が「届出主義」をとっていたのに対し，現行法は「自由設立主義」に改められた。すなわち旧労組法は，労働組合の設立後1週間以内に，組合規約および役員の住所・氏名を行政官庁(都道府県知事)に届け出なければならない——違反した場合は，50円以下の科料——とされていた(旧法5条)。これに対し1949(昭和24)年制定の現行法は，労働組合の自由設立主義を採用し，その態度を改めたと説明される。しかし現行法は併せて「資格審査制度」を導入した。すなわち労働組合が同法に定める手続——法人格取得，労働協約の地域的拡張適用(同18条)，労働委員会労働者委員の推薦(同19条7項)——に関与し，あるいは不当労働行為の救済(7条)を受けようとする場合，当該組合が同法2条(自主性と目的)および5条2項(民主性と組合規約の必要記載事項)の要件の具備について労働委員会による審査を受け，右資格要件を欠く組合(無資格組合または法外組合)には，上記手続への関与や救済手続が利用できないとしている(ただし，労働者個人が不当労働行為の救済を申請することは，可能である)。要するに現行法は，一方で労働組合の設立・運営を，それぞれの組合の自由に委ねるとしながらも，他方では，法に定める資格要件を備えた場合にのみ，特別の権利ないし利益を付与するとして，労働組合のあり方について，一定の方向付けを行なわんとしている。

3　労働組合の内部運営

(1)　組合員の権利と義務

　組合員の権利としては，組合運営への参加・関与および組合役員選挙への選挙権・被選挙権がある。組合組織を維持するには，その民主的な運営——「組合民主主義」と表現される——が求められる。組合員が自ら，組合の意思形成や日常的な運営に参加することが確保されなければならない。労組法 5 条 2 項は組合規約に記載すべき事項のなかで，既述のもののほかに組合員は組合運営に参加する権利および「均等な取扱を受ける権利」を有すること（3 号），「人種，宗教，性別，門地又は身分」によって組合員資格を奪われないこと（4 号）をあげている。これらは組合員の労働組合への関与に関するものであり，組合の民主的な内部運営を実現するための基本的事項として尊重されるべきものである。

　そして上記のような，組合員が組合運営に関与することは権利であるとともに，組合員が負うべき義務でもあることを確認したい。労働組合は個々の組合員が仲間と連携して活動し，労働条件の向上という目的を実現すべき団体である。組合員は組合規約を遵守し，その目的実現のために内部統制に服する一方，組合の財政的な基礎を形成すべき組合費を納入しなければならない。組合費の納入義務の範囲いかんという問題は，組合員の思想・信条や言論の自由などの個人の自由や利益と組織強との抵触・衝突として提起された。

(2)　組合員はいかなる組合費を納入する義務があるのか

　労働組合の財政は，組合員が納入する組合費によって支えられる。これには，毎月定期的に徴収される「一般組合費」と，臨時の必要に応じて徴収される「臨時組合費」の二つがある。前者は，通常，組合規約に定められた一定金額や賃金（月給）の一定率（たとえば基本給の 1 〜 2 ％）にしたがって，組合が使用者と締結したチェック・オフ協定——労働協約の 1 条項として規定されている場合もあれば，別に定められていることもあろう——に基づき，給与から天引きされることが多い。これに対し後者は「カンパ」と称されることもあり，組合執行部等により提案され，規約所定の手続にしたがって徴収が決議されれば，組合員には，支払い義務が生じる。組合費の徴収協力義務については，臨時組合費をめぐって裁判上問題となった。最高裁は「国労関係の三判例」といわれる国労広島地本事件〈附帯上告事件〉（最 3 小判昭50・11・28），国労広島地本事件（最 3 小判昭50・

11・28）および国労四国地本事件（最2小判昭50・12・1）でその判断を示している。すなわち「労働組合の組合員は……組合が正規の手続きに従って決定した行動に参加し，また，組合の活動を妨害するような行為を避止する義務を負うとともに，右活動の経済的基礎をなす組合費を納付する義務を負う」（国労広島地本事件）。つまり組合員は労働組合という組織の維持・運営のために，組合費の納入することにより協力することが求められる。つぎに最高裁はその徴収目的に関連して「組合活動の内容・性質，これについて組合員に求められる協力の内容・程度・態様等を比較考量し，多数決原理に基づく組合活動の実効性と組合員個人の基本的利益の調和という観点から，組合の統制力とその反面としての組合員の協力義務の範囲に合理的な限定を加えることが必要である」とした。具体的には㈠各種「闘争資金」，㈡他組合，単産への闘争支援カンパ，㈢特定政党支援のためのカンパ，㈣安保条約改訂反対闘争のための資金および㈤水俣病患者支援カンパのうち，㈠㈡㈢㈤について組合員の納入義務を肯定した。なお臨時組合費の納入問題は，組合が多数決によりこれを決定したことに反対する組合員らとの路線対立が顕在化したことを表わしている。このような問題は通常，組合統制権の問題して議論される。

(3)　労働組合の統制権をめぐる法的問題
(a)　統制権の根拠

組織体として，労働組合内部の統制が不可欠であることには一致しながらも，そのような統制権の法的根拠を何に求めるのか，かつて「団体固有権説」と「団結権説」との対立がみられた。前者は，各種の団体が内部規律違反に対し，除名を含む統制処分を課することは団体法理から当然に導かれ，労働組合が団体である以上，当然にそのような権能を有するとした。これに対し後者は，労働組合は他の団体とは異なり，対国家ないし使用者との関係で闘争団体としての性格を有し，他の社団・結社とは異なる，労働組合特有の統制権があると主張した。最高裁も三井美唄労組事件（最大判昭43・12・4）で「団結権説」の立場にたつことを表明した。しかしその後最近では，統制権の根拠について，憲法（28条）が保障する労働組合という結社ないし団体への加入意思に，その内部統制にしたがい，その規律違反には一定の制裁を甘受することが表明されているとの見解も現われている。ただしいずれの見解をとろうとも，実際上の処理に大きな違いはなく，むしろ問題は，実際の紛争をいかに適切に処理するかということかもしれない。

(b) 統制事項——統制権のおよぶ範囲と限界

　従来，組合員の統制違反の有無が問われた事案の類型としては，大きく①　政治活動，②　組合方針や執行部批判，③　違法争議指令の 3 つがある。

　①　政治活動　　歴史的に労働組合は当初から，労働保護立法の制定や社会保障制度の創設・充実などの立法要求を掲げた示威行動を展開し，また社会主義政党とのあいだに密接な関係をもってきた。しかし反面，そのような活動をめぐって，組合員＝労働者個人の政治信条との関係で軋轢・衝突を生じさせてきた。このような問題について示された最高裁判決例として，まず三井美唄労組事件（前掲）は，地方議会選挙に際し，組合の統一候補選定からもれた組合員が組合の方針に反して独自に立候補したものであった。つぎに中里鉱業所事件（最 2 小判昭44・5・2）は，組合が支持する候補者以外の者を支援する選挙活動を制限・禁止し，違反した場合は統制違反として処分される旨を決議したという事案であった。また国労広島地本事件（前掲）は，先に言及したように特定政党へのカンパ＝臨時組合費の納入義務の存否が争われた。これらの裁判例を通じて示された最高裁の立場は，労働組合の社会的活動範囲の拡大を肯定しつつも，その範囲内に属する活動すべてに対し，組合員の協力・参加を強制することはできず，「具体的な組合活動の内容・程度・態様等を比較考量し，多数決原理に基づく組合活動の実効性と組合員個人の基本的利益の調和という観点から，組合の統制力と，その反面としての組合員の協力義務の範囲に合理的な限定を加えることが必要である」（国労広島地本事件〔前掲〕）とした。つぎに組合員の選挙への立候補や政党支持決議については，「勧告または説得することは許されるが，その域を超えて‥‥これに従わないことを理由に統制違反者として処分することは，組合の統制権の限界を超え」（中里鉱業所事件〔前掲〕），また臨時組合費の徴収について，既述のように友誼組合への資金援助や政治闘争被処分者の支援は適法でも，目的や要求の実現のために特定の政党や候補者を支持・支援することはできても，〔組合員に〕徴収を強制できないとした（国労広島地本事件〔前掲〕・国労四国地本事件〔前掲〕）。

　②　組合方針や執行部への批判　　組合執行部批判が組合員の言論活動として現われるとき，それは個人の言論の自由（憲法21条）が尊重されねばならない。組合の民主的な運営を実現するためには，組合員の自由な意見の表明やその反映が不可欠であろう。したがって組合員による執行部批判は，最大限に確保されなければならない。しかしそれが事実を偽ったり，歪曲したものであったり，中傷

や悪意に満ちた攻撃であるとき，統制処分の対象となる（同盟昭和ロック労組事件〔大阪地判昭和56・1・26〕）。統制処分は本来，このような場合に行使されるべきものかもしれない。さらには，組合員のなかで組合の方針等に不満がある場合，言論活動にとどまらず，さらに組合の方針や決議とは異なる行動・対応をとることもあろう。それが組合による正規の手続に従ってなされた後であれば，一部組合員の独自の行動は組合の統一をみだすもの，ときには「分派活動」にあたるとして，統制処分の対象となろう。また組合員個人やグループとしての独自活動は，どこまで可能なのかが問われる。労災事故で死亡した組合員の遺族が会社に対し損害賠償訴訟を提起し，これを支援したことが組合による特別災害補償増額交渉に影響を及ぼしたとしても，それは当該訴訟に限定され，組合に方針と相容れない程度・態様のものではなかったとされた例がある（東海カーボン事件〔福岡地小倉支判昭52・6・23〕）。一方，裁判所は組合方針を異にする別組合の組合員と学習会を開催したり，共同の要求行動に参加したことに対する除名処分が有効であると判断されたこともある（東京税関労組事件〔東京高判昭59・4・17〕）。

③　**違法争議指令に組合員は従わねばならないか**　労働組合が組合員に違法行為への参加を指令したときでも，組合員は従わねばならないのか。これは裁判所が「強行就労戦術」——争議時に使用者が労務受領拒否の意思を示しているにもかかわらず，労働者がこれを無視して働くこと——について判断を示した，有名な大日本鉱業発盛労組事件（秋田地判昭35・9・29）を契機に議論された問題である。判決は「指令或は指令に基づく行動が客観的に違法であれば〔組合員に〕それに服従する義務を認めるわけにはゆか」ず，組合は「かかる違法の行動に従うことを組合員に強制することはできない」とし，争議終了後，従わなかった組合員への統制違反を理由とする除名処分を無効とした。これについて学説のなかには「国家法の容認できないことを，国家に容認しろということはできない」として，裁判所の対応を支持する理解もある。しかし組合員個人に組合指令の適法性判断を委ねることは適切ではないとし，そのような場合でも組合員には，組合の指令に従うべき義務があるのではないかと批判された。その場合，法的責任が問われるべきは組合であり，組合員ではない。またこのように解したとしても，ただちに組合指令違反を理由とする除名処分が有効であるとの判断が導かれるものではなかろう。両者は，別個の問題として議論すべきであろう。

(c)　**統制処分の内容と手続**

組合規約のなかで規定されている統制処分の内容は，通常，除名・権利停止・

戒告であろう。組合員の行動が統制違反に該当するとされた場合，これに対する制裁内容はその重大性や組合の内部秩序へ及ぼした影響の程度に応じて，組合自身による自主的な判断によってなされるべきものであろう。ただし，その場合，統制違反行為とそれに対する制裁の程度が両者公正に対応するものでなければならないのは，いうまでもない。

　つぎに統制処分はその対象組合員にとって，組合員としての地位や資格に不利益や重大な影響をもたらすものであるがゆえに，適正な手続きにより行なわれなければならない。組合規約に手続に関する規定があれば，それを履践しなければならず，遵守せずになされた処分は無効である。これについて，学説・裁判所は一致している。たとえば規約上では組合大会の決議事項とされているにもかかわらず，執行委員会に一任した場合（秋北乗合自動車事件〔秋田地大館支判昭28・12・24〕），規約に規定された無記名投票ではなく，挙手によりなされた場合（国際興業事件〔東京地決昭31・8・22〕），また規約上，大会での組合員3分の2以上の賛成を要するのに，それに満たなかった場合（山梨貸切自動車事件〔東京高判昭56・1・29〕），さらに事前に処分事由を通知して，弁明の機会が与えられなかった場合（全金労組光洋電子工業支部事件〔東京地八王子支判昭50・8・15〕）など，それぞれの統制処分は無効であるとされた。

4　組合活動

(1)　「組合活動」とは何か？

　わが国の労働組合は，一般に企業内組合という組織形態をとっていることから，日常の組合運営から争議時にいたるまで，組合が設立された企業内の施設利用の必要性は本来的に高い。「組合活動」には，大きく組織の維持・運営に関わるものと，「対外的組合活動」とも呼ぶべき，使用者等への対抗的行動の二つに分けられる。また同じく「組合活動」といっても，平常時と争議時とでは自ずと，その役割・意義も異なろう。組合活動を保障する法的根拠は，何に求められるべきか。これについては，組合の組織維持に関わる活動は「団結権」に由来し，対外的な活動は「団体行動権」として理解すべきであろう。

(2)　日常の組合活動──「便宜供与」との関係

　労働組合が行なう対「内」的な組織・情宣活動については，使用者と施設利用の手続や就業時間中の組合活動を容認する協定が締結されている場合や，そのよ

うな活動を黙認する「慣行」が存在することもあろう。

　労組法は既述のように(1)就業時間中の組合活動について，同法 2 条但書 2 号と 7 条 3 号但書で，「労働者が労働時間中に時間又は賃金を失うことなく使用者と協議し，又は交渉することを使用者が許すこと」を組合の自主性侵害あるいは支配介入には該当しないとしている。また(2)組合事務所の貸与と支配介入に関しても，労組法 2 条但書 2 号と同法 7 条 3 号但書が同じく，「最小限の広さの事務所の供与」が自主性を損なうものではなく，支配介入に該当しないと規定している。組合の自主性要件と不当労働行為としての「支配介入」の両規定で，いずれも同一の表現によって，そのような便宜が使用者から与えられたとしても，組合の自主性をそこなわず，あるいは支配介入（＝経費援助）に該当しない旨規定されている。

(a)　組合事務所および組合掲示板の貸与

　工場・事業所構内に設けられた組合事務所が，組合にとって対外的なそれはもちろん，企業内活動を展開するための物的な基盤である。掲示板も，インターネットや電子メールなどの情報伝達手段が発達した今日，その役割は低下しつつも，組合にとっては，その存在を知らしめ，また組合員への基本的情報伝達手段である。組合事務所や掲示板をめぐっては，一旦組合に貸与した使用者が組合に明け渡しや返還を要求したことを契機に紛争化することが多い。そのような使用者の対応は，団結権侵害に該当しよう。

　その利用関係は，いずれの場合も民法典にしたがい，有償の場合は賃貸借（民法601条）に該当し，無償の場合は使用貸借（同593条）にあたると解すべきであろうか。後者の場合は，貸主はいつでも返還請求をすることができるとされる（同597条 3 項）。しかしそのような処理は団結権の承認を前提とする集団的な労使関係にとって適切ではない。したがって組合事務所および掲示板の利用関係は，民法典の契約類型には該当しない無名契約と解すべきであろう。使用者が組合に対し，組合事務所としてのスペースの利用関係を解消し，明け渡しを求める場合，それは使用者が当該施設を業務上使用する必要があり，かつ代替施設を提供するときに限って認められると解すべきであろう。

(b)　在　籍　専　従

　個別企業の従業員により組織された組合では，従業員としての地位を保持しながら，一定期間，専ら組合業務に従事する「在籍専従」制度が普及している。一般に，専従期間中は休職扱いとされるが，その期間は勤続年数に算入され，従業

員としての昇給・昇格は停止せず，福利厚生も享受でき，一般従業員と同様の処遇を受けることになる。企業別組合の場合，その多くは組合員が当該企業の従業員に限られることから，財政規模も限定され，組合業務に専門的にたずさわるべき人材を確保することができずに，在籍専従という方式をとらざるをえない（なお，その間，使用者から賃金〔相当額〕を受け取ることは組合の自主性を損ない，支配介入〔労組法 7 条〕にあたるが，実際に行なわれたこともある〔「闇専従」〕）。これも，わが国の労働組合が本来的にかかえる問題の一つである。

(c)　組合費のチェック・オフ制度

わが国の組合では，組合費も所得税や住民税と同じように，一般には，使用者が組合員の給与から一括して天引き（チェック・オフ check off）して，組合に引き渡すという方式が労使協定または慣行によりとられている。これも，本来組合自ら行なうべき組合費徴収事務を，対抗関係にある使用者の手を借りて実現するという便宜供与の一つである。これも戦後現行法以前から，組合にとって組合費の確実な徴収を実現し，その財政の基盤を確保するものとして，法が禁じる支配介入（労組法 7 条 3 号）にはあたらないとされてきた。むしろ使用者が従来実施してきた組合費のチェック・オフを一方的に中止や廃止することが支配介入に該当するとされた事例も少なくない。

使用者がチェック・オフの義務を負うのは，組合費納入の義務がある組合員についてであるから，組合を脱退した者からその旨の通知があった場合には，すみやかに停止しなければならない。チェック・オフについては，労基法24条 1 項の全額払い原則との関係も問題となる。これについて最高裁は，チェック・オフも労働者の賃金の一部を控除するものであるから，同前条但書の要件を充たさないかぎり，できないとする（済生会中央病院事件〔最 2 小判平元・12・11〕）。これによれば，事業場の労働者の過半数を組織する組合しかチェック・オフ協定を締結することができないことになる。しかしそれは組合員数の多少にかかわらず，団結権の主体として対等であるとのわが国複数組合主義の原則に反する。ただしそのような理解によっても，過半数組合や過半数従業員代表者によりチェック・オフ協定が締結されている場合，全額払い原則の例外効果は当該事業場全体におよぶことから，少数組合であってもチェック・オフの実施は可能となる。しかし当該労働組合が事業場内の少数労働者しか組織していない場合であっても，やはりチェック・オフは承認されるべきであろう。

(3)　組合活動と使用者の権限との抵触・衝突

(a)　就業時間中の組合活動（リボン闘争等）と業務命令権

　労働者は労働時間中，労働契約に基づいた労務提供を行なうべき義務があり，原則的には組合活動に従事することはできない。わが国における就業時間中の組合活動として，かつて盛んに議論されたのは，リボンやワッペン，腕章等の着用闘争（以下「リボン等着用」）である。これは争議時や労使間で懸案事項が存在した場合などにおいて一方で組合員相互の連帯意識を高めながら，他方では使用者への抗議や示威，あるいは顧客等の第三者に主張・要求内容を示し，協力を要請したり，ときには紛争状況を宣伝したり，誇示することなどを目的として実行される。

　裁判例は1970年代初頭までは，「原則的正当」すなわち労働契約上の身体的・精神的活動と何ら矛盾なく両立し，業務に具体的支障を生じさせないものは，正当であると解し（たとえば灘郵便局事件〔神戸地判昭42・4・6〕），学説も，争議行為とは異なり，業務阻害性がないのが組合活動の特徴であるとの理解を前提にして，これを支持した。しかし1970年代半ば以降，裁判所は「一般的違法」すなわち勤務時間中の職務に関係ない行為は職務専念義務に反し，業務への支障の有無に関係なく違法とするようになった。その典型であると同時に，集大成とも目すべきものが労働組合結成間もないホテル従業員組合が賃金闘争の過程で行なったリボン闘争に関する大成観光（ホテル・オークラ）事件（最3小判昭57・4・13）であった。そこでは，リボン等を着用して就労することは労働契約上，就業時間中は与えられた職務を誠実に履行すべき「誠実労働義務」に違反するとされた。またリボン等着用闘争は一方で使用者の指揮命令に従いながらも，他方では就業時間中にもかかわらず，組合活動としての団結の示威を行なうもので，使用者に対抗すべき有効な手段がないがゆえに不公正であるとした。ただし伊藤正巳裁判官は補足意見のなかで「職務専念義務を厳しく考えて……すべての活動力を職務に集中し，就業時間中職務以外のことに一切注意力を向けてはならない」のではなく，「労働契約に基づき，その職務を誠実に履行しなければならない」ということを意味し，これと「何ら支障なく両立し，使用者の業務を具体的に阻害することのない行動は，必ずしも職務専念義務に違背しない」とした。このような発想は極めて常識的な理解だとして，多くの学説はこれを支持している。

(b)　企業施設利用組合活動と使用者の施設管理権

①　「施設管理権」と組合活動

　労働者・労働組合が企業（構）内で，とくに同施設を利用しながら，実行する組合活動としては，ビラ等の文書類の配布やビラ貼付活動，そして会議室・食堂等での無許可集会の開催などがあろう。このような組合活動を展開するとき，使用者の施設管理権との抵触・衝突という問題が提起され，裁判等でも，その民・刑事責任の有無や，使用者による施設利用拒否の不当労働行為性（労組法 7 条）が論じられた。「施設管理権」とは「使用者が企業の物的施設に対して有する所有権ないし利用権に基づき，それらを事業目的に供し，かつ，それに相応しい状態におくために必要な措置をとりうる権限」をいうと説明されている。これは，使用者が労働者・労働組合の施設利用を制限・規制すべき権限として主張された。ただし，それは企業の物的施設に関わるものであり，従業員ないし組合員を規制すべき人的管理権限ではない。

②　ビラの配布活動

　休憩時間中のビラ配付について議論になったのは，休憩時間の自由利用（労基法34条 3 項）や表現の自由（憲法21条）との関係であった。ひとつは，手続的規制である。多くの企業で，就業規則により，建物・構内でのビラや機関紙等の文書配布を禁止したり，事前の許可制を定めている。ベトナム侵略〔戦争〕反対と記したプレートを着用して業務に従事し職員が上司の取り外し指示に抗議したビラを昼休み時間中，局内食堂で配布した目黒電報電話局事件（最 3 小判昭52・12・13）は局所内政治活動を禁止した就業規則「規定は，局所内の秩序風紀の維持を目的にしたものであるから，形式的にはこれに違反するようにみえる場合でも，ビラの配布が局所内の秩序風紀を乱すおそれがない特別の事情が認められるときは，右規定の違反になるとはいえない」とした（ただし本件では，戒告処分有効とされた）。もう一つは，内容的規制である。使用者は会社内に政治的対立を持ち込まれることを危惧してか，労働者の政治的な内容を含むビラの配付を禁止する（目黒電報電話局事件〔前掲〕）。また配布場所について，住友化学工業事件（最 2 小判昭54・12・14）では，会社正門と歩道のあいだの広場でなされたことから，職場秩序が乱されるおそれのない場合にあたると判断された。すなわち同じく「企業施設」とはいえ，生産・事業活動に供されている部分とそうではない場所とでは，自ずと性格を異にするといえよう。

③　ビラ貼付活動

　かつてわが国では，大量のビラ（印刷されたもののみならず，墨汁等で模造紙や新聞紙等にスローガンを殴り書きしたものも含む）を建物の壁面やガラス窓を一面覆うように，乱雑あるいは剥離困難な状態で貼付され，建物内への採光が妨げられたり，外観が著しく汚損されることもあったことから，そのような行為が建造物損壊罪（刑法260条）や器物損壊罪（同261条）違反等に問われたりしたこともあった。しかし労使関係の安定や労働組合の成熟・意識の変化のため，さらには裁判所の厳しい対応のためか，しだいに刑事事件に問われる例は減少し，議論は民事法的側面に移った。すなわち裁判上，ビラ貼付活動を理由とする懲戒処分や，その除去や清掃にかかる費用を損害賠償として請求されたりして，それらの適否などについて，議論された。

　国鉄札幌駅事件（最3小判昭54・10・30）は，春闘の際に，利用客の目にふれることのない職員詰め所などに備え付けられたロッカー約300個に，1ないし2枚のビラ——縦40cm・横15cm，上部に「合理化粉砕」等と記され，下部に組合名が印刷されたもの——を，上記の例とは異なり，容易に剥離しやすい紙粘着テープで貼り付けたものであった。最高裁は「職場環境を適正良好に保持し規律のある業務の運営態勢を確保するため，その物的施設を許諾された目的以外に利用してはならない旨を，一般的に規則をもって定め，又は具体的に指示，命令することができ，これに違反する行為をする者がある場合には，企業秩序を乱すものとして……懲戒処分を行うことができる」とした。しかしビラ貼りは，とくに争議（状態）時には平時とは異なり，情報伝達というよりも，使用者への圧力行動としてなされるものであり，団体行動権の行使として理解すべきである。したがって抽象的に企業秩序が乱されたなどというのではなく，具体的にいかなる損害が発生したのか，それがいかなる目的で，いつ，どのような対象物に，どれくらいの数量で，いかなる方法で貼付されたのかなどの諸事情を具体的に勘案したうえで，団体行動（憲法28条）としての正当性が検討されなければならなかったのではなかろうか。

④　組 合 集 会

　わが国の労働組合にとって，組合大会や会議のために企業施設を利用する必要性は高い。必要性が高いという事実から組合活動目的の施設利用の権利がただちに導かれるものではないとしても，その正当性評価にあたり考慮されるべき事情の一つであると考えることはできよう。池上通信機事件（最3小判昭63・7・19）

は，結成後間もない労働組合が使用者の警告を無視して社員食堂での組合集会を強行したものである。最高裁は，会社側の食堂使用拒否，組合による強行使用等に対する警告や社内放送を利用した集会中止命令などを不当労働行為とした労委命令（神奈川地労委昭56・7・27）を取り消した一・二審（横浜地判昭58・9・29，東京高判昭59・8・30）を維持していた。一方では会社施設といえ，直接に生産活動とは関係のない社員食堂を利用した会議や組合集会は，他方では労働組合にとって，組織維持に不可欠なもので，団結権に根拠を置くべき正当な組合活動であると理解すべきであろう。

コラム 3-2　個人加入の地域ユニオンの陽と陰（ひかり・かげ）

　日本の労働組合の多くは，既述のようにその従事する仕事の違い──工場に働くのか，外勤の営業職なのか，それとも本社の経理や人事業務を担当するのか──に関係なく，同じ会社に働く，有期契約社員やパート・タイマー，派遣社員を排除した正社員のみにより構成される，工職混合の企業内組合であるという特徴がある。これに対し，会社の違いや正社員・非正社員という地位や仕事＝職の違いに関係なく，さらに従業員組合であれば，加入資格のない管理職でも，とくに社内に労働組合のない中小企業の労働者によって社外に組織される労働組合が「合同労組 general union」といわれるものである。とくに60年代以降，働く事業所や工場や従業員としての地位──とくに企業別組合への加入資格を否定された非正規社員──がいかなるものであれ，特定の地域に働くことを共通項として，労働者が個人単位で加入することができる労働組合として注目された。しかし後述する事情などから，日本社会に根付き，拡大することはなかなかむずかしかった。ところが1990年代以降，地域ユニオンとかコミュニティ・ユニオン，略して「ユニオン」と呼ばれ，再び労働組合の在り方が関心を呼び，連合や全労連などのナショナル・センターも積極的に対応するようになった。そこでは，自らの加入意思の有無に関係なく，従業員としての地位を取得し，一定期間が経過すれば，自動的に組合に加入する（させられる）ユニオン・ショップ協定（本章第1節コラム参照）を締結した企業内組合への参加とは異なり，労働者自身が積極的に組合に参加するという意思を示し，その加入手続きを取らなければならない。

　その参加のきっかけは様々であろう。会社から不当に解雇されたり，雇い止めをされたとか，労働災害にあったが，会社は私傷病扱いで処理しようとしているとか，ハラスメント被害を受けながらも社内では一向に問題が解決されないとか，労働者がトラブルに直面したとき，その解決を求めて加入する場合が多い（駆け込み訴え・加入）。わが国では，憲法28条による労働基本権が労働組合のみならず，労働者個人にも認められ，たとえ社外に結成された労働組合であれ，問題の会社に組合員が一人しかいないときでも，企業内組合と同様に，使用者は正当な理由

がなく，団体交渉を拒否することはできず，誠実な態度をもって交渉に臨まなければないない（詳しくは，本章第 3 節および第 6 節参照）。このようにＡＤＲ（Alternative Dispute Resolution 裁判外紛争解決手続）のひとつとして，地域ユニオンは大きな役割をはたしている。しかし反面やはり，組合組織の拡大につながらないというジレンマをかかえている。それはトラブルを抱えていた労働者が会社との紛争が解決し，とくに会社から解決金が支払われたとき，その一部を組合に支払うとともに，組合を退会することも少なくないからである。このように労働者が地域ユニオンをコンビニエンス・ストアのごとき"便利屋"として一時的に利用するのではなく，自分が働く会社の環境や労働条件の向上に立ち向かうことになるよう，工夫と努力を重ねることがもとめられている。

第3節　団体交渉

トピック　社長の不祥事！　従業員に対する会社の説明，話合いは⁉

　社長の横領事件がニュースで取り上げられ，会社内の従業員の間に不安が広がっている。労働組合に加入しているAさんらは休憩室で，今回の不祥事のことについて話している。

　　　　　　＊　　　　　　＊　　　　　　＊

Aさん「いやあ，社長の件は本当に驚いたよ……昨日はちょうど夕飯時でさ，家族一緒にテレビでニュースを見ていたら，いきなり，うちの会社の名前が出てくるんだもの。会社のことをテレビで見るなんて夢にも思わなかったよ。それだけでもびっくりなのに，社長が会社の金を横領して退任するなんて……」

Bさん「社長が会社のお金で遊びまわっていたことをニュースで知るとはね……やり手の社長ではあったけど，まさかこんなことになるなんて。上司たちはどこまで知っていたのかな？上はある程度分かってて，見ないふりをしていたのかな。」

Cさん「うーん，全く知りませんでしたってことはないんじゃない？テレビにニュースになるぐらい派手に遊びまわっていたんだもの。流石に上司の誰かは知ってたと思うけどなあ。もしかすると，社長のことを知ってた誰かが，マスコミに情報をリークした人がいたんじゃない？」

Dさん「それにしても今日，出勤する途中，報道関係者の数がすごかった。生まれて初めて，テレビの取材ってやつを受けたよ。『この件について何かご存じのことはありますか？』だって。そんなこと言われてもなあ，平社員の僕らが把握していることって何もないんだよね。僕らがいくら騒いだって，会社側は動く気配が全然ないし……」

Aさん「ニュースにも取り上げられてこうして話題にしているけど，僕らは普段通りに出勤してきたし，会社からの説明はまだないよね？会社の従業員がテレビのニュースで情報を得ているって明らかにおかしくない？今日か明日にでも，この件について会社から説明があるのかな……今回の件で，E部門売却の話も駄目になっちゃうのかも。結構，話は進んてて本決まりになりそうだって聞いてたけど。」

Bさん「E部門で働いている人たちにとっては，会社が売却の件にどう対応するのか死活問題だよね。そういえば，さっきE部門のFさんと話してたら，組合の役員として今回の問題について会社にきっちり問いただすから，組合員の僕らにはとりあえず落ち着いていてほしいって言ってたよ。組合としては今回の件について団体交渉を申し入れて，会社側の説明を聞いた上で今後の対応について協議するらしい」

> Ｃさん「今回の問題はＥ部門に限った話ではないから，Ｆさんには頑張ってほしいね。従業員全体に不安が広がっているし，会社には説明責任を果たしてもらわないと。でも，うちの会社って社長のワンマンだったから，組合が会社に説明を求めても無視されそう……」
>
> Ｄさん「組合からの申入れを会社が無視することは出来ないじゃないの？ 次の社長が誰になるか説明してもらわないといけなし，社長の影響は絶大だったから，もしかすると今回の件で従業員の人事も大きく動くかも。今回の件で会社の業績が下がるだろうから，今年のボーナスは期待できそうにないかな。ああ，家のローンもあるのにどうしたらいいんだろう……」

　そんなことを話しながら，Ａさんらは大きなため息をついた。社長の横領事件のため，事業の一部門の売却は頓挫してしまいそうだし，会社内の人事や従業員のボーナスにも影響が出てきそうな状況にある。これらの事項について，Ａさんら組合員を代表する労働組合は会社に対して説明や協議を求めるため，団体交渉を申し入れることが出来るのだろうか。

1　団体交渉の権利

(1)　団体交渉権保障の意味

　団体交渉とは，労働組合が労働協約の締結等に向けて使用者又は使用者団体と交渉することをいう。団体交渉はもともと，労働者が使用者と個別に労働条件について交渉するのではなく集団で交渉すること，労働者の代表を通じた労働力の集合的取引を意味するものである。

　しかし，日本の場合，団体交渉は交渉の結果である労働協約の締結のみを目的とするにとどまらない。広くは，労使間のコミュニケーションの一環として行われるものを含めて団体交渉と呼ばれることがある。労働組合法 6 条は，団体交渉の権限に関して，「労働組合の代表者又は労働組合の委任を受けた者」が「労働協約の締結その他の事項に関して交渉する権限を有する」と定めており，法は労働協約の締結を目的としない団体交渉があり得ることを予定しているといえる。

　定期又は不定期の労使間のコミュニケーション以外にも，日本の場合，組合員個人の人事や権利に関する問題が団体交渉の対象になっている。他国とは異なり日本では，団体交渉が組合員個人の権利問題に関する紛争処理，苦情処理といった様々な機能を担っている点も大きな特徴の 1 つといえる。

　実際に何を団体交渉と呼ぶかは企業によって大きく異なっており，団体交渉が

果たす役割も違っている。日本では非常に多義的な意味を持つ団体交渉につき，憲法28条は団体交渉権を保障している。憲法28条が団結権とともに団体交渉権の保障を宣言したのは，戦後すぐは労働組合の力量がまだ十分ではなく，団体交渉を通じた労働条件決定システムが定着していない日本において，団体交渉権を独自の権利として保障する必要があったためだといわれている。

　団体交渉権の保障によって，使用者には団体交渉に応じる義務が課されており，労働組合法7条2号は，「使用者が雇用する労働者の代表者と団体交渉をすることを正当な理由がなくて拒むこと」を不当労働行為として定めている。正当な理由のない使用者の団交拒否を不当労働行為とする労働組合法の規定も，憲法で保障された団体交渉権の保障を実質化する意味を持つ。さらに，使用者に課される団体交渉義務は，単に交渉のテーブルに着くだけではなく，誠実に団体交渉にあたる義務（誠実交渉義務）があり，妥結を求める労働組合の努力に対して誠実な対応を通じて合意達成の可能性を模索する義務があるとされている。

　こうした使用者の誠実交渉義務について，例えば，カール・ツアイス事件（東京地判平元・9・22）において裁判所は，使用者には「己の主張を相手方が理解し，納得することを目指して，誠意をもって団体交渉に当たらなければならず，労働組合の要求や主張に対する回答や自己の主張の根拠を具体的に説明したり，必要な資料を提示するなどし，また，結局において労働組合の要求に対し譲歩することができないとしても，その論拠を示して反論するなどの努力をすべき義務」があると述べた。

　誠実交渉義務についてはこれまで，下級審判決において言及されてきたが，近時の最高裁判決である国立大学法人山形大学事件（最二小判令4・3・18）では，誠実交渉義務について，「必要に応じてその主張の論拠を説明し，その裏付けとなる資料を提示するなどして，誠実に団体交渉に応ずべき義務」だと述べられている。

　団体交渉権をめぐって多く問題になるのは，使用者による団交拒否があった場合である。使用者の団交拒否に関し，かつて私法上の団体交渉請求権に基づく団交応諾仮処分の可否が問題になった。学説には，団交応諾仮処分を肯定する見解，否定する見解の両方があったが，新聞之新聞社事件（東京高決昭50・9・25）において裁判所は，給付内容の特定が困難であること，実効性について疑問があることを指摘して否定するものがあった。そして，後掲国鉄事件において，団交応諾仮処分ではなく，団体交渉を求める地位の確認請求を認めるという形で，裁判

所は使用者の団交拒否に対する救済を図った。

(2)　組合の自由設立主義と複数組合主義

　つぎに，日本では労働者の意思によって自由に労働組合を設立することが出来る（自由設立主義）。そして，団体交渉権は，規模の大小を問わず全ての労働組合に保障が及ぶ。日本の場合，欧米とは異なり企業別組合が主流であるが，組合の自由設立主義により1つの企業内に多数派組合と少数派組合といった複数の組合が併存することがある。日本ではアメリカやカナダとは異なり，たとえ一人でも多く過半数を超えた支持者を集めた労働組合が反対票を投じた者を含めた，全労働者を代表するという「排他的交渉代表制」をとっておらず，規模の大小を問わず労働組合に団体交渉権を保障している以上，使用者は企業内に併存する複数の組合と団体交渉を行うことになる（複数組合主義）。

　このように，日本の場合には複数組合主義を採り，使用者は複数の組合と団体交渉を行うことになることから，使用者には「中立的態度を保持し，その団結権を平等に承認すべきものであり，各組合の性格，傾向や従来の運動路線にいかんによって差別的な取扱いをすることは許されない」という中立保持義務が課されている（日産自動車事件・最三小判昭60・4・23）。ただし裁判所は，使用者に中立保持義務が課されるといっても，各労働組合の現実の交渉力に対応してその態度を決めることが否定されるわけではないことも言及している。

2　団体交渉の類型

(1)　産業別交渉と企業別交渉

　団体交渉の典型的な類型は，産業別交渉と企業別交渉とに大きく分けることが出来る。産業別交渉は例えば，鉄鋼，化学，サービス業など産業ごとの労働組合が使用者団体との間で行う交渉の類型である。ドイツやフランスなどヨーロッパ諸国では，こうした産業別交渉が主流であり，その成果である産業別の労働協約が当該産業の最低労働条件を設定する役割を果たしている。ドイツの場合を例に挙げると，産業別の労働組合とは別に事業所内に従業員の代表者である事業所委員会が組織されるという二元的システムが伝統的に採られており，事業所委員会が事業所レベルの労働条件決定に関与している。

　日本における産業別交渉の例として，全日本海員組合が船主団体との間で産業別交渉と産業別労働協約の締結を行っている。その目的には，所属会社に関わり

なく全ての船員労働者の雇用・労働条件と生活保障，事業者間の公正競争を実現することにあるという。

　ドイツやフランスといったヨーロッパ諸国では産業別交渉が典型的であるのに対し，我が国では企業別組合が主流であることから，団体交渉の類型も企業別交渉が一般的だとされる。ある企業又は事業場単位で組織される労働組合が個々の使用者との間で交渉する形態が企業別交渉であり，その結果である労働協約も企業単位で締結されることになる。

　日本でも，企業別組合の上部団体に当たる産業別組合が，企業を超えた統一的団体交渉を行うことが否定されているわけではない。しかし，同一事項について企業別組合と産業別組合による二重交渉のおそれが生じることから，裁判所の中には，「使用者に統一集団交渉を義務づけるためには，使用者が統一集団交渉の当事者となるべき使用者団体に交渉を委任したり，他の使用者と連携・協力したりするなど，使用者に統一集団交渉をすることができる体制が整っていることを要する」とした例も存在する（本四海峡バス事件・神戸地判平13・10・1）。

(2)　産業別と企業別交渉の中間形態

　このように，ヨーロッパ諸国とは異なり日本では企業別交渉が一般的であると説明されるが，企業別交渉については横の連携を取りにくいなどの弱点がある。この弱点を克服するため，日本では企業別交渉と産業別交渉の中間形態に当たる交渉が行われてきた。そのうちの1つが，企業別交渉に上部団体役員が参加する類型の交渉である。使用者は，企業別組合の上部団体役員が出席していることを理由に団体交渉を拒否することは出来ず，団体交渉に応じなければならないことになる（奈良学園事件・最三小判平4・12・15）。

　この他，企業別交渉と産業別交渉の中間形態に当たる団体交渉の類型としては，企業別組合と上部組合とが共同で使用者と交渉に当たる共同交渉，産業別組合の統制の下，複数の企業別組合が各企業と交渉を行う集団交渉，産業別上部団体が個々の使用者と交渉を行う対角線交渉などがある。参考までに厚生労働省の調査（厚生労働省「令和2年労使間の交渉等に関する実態調査」）によると，団体交渉を行った労働組合のうち，「当該労働組合のみで交渉」を行った割合が最も高く（85.3%），「企業内上部組織又は企業内下部組織と一緒に交渉」は12.4%，「企業外上部組織（産業別組織）と一緒に交渉」は4.4%となっている（複数回答）。

⑶　春季生活闘争

　これらの形態とは別に，日本ではナショナルセンターである日本労働組合総連合会（連合）が，産業別組織間のスケジュールを調整したり，闘争の方針を決定したりするなどして，個々の労働組合の交渉力を高め，産業横断的な連携を図ってきた。こうした取り組みは春季生活闘争，通称では春闘と呼ばれ，企業別労働組合の大部分は足並みを揃えて，例年2月から3月にかけて賃上げ交渉を行ってきた。ナショナルセンターである連合主導の下，産業別労働組合の方針やスケジュールのもとで足並みを揃えた交渉を行うことにより，産業全体，さらには社会全体の賃上げや労働条件の向上を図られることになる。

⑷　労使間のコミュニケーション手段

　労働協約の締結に向けた交渉以外にも，日本では労使間のコミュニケーション，組合員個人の紛争処理又は苦情処理といった様々な役割を団体交渉は担ってきた。実態として，日本でも産業別の労使間における交渉，折衝，懇談などの様々な名称で何らかの形での話し合いの場が設けられている。また，各事業場のレベルで発生する職場の問題や日常的問題を話し合う場として，事業場の代表者，監督者等との間で交渉が行われることがある。こうした話合いの場は団体交渉と呼ばれたり，労使協議という名称で団体交渉とは区別されたりする場合がある。

　労使協議は年に数回開催されるなど定期的に予定されているものの他，問題が起こった都度，労使間で話合いの場が設けられることもある。各企業，事業場ごとに名称は様々であるが，場合によってはインフォーマルな形で，定期又は不定期に労使間のコミュニケーションが行われ，職場が直面する問題について説明や協議が行われているのが現状である。

　労働組合に対する企業側の説明や協議という点に関連して，最近では企業のコーポレートガバナンスに注目が集まっており，政府も，「日本再興戦略──未来への挑戦──」の中でコーポレートガバナンスの強化方針を示している。こうした方針による改革が企業内で進められる中，労働組合によるモニタリングやチェックを通じたコンプライアンス強化に努める企業も登場してきている。

　特に日本では主流となっている企業別労働組合においては，団体交渉を含む企業との間での様々な形での協議を行って経営の実態を把握するとともに，個々の組合員から現場の声を身近に聞けるというメリットがある。大きなトラブルが発生する前に，日頃から従業員の意見や悩みを聞くことも，労働組合の重要な役割

になっている。

3　団体交渉の当事者

(1)　団体交渉の労働者側当事者

　団体交渉に関わる主体には，当事者と担当者という 2 つの概念がある。団体交渉の当事者とは，自らの名で団体交渉を行い，その結果として締結された労働協約に拘束される当事者である。労働者側の当事者とは，労働組合法の言葉によれば，「使用者が雇用する労働者の代表者」（労働組合法 7 条 2 号）ということになる。

　より具体的には団体交渉における労働者側の当事者は，企業ごとに結成された組合とその上部団体を指す。企業別組合の支部や分会についても，独自の規約を有した組織体である以上，団体交渉の当事者に該当する（三井鉱山三池鉱業所事件・福岡高判昭48・12・7 ）。

　しかし，ここにいう団体交渉の労働者側当事者は，使用者から団体交渉を拒否された場合に労組法が予定する不当労働行為救済制度による保護を受ける者のことをいい，使用者が交渉のテーブルに着くことを義務付けられる者のことをいう。団体交渉の役割は労働協約の締結にとどまらず，労使間のコミュニケーションや組合員個人の紛争処理を果たしている。前掲山形大学事件においても，団体交渉による労使コミュニケーションの役割に言及がある。

　こうした団体交渉の広範な役割を鑑みれば，企業別に結成された労働組合以外にも，地域ユニオンと呼ばれる地域で組織された労働組合も団体交渉の当事者になり得る。実際の裁判例の中には，退職した労働者も労組法 7 条 2 号にいう「使用者が雇用する労働者」である以上，かかる労働者を代表する労働組合である地域ユニオンとの関係で，使用者に団体交渉に応じる義務があるとしたものがある（兵庫県・兵庫県労委（川崎重工業）事件・大阪高判平21・12・22）。

(2)　団体交渉の労働者側担当者

　他方，団体交渉の担当者とは，団体交渉を現実に担当する者のことをいい，労組法 6 条では，「労働組合の代表者又は労働組合の委任を受けた者」が交渉担当者に該当するとしている。同条にいう「労働組合の代表者」とは，労働組合の委員長以外にも，副委員長や書記長を含む組合三役が該当すると考えられている。また，「労働組合の委任を受けた者」には労働組合法上，特に制限は設けられておらず，他の組合役員や組合員，弁護士などいかなる者でもよいとされている。

しかし，労働協約のなかに，団体交渉を第三者に委任することを禁止する旨の条項が設けられる場合がある。こうした第三者委任禁止条項を無効とする見解もあるが，委任禁止が労働組合の自主的判断に基づく場合，無効とまでいうことは困難だとする見解が多い。

⑶　未組織労働者集団（争議団）

交渉当事者に関して，労働組合法が定める要件を満たさず，労働組合としての組織を持たない労働者の集団についても，代表者を選んで交渉の体制を整えれば，憲法28条の保障を受けられると考えられている。こうした労働者の集団についても交渉の当事者になり得ることから，労働組合法が予定する不当労働行為救済制度による保護を受けられないとしても，使用者が任意に交渉のテーブルに着くことは妨げられるものではない。また，労働組合の要件を備えていない労働者の集団が労働委員会による救済を受けることが出来なかったとしても，憲法が予定する保護（民刑事免責など）が否定されるわけではない。

⑷　使用者側の当事者

団体交渉の使用者側の当事者は通常，組合員である労働者と労働契約を締結した個々の使用者が該当する。しかし最高裁によると，労働組合法上の使用者は労働契約上の雇用主だけではなく，組合員の基本的な労働条件に関して，雇用主と部分的に同視できる程度に現実的かつ具体的に支配，決定することができる地位にあった者を含むと解されている（朝日放送事件・最三小判平 7 ・ 2 ・28）。

労働者と労働契約を締結した者以外も使用者に該当しうるとして，問題はどの範囲の者が労組法上の使用者に該当し，労働組合との団体交渉に応じることを義務付けられるかである。裁判所は，「労組法にいう使用者性を基礎づける労働契約関係とは，必ずしも現実の労働契約関係のみをいうものではなく，これに近接する過去の時点における労働契約関係の存在もまた，労組法上の使用者性を基礎づける要素となると解するのが相当である」とし，会社分割後の新設会社も労働者との関係では使用者に該当すると判断している（モリタほか事件・東京地判平20・ 2 ・27）。このように，過去の労働契約に近接する将来の使用者も労組法上の使用者に該当する。

⑸　派遣先や親会社の使用者性

　また，裁判例の中には，派遣先企業についても朝日放送事件の判断枠組みを当てはめ，「派遣先事業主は，原則として，労組法7条の使用者には当たらないと解するのが相当」としながら，労働者派遣が派遣法を違反して行われる等の場合，派遣先も労組法7条にいう使用者に該当するとしている（H交通社事件・東京地判平25・12・5）。派遣先とともに，親子会社における親会社の使用者性が問題になることがある。裁判所の判決の中には，子会社の解散を決定した親会社に関し，朝日法事件の判断枠組みに従いながらも，子会社の再建築の検討に一定の関与をしたことをもって使用者たる立場にあると根拠づけることは困難だとし，親会社の使用者性を否定する事例が存在する（大阪証券取引所事件・東京地判平16・5・17）。

⑹　持株会社の使用者性

　近年問題になっている持株会社の使用者性を裁判所は否定する傾向にあり，持ち株会社が子会社従業員の基本的労働条件の一部に対してある程度重大な影響力を有していることが認められたとしても，持株会社がグループの経営戦略的観点から子会社に対して行う管理・監督の域を超えるものとはいい難いことから，支配株主としての地位を超えるものではなく，労組法上の使用者には当たらないと判断している（ブライト証券ほか事件・東京地判平17・2・7）。

　持株会社の使用者性を否定する裁判所と同様の傾向は労働委員会の命令にも見られ，例えば，最近の事例である昭和ホールディングス外2社不当同労働行為再審査事件（中労委命令平30・11・21）においても，持株会社は子会社の経営について一定の支配力を有していたとはいえるものの，グループ内子会社の管理・監督の域にととどまることから，労組法上の使用者には当たらないと判断されている。企業のホールディングス化が進む中，企業グループ内には個別企業の労働組合の連合体であるグループ労連が組織されるなどしており，今後，持株会社の使用者性を争う事例が増えていくことが予想される。

⑺　使用者団体

　この他，使用者団体も労組法上，使用者と並ぶ団体交渉当事者と位置付けられている。欧米の場合，使用者団体が産別組合と団体交渉に当たり，その結果として労働協約を締結している。しかし日本では，欧米のような使用者団体はほとん

ど存在せず，団体交渉の当事者となることは稀だといえる。

4　団体交渉事項

(1)　義務的団交事項とは

　団体交渉で何を交渉の対象とするかは当事者の自由であり，法律で違法とならない限り，どのような事項でも会社が任意に交渉のテーブルに着くことは否定されない。しかし，労働組合が要求すれば会社が交渉に応じなければならない事項が存在する。使用者が交渉に応じなければならない事項のことを義務的団交事項といい，一定範囲の事項が該当する。

　裁判所によると，「団体交渉権保障の趣旨に照らすと，使用者が団体交渉を行うことを労組法によって義務づけられている事項（義務的団体交渉事項）とは，団体交渉を申し入れた労働者の団体の構成員たる労働者の労働条件その他の待遇や当該団体的労使関係の運営に関する事項であって，使用者に処分可能なものをいう」と解されている（エス・ウント・エー事件・東京地判平 9・10・29 など）。

(2)　労働条件その他の待遇に関する事項

　義務的団交事項として第一に挙げられるのが，「労働条件その他の待遇」に関する事項である。これには，賃金や労働時間といった労働者にとって重要な労働条件以外にも，配転や懲戒，解雇の基準等も含まれる。前述のように，日本では団体交渉が組合員個人の紛争処理，苦情処理の役割を果たしてきたことから，組合員の人事や権利問題も団体交渉事項となっている。裁判所は，組合員の解雇に関する問題が団体交渉の方法によって解決されることがあり，「労働組合等の団体が当事者となって，団体の団結権，争議権等の力を背景に，交渉の技術等を尽して行われる」ことを認めている（日本鋼管事件・東京高判昭57・10・7）。

(3)　非組合員の労働条件に関する事項

　このように基本的には，義務的団交事項には組合員の労働条件が対象であり，組合員以外の労働条件は対象外となるが，非組合員の労働条件が組合員の労働条件と密接に関連するものである場合又は組合員の労働条件に重要な影響を与えるものである場合には，義務的団交事項に当たると解されている。

　義務的団交事項に該当すると判断されたものとして具体的には，非組合員の解雇問題も従業員一般の立場において捉えた場合，「公正な人事機構の確立を要求

することにより，組合員その他従業員の労働条件の改善乃至その経済的地位の向上を図るため」のものと解している（高知新聞事件・最三小判昭35・4・26）。この他にも，裁判所は，非組合員の労働条件について，「当然には上記団交事項にあたるものではないが，それが将来にわたり組合員の労働条件，権利等に影響を及ぼす可能性が大きく，組合員の労働条件との関わりが強い事項については，これを団交事項に該当しないとするのでは，組合の団体交渉力を否定する結果となるから，これも上記団交事項にあたると解すべきである」としている（根岸病院事件・東京高判平19・7・31）。

(4)　経営・生産に関する事項

つぎに問題になるのが，会社の経営・生産に関わる事項についてである。会社の経営・生産に関する事項としてはたとえば，新たな機械の導入，経営者の人事，事務所や工場の移転，事業譲渡を含む企業組織の再編，業務の下請け化等が挙げられる。これらの事項についても，組合員の労働条件と無関係ではなく労働条件に影響を及ぼす可能性がある以上，義務的団交事項に該当しうる。例えば，工場の移転に関して裁判所は，工場の移転が組合員の労働条件に直接的に影響を及ぼす重要な事項に該当することを認めているケースもある（中労委（エスエムシー）事件・東京地判平8・3・28）。臨時工を副班長に任命する等の職場再編成問題に関しても，「従業員の待遇ないし労働条件と密接な関連を有する事項であるから，団体交渉の対象となり得ることはもちろん」であると裁判所は判断している（栃木化成事件・東京高判昭34・12・23）。

(5)　企業組織再編に関する事項

また，事業譲渡（営業譲渡）に関する事項に関して裁判所は，「営業所を分離独立させて訴外会社を設立するその経緯，申請人と会社との間の従来のやりとりの経過及び会社のいう営業譲渡の趣旨などに照らし考えるならば，会社のせんとする営業譲渡が従業員の労働条件に多大な影響を及ぼすことが窺われるところであるから，営業譲渡に関する事項も団体交渉の対象事項と解すべき」だとしている（ドルジバ商会事件・神戸地決昭47・11・14）。また，球団売却や統合問題に関しても，「本件営業譲渡によって一球団が減少することとなれば，少なくとも上記各球団に所属する選手の労働条件等に影響を及ぼすことは明らかである」として義務的団交事項に当たると裁判所は述べている（日本プロフェッショナル野球組織団交事

件・東京高決平16・9・8）。

　事業譲渡以外にも裁判所は会社ビル内のエレベータ運行及びその清掃を専門業者に下請化すること，これに伴う組合員の職場変更は，「労働者の待遇と直接関連を持たない限り企業経営の必要上使用者が一方的になし得るものであるから……団体交渉の対象となす必要はないものということができる」ものの，「右請負化の実施によって組合員の職場変更が行われ，これによってその労働条件が変更される場合には右組合員の職場変更が団体交渉の対象となり得る」と判断している（明治屋名古屋支店事件・名古屋地判昭38・5・6）。

⑹　その他の事項

　この他，集団的労使関係の運営に関する事項も義務的団交事項に該当しうる。具体的には，ユニオン・ショップ，団体交渉の手続やルール，労使協議に関する事項も義務的団交事項に該当すると考えられる。義務的団交事項に該当するかが問題になるものとして，会社や官公庁の管理運営にかかわる事項がある。裁判所は，国鉄職員・家族等に対する「乗車証」の交付問題に関しても，「職員の待遇に関する事項である以上，待遇に関する範囲内においては団体交渉の対象事項であるものといわなければならない」としている（国鉄団交拒否事件・最三小判平3・4・23労判589号6頁，東京高判昭62・1・27）。

　近年では特に，地方公共団体における業務の民間委託の決定が義務的団交事項に該当するかが問題になることがある。例えば，小松島市（市営バス）事件 では，市が市営バス事業の一部民間委託を計画し，非常勤職員らの再任用をしなかったことが問題になった。労働委員会は，労働者の労働条件等の処遇に影響を及ぼす限りで，団体交渉の対象事項になるとし，市当局の管理運営に関わる事項についても義務的団交事項に該当するとしている（徳島県労委平23・3・10）。このように裁判所及び労働委員会は，会社や官公庁の管理運営に関する事項であっても，労働者の労働条件等に影響を及ぼす場合には広く，義務的団交事項に該当すると判断する傾向にある。

コラム3-3 企業別交渉の問題点

日本では企業別組合が中心であり，団体交渉も企業ごとに行われてきた。企業別交渉のメリットとしては，組合員の利益，権利に関して企業の実情に即した活動を展開することが出来ることなどが挙げられる一方，デメリットも指摘されてきたところである。その1つが労働者の横の連携を取りにくいという問題である。これを克服して労働組合の連帯を強化するため，1955年以降，ナショナルセンター・連合の主導による春季生活闘争が行われてきたという経緯がある。

日本では春闘などによって横の連帯を強化し，企業別交渉の弱点を克服しようとしてきた。しかし，近年，大企業の多くはホールディングス体制を取って，ホールディングス会社を頂点に企業グループを形成しており，このことが企業別交渉の問題点を再び浮き彫りにしているように思われる。

現在でも，企業のホールディングス化に対して労働組合は，企業別労働組合の枠を超えた連帯を形成し，グループ労連等の横断的な団体を結成しているところもある。グループ労連は企業グループ内の個別労働組合間の連携を図ろうとし，定期的に連絡会を開催したり，アンケート調査を実施したりするなどしてグループ内の情報を共有化している。

しかし，企業グループ全体に影響を及ぼす戦略決定，方針決定等に関し，グループ労連がホールディングス会社に対して交渉を行う事例は日本ではまだ少ない状況にある。実態として，企業のホールディングス化が進んだ現在でも，企業グループ内の問題については企業別交渉が行われることが多い。日本のホールディングス会社の多くでは株主対応が役割の中心であるなど，現状では，企業グループ内でホールディングス会社が果たしている役割はまだ，欧米に比べると小さいといえるのかもしれない。

本来，ホールディングス会社にはグループ全体の意思決定を担う役割が期待されていたはずである。そのため，今後，ホールディングス会社の役割が企業グループ内で大きくなることは十分に考えられる。また，労働委員会で不当労働行為が問題になった事例の中には，ホールディングス会社が子会社を偽装解散したと疑われるものも存在する。こうした問題に対して，企業別交渉では対応が難しいことも懸念される。今後，企業グループ内の横の連携を意味するグループ労連等の組織がグループ全体に影響を及ぼす決定にいかに関与していくのか，企業別交渉が中心の日本の労働組合にとって重要課題になってくるだろう。

第4節　労働協約

ある日の組合事務所で

　営業成績が3年連続で赤字となったとして，会社から55歳以上の従業員の給料を3割カットするとの内容の提案がなされた。労働組合の事務所では――。

＊　　　　　＊　　　　　＊

委員長「やむを得ないので，会社の提案を受け入れようと思うんだけど。」

執行委員A「でも，未回収の売掛代金が数千万円あると聞いていますが。」

書記長「今後の業績を考えたら，やむを得ないよね。うちの会社では，年功賃金だから能力もだんだん劣ってくるのに，賃金の高い高齢者の従業員の給料を下げるのはしかたないだろう。」

執行委員B「しかし，業績をあげている高齢社員もいるのだから，55歳以上の従業員の一律カットというのは，年齢差別では？私は反対です。」

委員長「今回の会社提案は緊急提案なんで，組合大会の決議ではなく，この件に関する労働協約の締結は，執行委員会の決議で行いたい。」

執行委員A「だめですよ。組合規約には，労働協約の締結は組合大会の決議と書いてある。認められないはずです。」

執行委員B「それに，賃金カットに対象となる組合員の意見を聞く必要があると思いますが。本人たちも，納得できないから執行委員会で発言したいと希望しています。」

書記長「でも，緊急事態なんだから。それに，今回の提案に合意すれば，来年度の賃上げについては考慮してくれると会社は言っているし。」

委員長「アンケートを取ったところ，組合員の大多数は会社提案に賛成とのことですから，組合大会を開いても，結論は決まっていると思うし。」

書記長「それでは，この執行委員会で本件労働協約を締結するか否かを決議することにします。賛成の方，挙手をお願いします。反対は，2名だけで，あとの8名が賛成ですね。それでは，55歳以上の従業員の給料を3割カットするとの労働協約を会社と締結することが決議されました。」

執行委員A「でも，55歳以上の従業員には，組合員でない人もいるのだけれど……。」

　労働組合と使用者が団体交渉をして，一定の内容について合意した結果が「労働協約」だ。労働協約には，通常の当事者間の契約にとどまらない特別な効力が認められている。労働協約とはどのようなもので，どのような効力があるのかを見ていこう。

1　労働協約の成立

(1)　労働協約の内容

　労働協約は，労使間に集団的な紛争が生じたときに，その終結にあたって，使用者と労働者集団の代表者が一定の合意をして事態を収束させるという過程で自然発生的になされてきた。そこでなされた合意は，労働者集団の代表者として，実際に使用者と交渉し，合意する行為を行った一個人と使用者の間で結ばれた個人的な合意ではなく，労働者集団の全員に対して一定の拘束力を持つ意味の合意として結ばれる。労働協約は，個人と個人の間で結ぶ「契約」ではなく，その合意の意思を実際に示した当事者ではない労働者集団に対しても一定の権利や義務を発生させる集団的な合意であることが特徴である（労働協約のことを英語ではcollective agreement，仏語では convention collective という）。労働組合が承認され，団体交渉を通じた労働条件形成と労使間ルールの形成が承認される中で，この集団的な合意の法的な効力が承認されてきた。現在も，労働組合が機能している安定的労使関係の中では，日常的な団体交渉と労働協約によって，その企業内の労働条件が形成されている。

　労働協約では，組合員に適用される賃金や処遇等の基本的な労働条件や，各年度の賞与支給基準や一定の手当，休日休暇等の組合員の労働条件に関する基準が定められるほか，団体交渉や争議突入にあたって双方がとるべき手続きや，組合掲示板・事務所の貸与，組合費のチェック・オフやユニオンショップ等，使用者と労働組合で合意された労使関係ルールについて定められている。労組法14条が，「労働組合と使用者又はその団体との間の労働条件その他に関する労働協約」という言い方をしている通り，組合員の労働条件を中心としつつ，その他労使間の取り決めに関する広範な内容が含まれている。

　実務のうえでは，この労働協約を，「○○協定」や「××に関する確認書」といったタイトルで締結することもある。そのタイトルがどうあれ，組合員の労働条件や労使関係ルールについて労使が合意した書面による合意であれば，法的には労働協約と評価される。また，労基法24条の賃金控除や労基法36条の時間外・休日労働に関する労使協定（その事業場で過半数を組織している組合である必要がある）を，同時に組合員の労働条件について定めた労働協約として締結することもある。そのような場合は，労基法において定められたそれぞれの条項違反の責任を使用者が問われなくなる「免罰的効力」（ただし，労基法39条の年休取得時の標準報酬月

額化や計画年休に関する労使協定は免罰的効力を超えて労働者に一定の権利義務関係を
設定する）を他組合員も含めた当該事業場全体に発生させる労基法上の労使協定
と，これとは別の組合員の労働条件についての合意である労組法上の労働協約が，
ひとつの合意によってなされたというものであり，それぞれの効力は区別される。

(2)　成 立 要 件

　労働協約の成立について，労組法14条は，「書面に作成し，両当事者が署名し，
又は記名押印することによつてその効力を生ずる」としている。この条文を反対
解釈すれば，ひとつの書面にしなかったり，署名または記名押印がなかったりし
たときには，効力がないことになりそうである。一方で，労働協約の効力を憲法
が定めた労働基本権に基づいて承認されたものと考えれば，書面化されず，ある
いは署名ないし記名押印がなくても，労働協約としての効力は認められるべきだ
と考えることもできる。

　この点について判例は，労働協約の効力は，書面化し，署名または記名押印し
てはじめて認められるとしている（都南自動車教習所事件：最判平13・3・13）。
労使が一定の合意をしたときに，後になって合意した，しなかったという争いを
することを避けるため，双方が確実に合意したと認められる外形を備えることを
条件として労働協約の効力を認める趣旨と考えられる（このような扱いは，民法の
遺言に見られる）。もっとも，安定的な労使関係の中では，労使の合意が，互いに
向けて発信した別個の書面の中でなされたり，合意したことを議事録に残すだけ
で記名押印を欠いていたりすることもある。このような労働協約としての形式を
欠いた労使の合意は，労働協約としての効力は認められないが，その合意に基づ
いて労使間で順守されている慣行を使用者が一方的に変更したとすれば，不当労
働行為と評価されることもある。この面から一定程度，合意の効果が守られる余
地はある。

2　労働協約の効力

　労働協約は，それが存続している間，その内容を使用者が守らなければならな
いのはもちろんであるし，労働組合も，労働協約に反する行動（たとえば，当該
年度について合意した賃金額をその年度内にさらに引上げるよう求める争議行為を行う
こと等）ができなくなる。労働協約には，組合員の労働条件を守る労働条件保護
機能とともに，労使関係を安定化させる機能が期待されている。労働協約の効力

が，具体的にはどのようなものであるのかについてみていこう。

(1)　規範的効力

　労働協約のうち，組合員の労働条件について合意された基準は「規範的部分」
と呼ばれ，労働協約を締結した組合の組合員と使用者の間に結ばれた労働契約の
内容を規律する。

　規範的部分にあたる労働協約の労働条件の基準が，組合員個人の合意の有無に
関係なく労働契約を規律する効力のことを「規範的効力」という。「規範」とい
う言葉が示す通り，使用者と労働組合の間の約束ごとであるにとどまらず，あた
かも法と同じように契約を規律する力が認められている。

　組合員個人は，仮に労働協約が結ばれた事実を知らないとしても，使用者と結
んだ労働契約の基準は労働協約の基準によって決まることになるし，逆に組合員
が使用者あるいは労働組合に，労働協約による規律を認めないという意思をあら
かじめ示したとしても，労働協約の基準がその労働契約を規律する。

　ここが個人と個人の合意である契約との大きな違いである。契約一般の原則か
らいえば，本人の意思に反して自分を拘束する契約が成立したり，変更されたり
することはない。これと比べると，労働協約の規範的効力は労働者個人の意思を
無視する不当なものであるようにみえる。

　しかし，情報量や交渉力の面からみて圧倒的に弱い立場にある個々の労働者は，
使用者と労働条件について対等な交渉や合意をするのは難しいという事実を前提
として，労働組合を結成して，その集団の中で民主的に議論したうえで意思を統
一し，その代表者を通じて使用者と交渉する。その結果として結ばれた合意であ
るのだから，労働者が個人で交渉するよりも対等な関係の中で交渉し，形成した
合意であるといえるだろう。

　この集団的な合意が形成されたにもかかわらず，使用者が労働者から個別の合
意をとって集団的な合意を破ることは認めないし，組合員が所属する組合で決め
た結果に反する合意を個別に契約しても効力を認めない，というルールを法的に
認めるのが労働協約の規範的効力である。

　労組法16条は，前段で，労働協約の「労働条件その他の労働者の待遇に関する
基準に違反する労働契約の部分は，無効とする」としている。労働協約に違反す
る労働契約部分を無効とする効力を「強行的効力」という。そして，中段および
後段では「無効となつた部分は，基準の定めるところによる。労働契約に定がな

い部分についても，同様とする」としている。強行的効力によって労働契約に定めのなくなった部分，あるいは定めのない部分が労働協約の基準になる効力を「直律的効力」といい，強行的効力と直律的効力をあわせて，規範的効力と呼んでいる。

(2)　債務的効力

労働協約はその全部に規範的効力が認められるわけではない。組合員の労働条件基準そのものではない合意，たとえば団体交渉時の労使間のルールや組合事務所の貸与等に関する合意等，労働組合と使用者の関係についてだけ定めている合意は債務的部分と呼ばれる。

債務的部分は，使用者と労働組合の間で紛争が生じたときに，合意の履行請求や債務不履行に対する損害賠償請求をする根拠とはなるが，組合員の労働条件を規律するものではない。債務的部分には規範的効力は認められず，契約と同様の効力を持つに過ぎない。この契約と似た労働協約の効力のことを債務的効力という。労働協約は，規範的部分も含めて全体として使用者と労働組合との間に一定の権利義務を設定する意味もあるから，規範的部分は規範的効力と同時に債務的効力も持っていることになる。

明文の定めがなくても，労働協約の存続中は，定められた事項の改廃を求める団体交渉要求に応じる義務は使用者にはないし，仮にストライキをすれば正当性が認められない争議行為となる。もっとも，ただちに刑事免責まで否定されるわけではないし，組合員個人への懲戒処分が許されるわけではない（弘南バス事件：最判昭43・12・24）。この義務を「相対的平和義務」という。これに対し，有効期間中に一切の争議をしない義務を「絶対的平和義務」というが，当然には認められないし，定めたとしても無効とする考えが強い。

組合員の解雇や配置，懲戒処分にあたって組合の同意を得ることや組合と事前に協議することを義務づける労働協約の条項（人事同意条項，人事協議条項という）の効力については議論がある。こういった条項は，組合員の労働条件基準そのものではないから規範的部分ではないが，そのような手続に規範的効力と同様の効果を認める制度的効力という考え方もある。

多くの裁判例はこうした同意・協議条項自体に規範的効力を認めていないが，労働協約によって定められていた同意・協議手続に反する解雇や懲戒が行われたときは，解雇権濫用（労契法16条）や懲戒権濫用（労契法15条）の判断要素として

取り上げており，その手続違反の重大性が認められた場合に，結果的に手続に反する行為の効力を否定している。

⑶　労働条件への影響

労働協約が結ばれると，その規範的効力によって，それまで組合員の労働契約に定めがなかった労働条件だけでなく，既に労働契約で定められていた賃金・退職金の基準や労働時間，休日・休暇，休業の処遇等のさまざまな労働条件の基準も労働協約によって置き換えられる。この結果，労働契約上の様々な権利と義務の関係も，労働協約の基準によって判断されることになる。

また就業規則も，その労働者に適用される労働協約に反することはできないから（労契法13条，労基法92条），労働協約によって労働条件が定められているときは，少なくともその組合員に対して，使用者は労働協約の基準に反した扱いをすることができなくなる。

産業別交渉を前提とした欧米の産別協約では，労働協約で定められる基準はその産業のどの企業も受け入れることのできる最低基準として合意されるとともに，労働協約を締結した使用者が結ぶすべての労働契約（非組合員のものも含む）を規律するものとなっている。このため，労働協約の基準よりも個々の労働契約で定められている基準が有利なものであれば，有利な労働契約の基準を適用するというルール（「有利原則」という）を認めている。

これに対して，日本の団体交渉はそのほとんどが産業全体ではなく，個々の企業レベルで行われてきた。そこで交渉され合意されるのは，その企業における最低基準であると同時に最高基準である労働条件だ。たとえば，賃金制度やその賃金表が労働協約で定められたとき，その基準は組合員に最低限保障される基準であると同時に，それを外れた別扱いを認めない基準として合意されている。企業別交渉を前提とした労働協約には，不利益な変更も認める必要がある。

労働協約の定める労働条件基準は，通常，所属する組合員に等しく平等に適用することを前提として結ばれるから，使用者が特定の組合員を労働協約の基準に比べて不利に扱うことはできないし，逆に個別の合意を使って労働協約よりも有利な扱いをすることもできない。使用者が一部の組合員に労働協約に反する扱いをすることは，組合切り崩しの反組合的行動と評価される。

もっともそう評価できるのは，その労働協約が組合員全員に一律に適用される基準を定めているときである。その労働協約が，処遇形態の異なる組合員のうち

一定の処遇の組合員だけを対象に定めた場合や，一定範囲の組合員だけに適用することを前提に一定の労働条件基準を定めた場合など，労働協約の適用対象としてもともと予定されていない労働者の労働契約について，労働協約と異なる扱いをすることが許されないわけではない。

このため，労働組合による交渉と決定が機能している場では，少なくとも組合員については使用者による一方的決定や個別交渉による労働条件決定が排除され，労働協約で労働条件が決まってくることになる。また，後に説明する一般的拘束力によってその事業場の非組合員にも適用されることがあるほか，実際の労働者の処遇では，使用者は組合員と非組合員に異なる基準を使い分けて処遇・管理することは煩雑であるため，企業全体の労働者に適用される就業規則を労働協約の基準にあわせて変更し，非組合員にも統一的な労働条件基準を設定することも多い。このため労働組合が機能している職場では，非組合員も，結果的に労働協約の影響を受けることが少なくない。

(4)　労働条件の引下げ

労働組合は，組合員の労働条件の維持・改善のために活動しているから，全体的にみれば既存の労働条件を引上げる内容の労働協約を締結することが多い。しかし，継続的な労使関係の中では，企業の存続にかかわる経営悪化等の事態に対処するために，それまでの労働条件を引き下げざるを得ないこともある。

このような場面で，使用者が就業規則変更で対処することはあっても，労働組合は引下げに合意する労働協約を結ぶべきではないという考え方も，運動方針次第ではありうる。しかし，労使の交渉はひとつの労働条件だけでみた損得ではなく，さまざまな損得を踏まえたギブ・アンド・テーク交渉としてなされている。労働組合が，一定の労働条件が低下したとしても他の労働条件を向上させることを選んだり（たとえば，1 日の労働時間を延ばす代わりに休日を増やす等），使用者に一定の不利益を回避することを約束させる代わりに労働条件引下げを認めたりすること（たとえば，不況時に組合員を解雇しない代わりに，賃下げを認容する等）を，長期的な組合員の利益につながるものと判断して，その場面では不利益な労働協約を結ぶこともある。

労働組合が組合内部の討議を経て，使用者と合意した結果について，不利益な変更だからといって効力を否定してしまっては，労働組合による集団的な自治を無視することになる。また，労働条件の引上げしかできないルールとしてしまう

と，使用者が労働組合と団体交渉をして労働協約を締結するメリットも著しく低下してしまう。労働組合による労働条件決定を実質化させるためには，不利益な変更も含めて労働協約の規範的効力を認めることが望ましい。

　規範的効力による労働条件の不利益変更は，既存の労働協約を改廃して引下げる場合はもちろんのこと，前述のとおり，組合員個人の労働契約上の労働条件基準を引下げる場合についても，同様に認められる。

　また，不利益変更をもたらす労働協約の締結の場面では，締結に先立って個々の組合員から授権を受ける必要はないが，組合内部の民主的な討議と決定がなされなければならない。組合内部で適正な意思決定手続がされていないときは，規範的効力が認められない（神姫バス事件：神戸地裁姫路支判昭63・7・18。組合規約上の手続に反して締結された労働協約を無効とする中根製作所事件：東京高判平12・7・26〈最決平12・11・28上告不受理〉）。強い規範的効力を認める前提となる組合の民主的な運営が実際に確保されている必要があるからである。使用者は組合内部の事情を知り得ないため，内部の事情を理由に規範的効力を否定することは使用者にとってやや酷な面もあるが，かといって組合員に不利益変更を課してしまうことも問題だろう。

　そして，近時では，この手続の合理性に加え，内容の合理性について裁判所が言及する例が増えている（前掲中根製作所事件，鞆鉄道事件：広島高判平16・4・15〈最決平17・10・28上告不受理〉）。労働協約の内容の当否を司法が判断することは一般的にいえば望ましいことではないだろう。しかし労働組合の運営状況によっては，特定または一部の組合員にことさら不利益を与えるような，労働組合の本来の目的から逸脱した労働協約が締結されることもないわけではない。このような場合は例外的に効力を否定すべきだろう（結論として定年引下げ・退職金減額の効力を認めてはいるが，合理性について判断する例として朝日火災海上〈石堂・本訴〉事件：最判平9・3・27）。

⑸　協約自治の限界

　労働協約もその効力が制限される場合がある。その線引きの問題が「協約自治の限界」と呼ばれている。

　まず，法令や公序良俗に反する内容が定められた場合は無効となる（民法90条）。たとえば，労基法に違反する労働条件を労働協約が認めたとしても無効であるし，均等法の性差別禁止が義務規定化される以前から，女性のみを早期に退職させる

定年の定めは公序良俗に反して無効であるとされていた（日産自動車〔女子若年定年〕事件：最判昭56・3・24）。ただし，労働協約は不利益変更も含めて認められるものであるから，労働条件を不利益に変更するということだけで公序良俗に反するとはいえない（日本トラック事件：名古屋高判昭60・11・27等）。

次に，労働協約による決定が予定された労働条件とはいえない内容を労働協約で定めても，規範的効力は認められない。労働協約は，労働条件を今後に向けて引下げることはできるが，それまでの基準に基づいて既に労働者個人に帰属している権利を縮減したり，なくしたりすることができるわけではない。たとえば，未払賃金の放棄（室井鉱業事件：福岡地飯塚支判昭32・6・7），退職金支払の据置きと分割払（更正会社東急くろがね工業事件：横浜地判昭38・9・14），組合員全員の退職（松崎建設工業事件：東京地判昭26・1・30）等がこれにあたる。これらの事項を定めても規範的効力は認められない（労働組合がその実現を図ることを使用者に約束したという意味の債務的効力は認められる。）。

3　労働協約の拡張適用

労働協約は，それを締結した労働組合に加入している組合員の労働契約を規律する。原則として非組合員に適用されないが，労組法は組合員員外にも拡張して適用される場合を定めている。

(1)　拡張適用とは

組合員は自らの利益のために組合に加入し交渉して，労働協約という形で一定の労働条件を獲得する。日本の労働組合の組織形態の主流となっている企業別組合が企業別交渉で結んでいる労働協約は，その労働組合に所属する組合員の労働条件について結ばれる。このため労働協約の規範的効力は，組合員ではない労働者に及ばないのが原則である。

これに対して，欧米の産別組合が結ぶ労働協約は，それを結んだ使用者が結ぶすべての労働契約（組合員でない者も含む）に，有利原則を前提として規範的効力を持つものとされている。非組合員が労働協約の定める最低基準から逸脱して使用されることを認めれば，労働協約の労働条件で使用する必要がある組合員が排除され，結果として労働協約が果たしている労働条件決定機能が低下することを防ぐためである。このため欧米の産別協約は，非組合員に適用される「拡張適用」が基本である。組合員以外に労働協約が拡張して適用されることを，労働協

約の「一般的拘束力」という。

　日本では，旧労組法（1945年）に労働協約に関する規定が設けられたときに，ふたつの場合について一般的拘束力を定めた。欧米の労働協約法制を参考にして設けられた規定であるといわれているが，制定に至る経緯は必ずしも明らかになっていない。

(2)　工場事業場単位の一般的拘束力

　1つめが，工場事業場単位の一般的拘束力だ（労組法17条）。工場事業場を単位として，常時使用される同種の労働者の3/4以上が同一の労働協約の適用を受けるときに，他の同種の労働者にもその労働協約を拡張適用することを定めている。

　ここで労組法は「一の工場事業場」という言葉を用いている。労基法の適用単位は，地理的，組織的に区分されたひとつの事業場だが，労組法の定める拡張適用も，事業場を単位として判断することを求めているものと考えられる（朝日火災海上事件：最判平8・3・26）。ただし，その範囲は地理的区分だけで決まるものではなく，勤務実態，契約関係，権利義務関係，労働協約の趣旨等を総合的に考慮して判断すべきとされている（都市開発エキスパート事件：横浜地判平19・9・27）。

　そして「同種の労働者」とは，従事している業務内容が同一であるという意味ではなく，労働協約の規範的部分にあたる労働条件基準が適用されることが予定された範囲に従って判断される。たとえば，正社員だけを対象として退職金支給を定めた労働協約であれば，一般的拘束力の場面では，非正社員は同種の労働者とはならない（有期・パート労働法の定める均等・均衡取扱の面で是正義務が発生する余地はあるだろう）。

　同種の労働者の3/4以上がひとつの労働協約が適用されていることが要件とされていることから，労働協約だけでみると適用対象者は同種労働者の4/3に達していないが，その基準にあわせた就業規則の適用の結果3/4以上に適用されている状態では，一般的拘束力はない。また，労働協約の適用対象者が3/4を下回ったときは一般的拘束力を失う。

　工場事業場単位の一般的拘束力について生じる問題は，労働条件を引下げる一般的拘束力が認められるのかということと，他組合員に一般的拘束力が認められるかだ。

　まず労働条件を引き下げる一般的拘束力は，結論としては認められている。最高裁（前掲朝日火災海上事件）は，定年の引下げと退職金減額を定める労働協約の拡張適用について，労組法が一般的拘束力のあり方を限定していないし，労働協約はその時点の状況を踏まえ総合的に労働条件を定めるものだから，一部だけを取上げて有利・不利ということはできないため，とした。

　ただし同時に，未組織労働者は組合の意思決定に関与していないし，組合も未組織労働者を擁護する立場にあるわけではないから，不利益の程度・内容，締結の経緯，未組織労働者が労働組合の加入資格を認められているかどうか等に照らして適用することが著しく不合理であると認められる特段の事情があるときは規範的効力が及ばないとして，適用すると大幅な退職金減額となる非組合員の管理職に対する一般的拘束力を否定した。

　またこの判決では，工場事業場単位の一般的拘束力の趣旨について，工場事業場の労働条件を統一することによって労働組合の団結権を維持強化し，その事業場で公正妥当な労働条件の実現をはかることにあると述べられている。

　企業別組合の場合，労働協約の一般的拘束力によって未組織労働者が労働条件向上の恩恵を受けられることが団結の強化につながるとは限らないし（組合に加入しないフリーライダーが発生する可能性がある），欧米の産別組合のように非組合員を含めた労働者全体の代表者として位置づけ，公正な行動を期待することも限界があるように思われる。工場事業場単位の一般的拘束力のあり方は，労働組合にどんな役割を期待し，労使交渉を具体的にどのような形で実現するかを踏まえて決める必要があるだろう。

　そして他組合員に一般的拘束力が及ぶかについては，裁判所の判断は分かれている（肯定例として香港上海銀行〈退職金請求〉事件：大阪高判昭60・2・6（上告審の最判平元・9・7はこの点の判断なし），黒川乳業就労義務不存在確認事件：大阪高判昭59・5・30，否定例として中労委〈ネスレ日本・賞与差別〉事件：東京地判平12・12・20，名海運輸作業事件：名古屋地決平5・2・12）。少数組合が多数派組合の労働協約の適用を望む場合もあれば，多数派組合の労働協約に拘束されることを望まないときもある。学説では，それぞれの労働組合の団結権は平等であり，それぞれ団体交渉権と労働協約締結の可能性が認められているのだから，他組合員に一般的拘束力を認めるべきではないという見解がやや有力である。

(3)　地域単位の一般的拘束力

　もう 1 つの一般的拘束力制度が，地域単位の一般的拘束力だ（労組法18条）。1 つの地域で「同種の労働者の大部分」が 1 つの労働協約の適用を受けているときに，その労働協約の当事者の両方あるいは一方が労働委員会に適用の申立をする。労働委員会は労働協約の内容に適当でない部分があれば修正したうえで拡張適用を決議し，厚生労働大臣あるいは都道府県知事が，その地域の他の同種の労働者と使用者にその労働協約の適用を決定し，公告することとされている。これによってその地域の非組合員を含むすべての同種の労働者が，この労働協約の適用を受けるようになる。

　ヨーロッパ各国で結ばれる産業別協約は，おおむねこれと同様の手続によってその産業で働く労働者全体に適用されるようになっていて，このため労働協約が「産業の法」とも呼ばれている。この制度がヨーロッパの労働協約法制を参考に作られたことはほぼ確実だろう。

　しかし日本では企業別交渉が主流であり，産業全体を代表する労使が，産業全体の基準について労働協約を締結する実例が非常に少ない。このため地域単位の拡張適用が認められた例も，一部地域の林業，鉱業，繊維業で数例用いられたことがあるにとどまっていた。しかし2022年 4 月，産別組合の UA ゼンセンの支援の下，茨城県内の大型家電量販店において一定の年間休日を確保する内容の労働協約が拡張適用された。こうした取り組みが今後広がるか，注目される。

4　労働協約の終了

　労働協約が終了するとそれまでの労働条件は変わるのか，変わらないのか。それがここで考える問題だ。

(1)　労働協約の期間

　労働協約に存続の期間を定めるときは，最長で 3 年とされている。これを超える期間を定めても 3 年の定めをしたものとみされる（労組法15条 1 項・2 項）。1945年に制定された旧労組法に期間の上限制限はなかったのだが，1949年に現労組法が制定されたときに，この制約が設けられた。

　このため，労働協約を，3 年を超えて継続させたいときは，期間を定めないで結ぶか，期間満了後は自動的に延長する形で結ぶ方法がとられる（この場合，後に説明する解約手続によって終了させることができるため，やや不安定なものになる）。

実務的には，期間満了前の一定期間内に労使のどちらかから相手に更新しないことを通知しない限り，自動的に再度更新されたものとする自動更新条項で対応することが多い。

(2)　労働協約の解約

労働協約に期間が定められているときは，労使双方ともその期間中に一方的に破棄することは許されない。相手方に交渉を申込んで合意できれば，解約したり，新たな労働協約を結んだりすることもできるが，その申込みを受入れるか否かは相手方の意思による。相手方が受入れなければ，その労働協約の期間満了を待つしかない。

これに対して，労働協約に期間を定めていないとき，あるいは当初定められた期間を延長して適用しているときは，署名し，または記名押印した文書によって，相手方に解約を通告することで解約できる（労組法15条 3 項）。

ただ，その解約は解約通告の相手方へ到達後ただちに効果を発生させるわけではない。少なくとも90日前に予告するものとされている（同条 4 項）。このため，解約の効果が発生する日は，通告日から90日以上後の日として指定する必要があり，特に指定しなかったときは，解約予告が到達した日から90日経過した日に解約の効果が発生する。

労働協約の一部のみを解約できるかという問題について，裁判例は，一体的である以上原則として許されないが，独立性や条項の性格から認められる場合もあるとしている（ソニー事件：東京高決平 6 ・10・24，東京地労委〈日本アイ・ビー・エム〉事件：東京高判平17・ 2 ・24）。

労働協約の解約理由について，明確に法令で禁止されているものはない。使用者も，労働組合も，解約が必要だと判断すれば，解約を通告することができる。

しかしそれは「その労働協約の拘束力を解消できる」という意味であって，解約によってなにも実害が生じないというものではない。それまで労使が順守してきた労働協約上のルールを，相手方になんの説明もせずに解約を通告したり，不合理な理由をあげて解約を通告したりすれば，相手方の信頼を壊すことになるだろうから，労使の間で紛争が生じることはある。労働組合が労働協約の解約に反対して団体交渉を申し入れ，解約の撤回や新たな労働協約の締結を求めて争議行為を行うことは労働組合の正当な行為として保障される。使用者がこの交渉を拒否することは，団交拒否の不当労働行為となる。

　また，労働協約の解約そのものの効力は制限されないとしても，解約の結果発生した組合員の労働条件の変更や，それまでの労働組合への便宜供与の廃止が，不利益取扱いや支配介入の不当労働行為にあたると判断されることもある（組合費のチェックオフ廃止を不当労働行為とした例として国・中労委〈大阪市水道労組ほか〉事件：東京高判平30・8・30〈最決平31・4・25上告不受理〉）。

　不当労働行為が成立するか否かは，それまでの労使関係の経緯，解約が労働組合や組合活動に与えた影響，解約に至るまでの使用者の言動等からみて使用者の不当労働行為意思があったと認められることが必要であるため，労働協約の解約がただちに不当労働行為にあたるというわけではないが，労働組合と事前に話合う機会も設けないで一方的に解約したり，解約する必要性が客観的に認められない，あるいはその必要性が低いのに組合や組合員に与える不利益が大きいものだったりすれば，不当労働行為の成立が認められる可能性が高くなる。

(3)　労働協約の失効

　労働協約の期間が満了したり，解約されたりしたときは，労働協約が失効する。あたりまえの話だが，そのあたりまえが現実の労働条件に与える影響は重大である。

　たとえば，ある労働者の労働条件が継続的に労働協約で決まってきたという場面を想定して欲しい。それまで労働協約に従ってなされていたその労働者の処遇は，労働協約が失効したとき，どうなるのだろうか。労働協約の基準がなくなったとたんに，使用者がそれまでとまったく違う扱いに変更することができるのか。逆に労働協約が失効したのに，使用者はそれに拘束され続けるのだろうか。いずれの結論も実際の労使関係に当てはめると不都合がある。

　労働協約の失効後に労働協約の効力が認められるのか否かは，「余後効」と呼ばれて古くから議論されてきた。余後効は，労働協約と労働契約の関係をどのように考えるかによって立論の仕方が違う。

　協約の基準は労働契約の基準になるという考え方（化体説）をとると，使用者がただちに変更することはできなくなるが，労働契約になるため，変更しようとすれば個別の合意が必要となる。使用者は，合意を得られず現状を変更できないのであれば，その労働者を解雇することになる。これに対して，労働協約は労働契約の内容をその規範的効力で置換えているという考え方（外部規律説）をとると，労働協約が失効した後は，労働協約で置き換えられる前の労働契約上の基準に戻

ることになる。労働協約によって徐々に労働条件が引き上げられてきたという場合，労働協約の失効によって突然，直前のものと大きく異なるだいぶ昔の労働条件に戻ってしまうとしたら，これも問題がある。

　余後効については，現在も判例や通説と呼ばれる見解があるわけではない。欧州では，これに対処するため，使用者に失効後の交渉を義務づけたうえで，一定期間は使用者が一方的に変更することを禁止する立法による対応を設けている国が多い。

　これに対して日本の労組法は余後効に関する定めがないため，解釈で対応するしかない。労働協約と労働契約の関係について明確な見解が形成されているわけではない中で，裁判所は，個別具体的な紛争の中で，場合によっては労働契約や就業規則の一部となっていると認めることによって一定の基準の存続を認めたり（香港上海銀行事件：最判平元・9・7，鈴蘭交通事件：札幌地判平11・8・30等），使用者による一方的な労働条件変更を不当労働行為として無効としたり（布施自動車教習所・長尾商事事件：大阪地判昭57・7・30）することによって，結果的に一定限度で余後効を認めている。

　労働協約は期間の満了や解約だけでなく，当事者の消滅（使用者である法人の破産，個人事業主であればその死亡，労働組合の解散）によっても失効する。合併の場合すべての権利義務関係が合併先に承継されるが，企業の一部門が営業譲渡されたときに，譲渡先での存続が問題になることがある。

　この点も明確な判例や見解があるわけではないが，会社法に基づく会社分割については，規範的部分は承継先にそのまま承継され，債務的部分は分割計画で承継することが定められていれば承継されるとして，立法による対応がされている（会社分割に伴う労働契約の承継等に関する法律6条）。

コラム 3-4　労働協約と労働契約

　労働市場では，じゅうぶんな情報を得たうえで，自分の本意に沿わない労働条件を提示されたら拒否して席を立つことができる労働者は「ごく一握り」である。そのため労働者は労働組合を結成し，労働協約によって労働条件を決定していくことが必要とされ，集団的労働関係法制が構築されてきた。自律的で合理的な意思決定のできる個々の労働者が使用者と対等に交渉することは，理想ではあっても現実には難しいという認識がこれまでの労働法の基礎にあった。

　一方で，柔軟な雇用市場が実現し，市場の整備や ICT 技術によって個々の労働者の交渉力格差が埋められるならば，個人の意思決定（労働契約）を尊重し，労働法はそれをサポートするための制度としてあるべきだという方向性も，理想として理解できないものではない。

　翻って私たちの現在の労働の場を見てみると，解雇や賃下げ，ハラスメントや過労死，ワーク・ライフ・バランスの実現など様々な課題が現在進行形で発生している。こういった問題がいつか個別の労働契約によって解消されると期待することは，あまりにも危険であるように思われる。

　ところが日本では労働組合の組織率は全体でみれば，年々低下している。労働の場で労働協約を通じて労働条件を決定していくという理想は，むしろだんだんと現実から乖離しているようにもみえる。

　一方でフランスでは，労働組合の推定組織率は 1 割以下であるにもかかわらず，産業別協約がその産業のほとんどすべての労働者に適用されている。

　団体交渉と労働協約の法制度と法理は，それぞれの国ごとに労働現場の歴史的背景と実情を踏まえて形成されてきた。しかし，それは単にその時代に応じたその時限りの対応ではなく，私たちがどのような労使関係を，ひいては人が社会で労働することをどう位置づけるかという将来構想を踏まえたものであることも必要である。

　法として譲ってはならない原則の部分と，より望ましい労働条件決定システムを構築するために変化させるべき部分は区別する必要がある。労働組合の結成，交渉の自由の保障自体は譲ってはならない砦と位置付けられるとしても，現実にどのような交渉システムを作るか，どのような形が望ましいのかは可変的である。交渉の結果の保障となる労働協約と労働契約の関係も，この交渉システムの現状と未来を見据えて考える必要があるだろう。

第5節　労 働 争 議

トピック　高速道路サービス・エリアのストライキ

　2019年夏，東北自動車道上り線・佐野サービス・エリアに働く労働者たちが社長の辞任を求めて，ストライキに入った。時期が旧盆8月14日で，本来ならば利用客も多く，会社にとって稼ぎどきであったことや，かつてとは異なり，日本で労働争議が一般の人の目に触れることもなくなっていることから，社会的に大きな話題になった。

　発端は同年6月中旬，佐野SAの運営会社の親会社の経営悪化を不安視した金融機関が新規融資を凍結し，8月上旬，大半の商品が店頭から消えたことであった。前月結成されたばかりの労働組合は団体交渉を経て会社側に賃金支払いを約束させ，覚書にサインした。しかし会社は直後に翻意し，多くの従業員が信頼を寄せる管理職2名を解雇し，新たな従業員を雇い入れてフード・コートの営業を再開した。

　会社がストライカーに代わる者を新たに雇入れて事業の継続を図る一方，スト参加労働者らに，職場復帰できないかもしれないとの心理的影響を与えようとしたのである。佐野SAの紛争では，会社側は従業員に給与明細とともに，社長名で「スト騒動」になったことを謝罪し，資金繰りの悪化を否定する手紙を送った。仕事に戻るように，個別に電話もかけてきたという。日本の労働組合は従事する職（仕事）の如何に関わらず，非正規従業員をのぞく正社員によって構成される「企業内組合」という組織上の特徴がある。戦後わが国では1950年代，60年代，歴史に名を刻む大きな労働争議が日本各地で多発した。それらは争議が長引くなか，いつまでも争議を続ければ，会社も潰れてしまう，そうなっては元も子もない＝会社あっての労働組合であり，組合員であるとして，スト継続を不安視した組合員らが会社側の懐柔策も相まって事実上の集団脱退をし，新たに別組合（第二組合）を結成して，操業が再開され，争議組合は自らの要求を実現できずに敗北していった。

　8月30日，ストライキ突入後，最初の団体交渉がなされたが，以後，労使の交渉はもたれなかった。組合員らは毎日のように集まり，営業再開に向けた研修をしたり，話し合ったりした。しかし職場復帰できないかもしれないとの不安や精神的疲労も積み重なっていった。佐野SAのストライキ風景は，日本でかつて普通に見られた労働争議の典型であった。42日間続いたストライキは，経営陣が交代して9月24日終了し，組合員らは職場に戻った。しかし，11月下旬再び総務部長が解雇され，労使紛争は再燃した（朝日新聞2019・11・7, 12・3）。ネクスコ東日本は翌年4月からは，別の業者に売店やフードコートを運営させる契約を締結したと報じられた（同前2020・3・25）が，組合員らは，その後どうしているのだろうか。

1 「争議行為」とは何か──その法的概念理解をめぐる対立──

憲法28条は，労働者に団結権と団体交渉権その他の団体行動権を保障している。団体行動権は，労働者・労働組合が労働条件の維持・改善等経済的地位の向上や抗議などを実現するために，集団的行動を行なうものである。今日，団交をのぞく団体行動には，抗議や示威などのための「組合活動」も含まれるが，主要には，使用者からの労務指揮権からの離脱を意味するストライキなどの争議行為が想定されている。労組法は，これを受けて民・刑事免責（1条2項・8条）や使用者側からの不当労働行為からの保護（7条）を規定している。

(1) 「争議行為」概念の理解をめぐる裁判所と学説の対立

争議行為を法的にいかに捉えるのか。その概念把握について，大きく二つの理解が対立している。一方は「争議行為とは，労働組合ないし労働者集団が一定の目的のために行う集団行動であって，『業務の正常な運営を阻害する行為』だ」とする。それは論者も自認しているように，労調法7条を手掛かりに把握するものだ。これは，従来多くの学説がとる立場である（業務阻害説）。他方は，『労働者の集団がその主張の示威または貫徹を目的として労務を完全または不完全に停止し，また必要によりこの労務停止を維持するためのピケ行為および使用者との取引拒否の呼びかけを行うこと』であるという（労務不提供説）。

いずれも争議行為を，労働者団体が・一定の目的や主張を実現するために・実行する集団行動であると理解している。しかし前者は『業務の正常な運営を阻害する』ことをその不可欠の要素と解し，必ずしも労働者の労務停止（ストライキ）から生じる必要はないと主張する。一方，後者は争議権が団交権を機能させるためのものとの理解と並んで，その生成に関する歴史的な沿革を重視している。つぎに憲法28条は「団体行動権」を保障しているが，かつてそれは「争議権」と同義に捉えられていた。しかし今日，労働者の「団体行動」には既述のように「争議行為」と「組合活動」の二つがあると解されている。

戦前わが国では，争議権保障どころか労働組合を承認する立法は存在せず，労働者らの団体行動には治安警察法や一般刑法の取締法規が適用され，刑事免責立法の制定をへた欧米諸国とは異なり，争議行為の民事責任をめぐる議論がなされることはほとんどなかった。日本では，アジア太平洋戦争の敗戦を境にして，民事責任をめぐる議論をいわば跳び越えて争議権の刑事責任追及の時代から一挙に，

その基本的人権として承認される（憲法28条）にいたった。また戦後労働法学が
争議行為について最初に取り組んだのは，通常のストライキ（同盟罷業），つま
り使用者に対する労務提供を集団的に拒否するとともに職場外に退去するのでは
なく，使用者の意に反して，業務・生産活動を継続する「生産管理」であった。
そこでは，市民法上違法と評価される行動が労働法上たとえ正当と評価すること
があるとしても，例外的な「違法性阻却」と理解するのか，それとも労働者の「権
利行使」として適法なものと把握されるべきかという，その後も続く正当性評価
の理論構成をめぐる議論がなされた。山田鋼業事件・最大判昭25・11・15）は，
生産管理の違法性をつぎのように論じていた（下線は引用者。以下同じ）。

　　「なるほど同盟罷業も財産権の侵害を生ずるけれども，それは労働力の給
　　付が債務不履行となるに過ぎない。然るに……生産管理に於ては，企業経営
　　の権能を権利者の意思を排除して非権利者が行うものである。それ故に同盟
　　罷業も生産管理も財産権の侵害である点において同様であるからとて，その
　　相違点を無視するわけにはゆかない。前者において違法性が阻却されるから
　　とて，後者においてそうだという理由はない」。

　最高裁はこのようにのべて，同盟罷業と対比させて生産管理の違法性を強調し
た。しかし，そのような法的評価の前段として，生産管理が旧労組法12条にいう
「同盟罷業其ノ他ノ争議行為」にあたるとしていたと解することもできよう。つ
いで最高裁が争議行為概念について言及したのは，ピケッティングに関連してで
あった。朝日新聞西部本社事件（最大判昭27・10・22）では，つぎのように判示
した。

　　「同盟罷業は必然的に業務の正常な運営を阻害するものであるが，その本
　　質は労働者が労働契約上負担する労務提供義務の不履行にあり，その手段方
　　法は労働者が団結して其の持つ労働力を使用者に利用させないことにあるの
　　であって，これに対し使用者側がその対抗手段の一種として自らなさんとす
　　る業務の遂行行為に対し暴行脅迫をもってこれを妨害するが如き行為は，叙
　　上同盟罷業の本質とその手段方法を逸脱したものであって到底これを目して
　　正当な争議行為と解することはできない」。

　本件では，管理職らが非組合員らとともに新聞版組み作業を行なおうとしたの
を争議労働者らがスクラムを組んで取り囲み，断念させたことの当否が問われた。
最高裁は山田鋼業事件（前掲）とは異なり，争議権を同盟罷業権として「読み換
える」がごとき判示をし，その後，そのような理解を繰り返した。これに対し学

説は，同盟罷業の本質が集団的労務提供拒否にあるとしても，それをもって「争議行為」の限界とすることには，論理の飛躍があるとした。ピケッティングがストライキ等にともない実行されるとしても，それはストライキそのものではない以上，そこで問われるべきは「争議行為」の本質であろうと批判した。すなわち多数説は争議行為を「団結の意思決定に基づき，『業務の正常な運営を阻害する行為』である」と理解することに，その法的意義を見出した。つまり争議行為概念を広く捉えることにより，その正当性評価の対象と範囲を拡大させようとしたのである。

(2) 争議行為と組合活動の区別

さて今日ではかつてとは異なり，憲法28条にいう「団体交渉」以外の「団体行動」には，大きく「争議行為」と「組合活動」の2つの類型が含まれると解されている。かりに，その法的効果を異にすることなく，正当性が問われるのであれば，あえて両者を概念上区別する実益はないかもしれない。しかし平時ではなく，とくに争議時──「争議行為」時のみならず，労使間の対立状況が顕在化した「争議状態」にある場合を含む──のビラ貼付活動やリボン等服装戦術をも業務阻害性を根拠に争議行為と捉えるとしたら，争議行為と組合活動の境界が不分明なものとならざるをえない。別言すれば，組合活動のなかには，団結（体）組織の維持・運営に関わるもの（団結権行使）だけでなく，示威・抗議・情宣活動に関わるもの（団体行動権の実行）もある。それらは，使用者側の業務を妨げ，ときには刑事責任が問われる（建造物・器物損壊罪〔刑法260条，261条〕等）ことすらあった。すなわち組合活動には，業務阻害性を有するものもある。したがって法的な争議行為概念の把握を試みるとき，業務阻害性の有無をもって争議行為の特性として理解し，組合活動との区別の指標とする（＝組合活動には，業務阻害性がないと解する）ことは，適切ではなかろう。

(3) もう1つの争議行為に関する法的把握

この点について，争議行為の典型をストライキではなく，ボイコットに求めれば，争議行為の本質は労働市場ないし商品市場を遮断して，その資本所有権──使用者の所有権対象たる物的設備は労働契約を媒介して，労働者の労働力と結合することにより，業務・生産活動が実現される──の機能発揮を阻止すること（の試み）にあると捉えることになる。その発現形態の具体的手段・態様は，時どき

の社会状況や労使の「力関係」によってストライキとなったり，付随してピケッティングや職場占拠をともなったり，さらには稀な場合かもしれないが，生産・業務管理がなされるなど自ずと変化する。通常は，争議行為は労務提供拒否の範疇（カテゴリー）に含まれる行動により具体化し，事実上，使用者の正常な業務を阻害し，第三者に影響を及ぼすこともあろう。しかし問われるべきは，それが法的にいかに捉えられ，どのように説明されるのかということである。すなわち，労働者集団が争議行為を実施することは，法的には労働者らによる集団的な，使用者の労務指揮権からの一時的離脱・排除を意味する。このように捉えれば，ストライキのコロラリーに含まれる労務不提供と，それに付随するピケッティング，さらには生産管理を，各々同じく争議行為類型して，とりあげることも可能である。しかし，ビラ張りやリボン等着用の服装戦術は，たとえそれが使用者に業務運営上の支障を生じさせても，それ自体，労働・商品市場統制（の試み）という機能がない以上，争議時の行為（組合活動）であっても，争議行為とは性格づけられない。組合活動は争議行為とは異なり，労働市場ないし商品市場の遮断という機能を有せず，争議行為時における労働契約関係を停止させるという法的効果をもたない点で，争議行為とは区別されるべきであろう。

2　争議行為の正当性判断

　争議行為については，大きく労働者・労働組合がいかなる目的を実現しようしたのかという動機・目的と，その具体的な行動の方法・態様という2つの側面から，各々刑事（労組法1条2項）・民事（同8条）の免責および不当労働行為制度上の保護（同7条）を受けるどうかの評価がなされる。そこで，以下，それぞれの正当性評価がどのようになされるのか検討してみよう。

(1)　争議行為の態様に関する正当性評価のあり様
①　わが国の労働争議に見られる特異な事情
　争議行為には，実際上多様な形態があるが，その基本形はストライキ，つまり同盟罷業である。これは欧米では，労働者が使用者に要求の受諾をせまり，あるいは抗議の意思を示すために，本来であれば，労働契約に基づき使用者に対してなされるべき労務提供を放棄して「働かない」，つまり労働することを集団的に拒否して，工場・事業場外へ退出することを意味する。なぜならば，労働者が職場に入構し，とどまるのは働く＝使用者に労務を提供するためであるから，その

ような契約上の義務（債務）を履行しないのであれば，そこに留まるべき法的根拠も理由もないからである。ところがわが国では，労働者団結（通常は労働組合）が争議行為を実施するに際し，欧米のような企業外へ退去 walk out することなく，工場・事業所内にとどまることが多いと指摘されてきた。それは，いったい何故であろうか。

　わが国の労働組合は一般的に，欧米諸国とは異なり，工職の区別に関係なく，正社員を中心に組織された「企業内組合」という特徴をもっている。そのため労働組合は労働市場統制力——使用者が必要とする労働力＝労働者が働く機会と場所について，影響力を行使する力——が弱く，組合活動の拠点である組合事務所は使用者からの便宜供与として企業構内に設けられる場合も多い。組合員は職 job や働く産業の同一性に基づいた,他企業労働者との連帯感＝団結意識に乏しく，むしろ従業員（＝「うちの会社」）意識の方が強い。このような場合，労働者がストライキへと突入するとともに会社構外へと退出すれば，使用者は容易に代替労働力を導入し，従来と同様に操業を継続することができることになる。その結果，労働組合の使用者に対する圧力手段としての争議行為の実効性はなきに等しいものとならざるをえない。また職や働く産業の共通性を基礎として構築される欧米の労働組合とは異なり，わが国の組合が，会社や，場合によっては地域を異にする事業所単位で結成されることから，自ずと財政規模は小さく，長期にわたる争議を維持することはできない。こうしてわが国の労働者・労働組合は，争議行為開始後も会社や工場構内から立ち去ることなく，そこにとどまらざるをえないのである（本節冒頭の「トピック」を参照）。

②　争議付随行為の正当性評価

　今日では，公務員（国公法98条 2 項，地公法37条 1 項）や郵便法79条などの場合をのぞいて，ストライキそれ自体が刑事罰の対象となる余地はない。一方，民事責任については，組合や参加組合員への債務不履行責任（民法415条）や不法行為責任（同709条）に問うことよりも，現実には，組合役員を懲戒処分に付することの方が多い（幹部責任論）。その方が，裁判を通じて組合に賠償請求するよりも，容易かつ早急に組合の意気をくじいて，弱体化することが容易だからである。

　争議行為の正当性の有無が実際上，多く議論されたのは，ストライキに付随する行動をめぐってである。ここでは，従来，多数の最高裁判断が示されてきたピケッティングについて取り上げよう。

③　ピケッティングをめぐる刑事・民事裁判例の対応

　ストライキにともなうピケッティング picketing は，本来「監視」「見張り」を意味し，ストライキに際し，スト破りを防いだり，第三者に自分たちの要求内容を知らせて，協力を求めるために実行される。欧米諸国では，ピケは工場や会社の門前や周辺の公道でなされる。皆さんのなかには，新聞やテレビのニュースで，労働者が「ストライキ決行中 On Strike」と書かれたプラカードをかかげて，工場の門前を行ったり来たりする情景を見たことがあるという人もいるかと思う。

　これに対し日本のピケッティングは，作業場や会社構内に滞留し，出入り口付近に座り込んだり，スクラムを組み人垣を作り，さらには障害物を設けることもあった。すなわちわが国では，ピケは争議脱落者やスト破りにより，争議中も操業が継続されるのを妨げ，ストを防衛するために行なわれる。こうして日本のピケは職場占拠の延長として，あるいは職場占拠はピケの一類型として，ストライキの労働市場統制を補充する役割をはたしている。ピケ・ラインというのは，争議組合にとっても，会社にとってもストライキのシンボルであり，ほかに入構可能な出入り口があったとしても，そこを実力で突破されることは，ストライカーにとって大きなダメージ＝敗北感をもつことにつながり，反対に会社側には，勝利ないし成功を意識することになる。

　朝日新聞社西部本社事件（前掲）は同盟罷業の「本質は労働者が労働契約上負担する労務供給義務の不履行」すなわち集団的労務不提供にあるとし，使用者の業務遂行を「暴行脅迫をもって」妨害するがごときは「同盟罷業の本質とその手段方法を逸脱したもの」であるとして，スクラムを組み活版部長らを取り囲み，円周運動をして，その組版作業を断念させたことを争議権保障の範囲外であるとし，懲戒解雇を有効とした。

　同上事件は民事々件であったが，その4年後，劣悪な労働条件の改善を求めた争議中，組合からの脱落者による生産再開＝炭車を連結したガソリン車の運転を線路上に座り込んで，その通行を阻止したことが威力業務妨害罪（刑法234条）違反に問われた福岡県の三友炭礦事件（最三小判昭31・12・11）について，最高裁は「口頭又は文書による平和的説得」ではなく「暴行，脅迫若しくは威力をもって就業を中止させることは，一般的に違法である」としつつも，「正当な同盟罷業その他の争議行為が実施されるに際しては特に諸般の情況を考慮して慎重に判断されねばならない」とのべ，無罪とした。ついで最高裁は羽幌炭鉱事件（最大判昭33・5・28）で「労働争議に際し，使用者側の遂行しようとするため執られ

た労働者側の威力行使の手段が，諸般の事情からみて正当な範囲を逸脱したものと認められる場合には」威力業務妨害罪が成立すると判示した。この事件では，100余名の者とともに，出炭業務を妨げるために，3日間にわたり，電車軌道やその付近に座り込み，立ちふさがり，労働歌を高唱したというものであった（結論的には，有罪）。このように刑事法上，ピケッティングは使用者の業務遂行に対する実力妨害は原則として違法であるが，「諸般の事情」を考慮するという裁判所の判断枠組が確立したとされる。

一方民事事件は，下級裁判所によりピケにともなう行動を理由とする懲戒処分の効力如何や妨害排除仮処分（旧民訴法760条，現民保法23条）手続のなかで，その正当性評価がなされた。そこでも「諸般の事情」論が取られたが，軽微な違法行為かどうかではなく，争議にいたる経緯や使用者側の対応，実行手段の現実的影響等を考慮し，流動的かつ相対的に評価された。また下級民事裁判所は「平和的説得」論に依拠しながらも，それには人垣を作ったり，スクラムを組んで，シュプレヒコールや労働歌を高唱するなどの「団結の示威」をも含まれるとして，刑事事件よりも，柔軟な対応がなされていた。

(2) 争議行為の目的に関する議論——政治ストを例にして考える

① なぜ争議行為の目的が問題となるのか

争議行為の目的という側面で，その正当性の有無が問題として議論されたのは，政治ストであった。政治ストは，使用者・使用者団体ではなく，国や地方公共団体等の公的機関を相手として実施される。ただし労働者団体が特定の政治的要求の実現を貫徹するためになされる例（貫徹スト）は少なく，通常は政治的な主張や抗議の意思を示す示威行動として行なわれる（デモ・スト）ことの方が多かろう。それは同情（連帯）スト（ただし日本では，現実に問題となった例はほとんどない）と並んで，目的の側面から正当性の有無が問題となる。すなわち，いずれの場合も，通常のストライキとは異なり，直接の名宛人ではない使用者にとっては，労働条件や待遇とは直接関係ない要求事項が掲げられることから，労使交渉による解決に向けた対応ができない。はたして政治的要求事項を掲げたストライキに正当性は認められるのか。

② 裁判所の政治ストに関する捉え方

最高裁が政治ストについて判示したのは，多くの場合，争議行為が禁止されている公務員に関わる刑事裁判においてであった。全逓中郵事件（最大判昭和41・

10・26）は，春闘に際し，勤務時間に食い込む職場集会への参加を呼びかけ，職場離脱させ，郵便業務を滞らせた行為が郵便法79条１項違反（郵便物不取扱罪）に問われたのに対し，労働基本権に関する制限は合理的かつ必要最小限に止められるべきとの理解を示し，当時画期的と評されたものであった。しかし最高裁は判決のなかで，傍論として「憲法28条に保障された争議行為としての正当性の限界をこえるもので，刑事制裁を免れない」例の１つとして「争議行為が労組法１条１項の目的のためではなくして政治的目的のために行われた場合」をあげていた。ついで全司法仙台事件（最大判昭和44・4・2）は，安保条約改定をめぐり国中で反対運動が盛り上がっていた1960（昭和35）年６月４日の朝，裁判所の職員が仙台高裁玄関前で新安保条約反対の職場集会への参加と呼びかけにともなう職場離脱を争議行為にあたるとして，国公法98条５項，110条１項17号適用が問題となった。判決は，裁判所の職員団体が政治目的のために争議行為を行なうことは「正当な範囲を逸脱」し，それが短時間かつ暴力等をともなわなくても「職務の停廃をきたし，国民生活に重大な障害をもたらすおそれのあるもの」とした。そして全逓中郵事件（前掲）に始まる労働基本権法理を覆した全農林警職法事件（前掲）の事案も，1958（昭和33）年10月，内閣による警察官職務執行法の一部改正法案の国会上程に対する反対運動の一環として農林省（当時）職員が同省（東京都・霞が関所在）の正面玄関前の職場集会への参加を呼び掛けたものであった。大法廷は，公務員は「もともと合憲である法律〔国公法―引用者〕によつて争議行為をすること自体が禁止されているのであるから……かかる政治的目的のために争議行為をすることは，二重の意味で許されない」と判示した。このように最高裁は短時間かつ業務への影響が軽微なものであっても，公務員による職場集会参加にともなう職場離脱をストライキとして扱い，これを不当・違法とする判断を示していた。

③　学説のおける政治ストの正当性評価に関する対立

　一方学説においては，政治ストを不当・違法とする理解は，戦後当初からすでに主張されていた。それによれば「団結権も団体行動権も，結局は『団体交渉』ということを離れて観念的に保障されたものではない。……資本制経済ないし法秩序のもとにおいては，労使の実質的平等を団体交渉の形で確保せんとするものであり，正に，それとの関連において団結権・団体行動権も保障されている」とした（石井照久『労働基本権』〔1957〕227頁。なお149-157頁も併せて参照）。ただし，それは憲法28条の法意を検討するというよりも，アメリカのワグナー法（1935）

の政策理念＝労使協調による産業平和の実現に着目して「団交中心論」として提唱されたものであった。こうして違法論は政治ストが使用者にとって，労働条件や待遇の改善など，団体交渉により対応することができないがゆえに，これを違法と解した（「側杖論」）。

　ただし学説のなかでは，政治スト違法論は少数であり，正当性を肯定する者が多数を占める。しかし，従来の裁判例に現われた安保法制や警職法改正問題など純粋に政治的な課題に関わるストライキをも正当とするのは，少数である。多数説は，政治ストを純粋な政治ストと経済的政治ストの二類型を区別し，労働者生活に関連性をもつ要求事項をかかげる場合は，争議権（憲法28条）の行使として捉える（ただし，たとえば社会保障制度や税金問題が含まれるかどうかなど，その対象範囲については，論者により理解の幅が異なる）。その一方で多数説は，国民的（市民的）問題に関する主張や抗議としてなされるストライキは表現の自由（憲法21条１項）として理解する。なぜ２つに分けて考えるのかといえば，それは，争議権が資本制社会で自らの労働力を他者に売却することにより自らおよび家族の生活を確保せざるをえない労働者に対し，保障されていると理解することによる。すなわち，労働三権の保障は資本制社会において労働者が対使用者との関係で（階級的に）従属的な位置におかれざるをえないことに着目し，そこにいう「労働条件の改善」や「経済的地位の向上」とは対使用者との関係にとどまらずに，より広く社会的なそれの改善を意味すると考えるべきだと理解するからである。政治ストが使用者にとって，いかんとも対応のしがたいものであるとの「側杖論」的観点からの批判については，争議行為がその直接の当事者間における紛争にとどまらずに「第三者」にも影響が及ばざるをえないことを想起すべきであろう（本節「コラム・コラム　争議権とは何か－争議行為は迷惑か？」参照）。なお政治ストが労働者としての地位の向上に関連したことを超えて，国民的な課題に係わるような問題への抗議活動についても保障されていると考えるのはやはり困難ではないかと思われる。

3　使用者の争議対抗行為

⑴　ロックアウトの法的意義

　労働者側の争議権行使に対し，使用者による対抗措置として位置付けられているのが，ロックアウト（lock out）である。法文上は，「作業所閉鎖」という訳語が当てられている（労調法７条，国企法17条２項，地公労法11条）。しかしロックア

ウトは，つねに事業所を「閉鎖」するものではなく，争議労働者を排除しながら，操業が継続されることもあろう。すなわち使用者がロックアウトにより実現しようとするのは，一方で，労働者を企業施設から閉め出して，その労務提供を拒否する態度を明確に示すとともに，他方では，その間の賃金の支払いを拒否することにより，争議労働者側に対し，経済的な圧力を加えるために行なわれる。欧米では歴史的にみると，集団的な解雇をもってなされたこともあった。これに対し日本では，そのような対応は不当労働行為〔不利益取扱〕（労組法7条1号）に該当することになろう。

　わが国では，戦後間もなくの頃から，裁判所の判断も多く示され，学説上も活発な議論がなされた。かつてロックアウトは，争議労働者の職場占拠ないし滞留に対抗して実施されることが多かったことから，その閉め出し効果の側面が重視された。すなわち，そこでは，はたしてロックアウトが適法に成立するためには，争議組合員の現実の閉め出しが必要か，あるいは宣言（意思表示）だけで足りるのかどうかが論じられた。しかし今日では，ロックアウトの実現については，つぎのように解されている。すなわちロックアウトが争議対抗行為としてなされることを考慮すれば，その成立は厳格に理解すべきである。使用者が単にロックアウトを宣言するだけでは十分ではなく，何らかの事実行為がなされることが必要であろう。しかしそれは，工場や事業所の門を現実に閉ざすのではなく，施設内の電源を切ったり，設置されている機械設備のキー・スイッチを抜き取るなどの方法によっても，可能である。またロックアウト成立後の職場占拠の法的評価をいかに解すべきか，つまり，それ以降，労働者が職場内にとどまることはそれ自体，違法となるのかということが議論された。これについても，しだいに，使用者側のロックアウト実施と争議労働者による職場占拠の正当性評価とは別個の問題であり，ロックアウトの法的効果は賃金支払い拒否の側面のみであると理解されるようになった。別の言い方をすれば，使用者側からのロックアウト通告は法的には妨害排除請求権（民法197条以下参照）の行使として適法か否かは，別個に判断されるべき事柄であるということである。

⑵　ロックアウトの法的根拠と効果

　さて何故に使用者は労働者側の争議権行使に対し，ロックアウトをもって対抗することができるのか。その法的意義ないし根拠については，かつて大きく2つの考え方が対立していた。すなわち一方は「労働法的考察方法」といわれるもの

で，使用者の争議行為として，ロックアウトの正当性が承認されたとき，使用者
は賃金の支払い義務を負わないというものである。他方は，使用者がロックアウ
トにより，労働者の就労を拒否した場合，使用者が賃金を支払うべきか否かは，
その「責めに帰すべき」事由があったか否かにより決定される（民法536条2項）
とするものである。このような考え方を「市民法的考察方法」といわれるもので
あった。

　このような議論がなされた背景には，つぎのような事情があった。すなわち憲
法28条は労働者・労働組合に対し，争議権を保障している。しかし日本国憲法は
使用者に対し，労働側の争議権行使に対抗すべき行動を権利として保障してはい
ない。そこで使用者に対しても，はたして争議権を認めるべきか否かが議論がな
された。一方が使用者の争議行為の効果としての賃金支払いの免責を認める（労
働法的考察の立場）のに対し，他方はそれを認めず，緊急やむを得ない場合につ
いてのみ，使用者の免責を認める（市民法的考察方法）。このような基本的な発想
の違いから，一見すると，両者のあいだで使用者が賃金支払いを免れるかどうか
の判断が大きく異なるように思われる。しかし前者においても，ロックアウトの
正当性要件を厳しく制限的に解していることから，実際上の取扱いについて，両
者のあいだには，さほどの違いはみられない。

　このような学説や下級裁判所の議論を受けて，最高裁も丸島水門製作所事件（最
3小判昭和50・4・25）で，その判断を示した。それによれば，まず，労使の対
等性は片面的に労働者側にのみ争議権を保障することにより，達成されるとした。
つぎに最高裁は「市民法的考察」の立場ではなく，「労働法的考察」にたつこと
を明らかにした。ただし最高裁は「労働者側の争議行為により，かえって労使間
の勢力の均衡が破れ，使用者側が著しく不利な圧力を受けることになるような場
合」には，「労使間の勢力の均衡を回復するための対抗防衛手段として相当性を
認められるかぎり」ロックアウトが認められるとした。

(3)　ロックアウトの正当性要件

　最高裁は丸島水門製作所事件（前掲）で，ロックアウトの正当性が認められる
ためには，衡平の見地からみて，「個々の具体的な労働争議における労使間の交
渉態度，経過，組合側の争議行為の態様，それによって使用者側の受ける打撃の
程度等に関する具体的諸事情に照らし，衡平の見地から」，それが労働者の争議
行為に対して受動的なものでなければならないとした。その後最高裁は4つの事

件について本判決と同旨の判断を行い（後掲のほか，山口放送事件〔最2小判小昭和55・4・11〕，日本原子力研究所事件〔最2小判昭和58・6・13〕），事案が積み重なり，内容は豊かになっている。まず使用者側が自らの主張を労働側に受け入れさせる「攻撃的ロックアウト」は認められない。たとえば組合の平和義務違反の争議行為開始後に受動的に行われても，実質において組合側の要求事項に自らに有利な解決を図ることを意図した場合である（ノースウェスト航空事件〔最判昭和50・7・17〕）。またロックアウトが当初は対抗的・防衛的なものとして正当性があったとしても，継続するにしたがい，組合が弱体化し，会社が平常時に近い営業を行なっている場合に，ストライキを解除し，就労の意思を表明している労働者に対しロックアウトを継続することは，組合側に非難されるべき事情があっても，正当性はない（第一小型ハイヤー事件〔最2小判昭52・2・28〕）。

　このように裁判上，ロックアウトの正当性には，厳しい判断がなされている。この点について学説は，わが国では，使用者には争議中の操業継続が基本的に認められていることと対比して肯定すべきであると考えている。

(4)　その後の展開

　以上のように，わが国では，ロックアウトについて，厳格な要件のもとにおかれている。しかしながら今日，このような限定的理解・対応が機能する余地は狭められ，その存在意義が問われているとも指摘されている。すなわちリボンや腕章を着用して就労したり，順法闘争などの怠業類型に該当する争議行動に対し，裁判所は「債務の本旨」（民法415条）にしたがった労務提供ではないとして，ロックアウトを実施することなく，使用者が労務の受領を拒否して，その間の賃金不支給を肯定するものが現われているからである。このような法的処理により，現実には，ロックアウト法理が機能する余地は狭められていることにも，注意を向ける必要があろう。

4　争議行為と賃金

(1)　争議行為と労働契約との関係——争議行為は労働契約にいかなる影響を及ぼすか

　日本とは異なり，欧米でストライキをめぐってもっとも議論の対象となったのは，それが労働契約にいかなる影響を及ぼすかということであった。退職手当の算定にあたり勤続年数を計算するに際し，ストライキ期間は算定されるか否かな

どの問題に関連して, つぎのように論じられた。労使間の契約関係は争議行為（全面的な労務提供拒否であるストライキと, それ以外の部分的・一時的労働拒否）により, いかなる影響を受けるのか, すなわち労働契約関係は, それにより「切断」されるのか, それとも一時的に「停止」するのか。ストライキにより, 労働契約は断絶するのか, 停止するのかという問題を中心に半世紀以上にわたって論じられた。これに対し戦後わが国では, 争議期間中であっても, 労働契約関係は当然に継続していると理解されていたことから, 争議行為と労働契約との関係で議論になったのは, もっぱら賃金支払いをめぐる問題であった。

使用者は賃金支払いに際し, 争議期間中の賃金を全面的または部分的に控除（賃金カット）できるかが問題となった。欧米では, 労働者はストライキ期間中, 契約上の義務の履行である労務提供をしない以上, 賃金請求権は当然に発生しない（ノーワーク・ノーペイ no work, no pay の原則）と理解されている。これに対しわが国の賃金体系は月給制のもと, 基本給のほかに, 家族手当や住宅手当などの労働者個人の事情による賃金（生活関連手当）や, 役職手当, 資格手当, 勤続手当などの職務に関連した賃金（職務関連手当）から構成されている。このことから, ノーワーク・ノーペイ原則を一般原則と理解することは難しいのではないかと指摘されている。

かつては「賃金二分説」という考え方が有力的に主張された。それは, 上記のことに着目しながら, 労働者に支払われるべき賃金には使用者の指揮命令のもとで労働すべき地位にあることに対する「保障的部分」と, 実際上の勤務, つまり使用者の指揮命令にしたがった労働力の提供に対し支払われる「交換的部分」からなり, その不就労時間に応じてカットできるのは後者のみであると論じられた。このような理解に基づくと思われる最高裁の判断が示されたこともあった（明治生命事件：最2小判昭和40・2・5）。しかし, その後, 賃金について, かりにそのような区別が可能であったとしても, 具体的に両者をいかに区別すべきか明確ではないとし, 賃金には, 本質的に2つの部分があるわけではなく, 賃金カットの範囲はもっぱら個々の労働契約の解釈ないし約定賃金の内容如何により判断されるとの見解が現われた。最高裁も「ストライキ期間中の賃金削減の対象となる部分の存否」と「賃金削減対象とならない部分の区別」は, 「労働協約の定め又は労働慣行の趣旨に照らし個別的に判断する」のが相当であると判示した（三菱重工長崎造船所事件〔最2小判昭和56・9・18〕）。こうして今日では, 問題はそのような理解のもとで処理されている。

⑵　ストライキ不参加者の賃金請求権

　「部分スト」とは，同一組合に所属する組合員のうち，特定の職場や職種に属する組合員のみがストライキに参加する場合である。これは争議組合がストライキ期間中に，スト参加組合員に支払うべきストライキ手当──ストライキを実施し，労務提供がなされないがゆえに，賃金が支払われないので，それに相当する金銭を組合が組合員に対し負担せざるをえない──その支払いを節減することを意図している。その極端な方式が特定の職場や人員に対し労務提供を拒否することを指令する「指名スト」ということになろう。これに対し「一部スト」とは，同一企業に複数の労働組合が存在するときや同一事業所内で従業員の一部しか組織化されていない，つまり組合員の数が限定されている場合に，そのような一部の組合のみがストライキを実施する場合をいう。いずれの場合も，ストライキそれ自体は原則として正当な争議行為として評価されよう。問題は，ストライキに参加していない労働者の賃金請求権は，どのように処理されるべきであるかということである。

①　部分ストの場合

　一部の組合員のみがストライキを実施した場合，使用者はストライキがなされている以上，同一組合に加盟しながらも，ストライキに参加していない組合員の労働はもはや意味をなさないとして，その労務提供を拒否する。ノース・ウエスト航空事件（最 2 判昭和62・7・17）は，このような場合について「不参加労働者が賃金請求権を有するか否かについては，当該労働者が就労の意思を有する以上，その個別の労働契約上の危険負担の問題として考察すべきであると」と判示した。すなわち「労働者の一部によるストライキが原因でストライキ不参加労働者の労働義務の履行が不能となった場合は，使用者が不当労働行為の意思その他不当な目的のもとさらにストライキを行わしめたなどの特別の事情がない限り，右ストライキは民法536条 2 項の『債権者ノ責ニ帰スヘキ事由』──現行法では「債権者の責めに帰すべき事由」〔引用者〕──には当たらず，当該不参加労働者は賃金請求権を失うと解するのが相当である」と判示した。すなわち労働者の争議権行使に対し，使用者は介入することはできない──それは不当労働行為（支配介入〔労組法 7 条 3 号〕）に該当する──し，その反面，団体交渉においてどの程度譲歩するかは使用者の自由であるから，団交決裂後，組合がストライキに突入したとしても，そのことを使用者に責めることはできないということである。

②　一部ストの場合

つぎに部分ストのときとは異なり，一部ストの場合，つまり従業員の一部のみを組織する労働組合がストライキを実施したときは，どのように理解すればよいのだろうか。当該スト組合員以外の労働者にとって，使用者に対する労務提供がストライキにより意味がなさなくなったとして，使用者から賃金支払を拒否されたとすれば，それは他組合が実施したストライキのいわばとばっちりを受ける（＝「傍杖をくう」）ということになろう。結論的にいえば，ノース・ウェスト航空事件（前掲）は，このような場合にも，問題は危険負担法理の適用によって処理されるべきであるとしている。そして既述のように，ストライキが使用者の責めに帰すべき事情には当らない以上，ノン・ストライカー労働者に賃金請求権はないとされている。

(c)　休業手当請求権の有無

ストライキによる労働義務の履行ができないとき，上記のように，ストライキ実施組合の組合員であるか否かにかかわらず，賃金請求はないとされた。では，労基法上の休業手当（26条）の請求はどうであろうか。これは民法上の過失責任主義に基づく危険負担（「債権者の責めに帰すべき事由」〔536条2項〕）よりも広く，「使用者側に起因する経営，管理上の障害」を含むものである（ノース・ウェスト航空事件〔前掲〕）。しかし同前判決は，ストライキを当該組合が「自らの主体的な判断と責任に基づいて行ったのものとみるべきであって」その結果，会社が命じた休業は，「使用者側に起因する経営，管理上の障害」によるものではなく，休業手当請求はできないと判示している。

このような最高裁の対応が部分ストに妥当するとしても，学説は一部ストの場合にまで，同様に理解すべきことには批判的である。すなわち当該ストライキについて，第三者である非組合員ないし他組合員にとって，ストライキが使用者の支配領域で発生した休業であり，労働者の賃金生活を配慮するという観点から，また労基法の最低生活保障という性格から，使用者の帰責性を肯定し，休業手当が支払われるべきであろうと理解している。

コラム 3 - 5　ストライキは迷惑行為か

　本節の「トピック」で紹介した東北自動車道サービス・エリアの売店やフード・コートに働く労働者のストライキが社会的な関心を呼んだということは，争議行為が今日の日本では，それだけ珍しいことだということを意味しているのかもしれない。私が高校生ないし大学生であった50年ほど前，春といえば，「春闘（春季（賃上げ）闘争）」──俳句の季語にもなっている──の一環して，鉄道等の公共交通機関のストライキが毎年恒例のように行なわれていた。これは企業別組合を基本形とするわが国の労働組合がそれぞれの個別企業ごとに使用者と団体交渉をしてみても，十分な成果は期待できず，またストにより同業他社とのあいだで業績格差が生じさせ，それがひいては労働条件の低下にもつながりかねないとして，「暗い夜道もみんなで歩けば怖くない」というどこかで聞いたことがあるような発想で始まった。高校や大学では，前夜午前 0 時，労使交渉が妥結しなければ，翌日は休校（講）になるなどの決まりがあり，生徒や学生はそうなることを期待したりもした。一方，働く大人たちは交通スト予定の前日には，通勤のための電車やバスが利用できないことを想定して，会社に泊まり込むことから，貸し布団屋さんは大忙しなどというニュースがテレビや新聞等で報じられた。「争議行為をともなう争議」が最も多かったオイル・ショック（1973）の翌年が9581件に対し，2019（令和元）年はたった49件である（労働争議統計調査〔厚労省〕）。

　ほかの国ぐにでは，最近でも労働組合は自らの要求や主張の実現のためにストライキが実行しているから，このような現象はわが国特有のものかもしれない。日本の場合，従来からいわれているのは「スト迷惑論」ということであり，旧国鉄の遵法闘争に対する「親方日の丸論」──私企業とは異なり，倒産はありえない──ということがしばしばいわれた。

　このような発想は，欧米の労働組合が自らの運動を通じて，その権利を実現させてきたのに対し日本では，敗戦後，占領政策の一環として労働三権が付与されたからであろうか。争議行為は対使用者に対する圧力手段であるが，ときには第三者にも影響をおよぼさざるを得ないものである。公共交通機関や病院等でストライキがなされたとき，利用者や患者にとって，一定の不便をもたらすことになることは，確かである。しかし，そうであるからといって，そのような仕事に携わる労働者の条件や待遇内容が低いものであっても仕方がないという理屈が通るものではない。争議行為を含む団体行動権は，労働者にとって基本的な人権である（憲法28条）。自らだけではなく，他者にとっての基本的人権を尊重するという意識をもつことが大切である。なお「春闘相場」という言葉が示すように，その過程で形成された賃金引上げ水準が日本的な「横並び意識」も相まって，大企業の待遇内容のみならず，ストライキを実行できない中小・零細企業に勤める労働者の労働条件をも向上させるという役割を果してきたという事実を無視すべきではなかろう。スト迷惑論という自己中心的な発想を反省すべきではなかろうか。

第6節　不当労働行為

不当労働行為救済制度を活用してみたらいいんじゃない？

　(1)　大学生のAはタピオカ屋のアルバイトで，しばしば，サービス残業や給料からのレジ違算金補填の天引をされている。Aが雇われる時に交わした「契約書」には，「残業時間は15分単位」「レジの違算金は従業員の連帯責任で補填すること」と記載されている。Aは店長を通じて会社に問い合わせたが，会社は合法だと言っている。Aは個人加入型の地域ユニオン（合同労組）に加入し，会社に話し合いを求めたが，「わが社とは何の関係もないユニオンの委員長が同席する，団体交渉には応じない」と主張している。この主張は，労働組合法（以下，「労組法」）上，認められるか。

　(2)　琉琉テレビは下請会社の球球社と業務処理請負契約を締結し，同社の労働者を受け入れている。同社の照明技術者であるBは，琉琉テレビのディレクターに指示を受けてTVの番組制作業務に従事していたが，休憩が十分でないことやディレクターの言動が乱暴であることなどに不満を抱いていた。そこで，Bが加入する球球社労働組合は，琉琉テレビに労働条件の改善を求めて団体交渉を要求した。琉琉テレビはBは球球社の労働者で，琉琉テレビは雇用していないとして，これを断った。これは，団体交渉拒否（労組法7条2号）にあたるか。

　(3)　○×ビール社は，春の定期人事異動において同社の従業員で組織された労働組合のC委員長に東京本社から△△島の工場への転勤を命じた。Cは，これは組合活動を理由とした左遷であると抗議して従わなかった。同社は他の社員と同様のルールに基く業務上の必要性から行った，定期的な人事異動であると主張した。Cの転勤によって組合の運営をリードする者がいなくなり，労働組合は活動を停止してしまった。さらに，同社はCが転勤に従わなかったことは業務命令に違反し，またその後に判明した，Cが会社の物品を私用に供していたことを理由に懲戒解雇とした。

　(a)この配転命令や懲戒解雇はCに対する不利益取扱い（労組法7条1号）にあたるか。
　(b)この転勤に際し，○×ビール社には反組合的な意図はなく，あくまで業務の必要性に基づきこれを行った場合，この配転命令はCに対する不利益取扱い（労組法7条1号）とともに，労働組合に対する支配介入（労組法7条3項）にあたらないか。
　(c)同社が，転勤によって組合活動に影響が出ることまでは意図していなかったが，反組合的な意図をもっていた場合はどうか。

　トピックでは，労働組合（以下，「組合」と略記することもある）と労組法を活用した労使紛争解決を取り上げている。憲法28条の団結権保障を受けて，労組法7条は，使用者による労働組合の結成・加入・組合活動に対する侵害行為を不当労働

行為として禁止する。労組法20条・27条は，労働委員会（以下，「労委」）が救済命令を発することで，不当労働行為の是正を行うための行政救済手続を規定する。

　労働組合が不当労働行為制度を活用することは，労働者個人で交渉するよりも大きな成果が期待できる。なぜなら，ブラックバイトに直面した，大学生が使用者に労働条件改善を求めたり，請負元とは雇用契約があるけれど，請負先とは直接的な雇用契約のない，労働者も請負先に対して労働条件の交渉ができるからである。また，使用者が労働契約上の配転命令権や懲戒権を行使する場合にも，労委は，私法上の権利・義務関係の確定に拘泥することなく，行政機関としての裁量（行政裁量）に基づいた柔軟な行政救済を行うことができる。不当労働行為類型には，①不利益取扱い，②団体交渉拒否，③支配介入がある。(1)と(2)のケースでは，②団体交渉拒否，(3)のケースの(a)(b)(c)では，①不利益取扱いと③支配介入が問題になっている。

1　不当労働行為制度の概観

(1)　不当労働行為制度の目的とその特徴

　不当労働行為制度の目的は，憲法28条の定めた，労働者の団結権・団体交渉権・団体行動権を侵害する，使用者が行う集団的労使関係上の違反行為を禁止し，公正な労使関係秩序の形成・維持を図ることにある（労組法1条）。労委は，労使間の正常な労使関係回復と円滑な団体交渉を実現するために，使用者の不当労働行為に対して，救済命令を発することで，行政上の救済を行う（労組法20条・27条）。

　不当労働行為制度は，アメリカの不公正労働行為（unfair labor practice）をモデルに，日本流にアレンジされたものである。わが国ではアメリカのように労働組合・労働者の不当労働行為という規定はない。わが国の憲法28条の労働基本権は「勤労者」（労働者）のみに保障され，使用者には適用されないからである。このため，不当労働行為の申立人は労働組合・組合員となり，被申立人および不当労働行為救済の名宛人は使用者となる。わが国では企業別組合の形態がとられるのが通例である。このため，同じ企業の中に多数組合と少数組合など複数組合が併存する場合があり，複雑な問題が生じる。

(2)　不当労働行為の諸類型

　労組法7条1号は①不利益取扱いと②黄犬契約，同条2号は③団体交渉拒否，同条3号は④支配介入と⑤経費援助，同条4号は⑥報復的不利益取扱いを不当労働行為として禁止する。基本類型は，①不利益取扱い，③団体交渉拒否，④支配介入である。もっとも実際の労使紛争では，①と④や③と④のように，各類型が

重畳的に成立することもある。各類型には固有の意義がある。①不利益取扱いは労働者個人との関係に着目した類型である。③団体交渉拒否は労働組合との関係に着目した類型である。④支配介入は労働者個人との関係を含む労働組合との関係を対象にした類型である。

(3)　不当労働行為における使用者

労組法 7 条は使用者の不当労働行為を禁止する。しかし，労組法には「使用者」の定義がない。不当労働行為上の使用者は，雇用の多様化・間接雇用の拡大・企業再編の恒常化といった社会実態を労使関係の文脈から読み解きながら，判断される。使用者性は労組法 7 条 2 号の団体交渉拒否においてよく問題になる。

(a)　雇用主以外の使用者

雇用契約は労使の二者間の直接雇用が原則である。しかし，複数企業による多様な三者間契約（間接雇用）も活用される。雇用契約上の雇用者である請負元・派遣元などは労働者の使用者である。それでは，労働者が実際に就労する，請負先・派遣先は使用者として不当労働行為責任を負わないのか。

雇用契約の当事者ではないが，労働条件の決定権限や監督権限を現実的かつ具体的に有する請負先・派遣先も使用者になる場合がある。社外工を派遣する会社が独立の使用者としての実体をもたず，直接，受入会社が社外工を採用しその勤務体制に組み入れている場合，受入企業が社外工の使用者となる（油研工業事件：最判昭51・5・6）。また，労働者を派遣する会社が使用者としての実体をもつ場合でも，受入企業が派遣された労働者の基本的な労働条件などについて，「雇用主と部分的とはいえ同視できる程度に現実的かつ具体的に支配・決定することができる地位にある場合」，その限りで受入企業も使用者となる（朝日放送事件：最判平 7・2・28）。この事件は労働者派遣法制定以前のものである。しかし，この部分的使用者性にかかわる判断は，労働者派遣法上の派遣先とともに類似のその他の間接雇用にも適用できる。

(b)　過去に使用者であった者・企業再編により将来的に使用者となりうる者

解雇された労働者が解雇撤回を求めて，労働組合に加入し，もとの使用者に団体交渉（以下，「団交」）を求める「駆け込み訴え」では，形式上は雇用契約がなくても実質に着目して使用者となる。日本鋼管鶴見造船所事件：最判昭61・7・15では，解雇から 4 年以上経過したあとの団交申入れ拒否が不当労働行為と判断されている。兵庫県・兵庫労委（住友ゴム工業）事件：最決平23・11・10は，在

職時の石綿（アスベスト）による被災問題にかかわり，退職後に元従業員が労働組合に加入し団交を求めたものであるが，同様に判断されている。

　企業経営と社会環境の激変は，合併・会社分割・事業譲渡・ホールディング化（純粋持株会社とその傘下の事業会社への分離）といった企業再編を恒常化させる。合併先・分割先・譲渡先が組合員などの受け入れを拒絶したり，これら先での労働条件にかかわる，労使紛争が起こりうる。この場合，合併元・分割元・譲渡元の労働組合が団交を求めた場合，合併先・分割先・譲渡先は使用者となるか。

　合併の法的効果は包括承継であり，使用者としての地位も承継する。日産自動車事件：東京労委決昭41・7・26は，合併前に合併後の会社による支配介入と団交請求を認めている。会社分割の法的効果は部分的包括承継である。国・中労委（モリタほか）事件：東京地判平20・2・27は，会社分割に際して不誠実な団交と会社分割前の会社の組合事務所不貸与などの不当労働行為性が争われたものである。判決は分割先を過去の労働契約に近接する将来の使用者としてその使用者性を認めている。

　事業譲渡にかかわり，ある法人が事業を廃止して真実その事業を廃止する「真実解散」ではなく，労働組合を壊滅させる目的である法人を解散しておきながら別法人に事業を承継させて実質的に同様な事業を継続する「偽装解散」では，解散会社と資本，経営者，事業内容などの点で実質的に同一性があると認められる場合，事業先は使用者となる（吾妻自動車事件交通：中労委平21・9・16，福住コンクリート事件：大阪府労委平24・11・2）。

　事業譲渡の法的効果が特定承継であることは難問となる。なぜなら，司法救済や取消訴訟において，裁判所が厳格な私法上の解釈を行うことで使用者の範囲が狭く解釈される傾向があるからである。中労委（大阪証券取引所）事件：東京地判平16・5・17は，事業譲渡に類似する事案において，解散会社の解散を決定するプロセスに関与した関連会社の使用者性を認めた中央労働委員会（以下，「中労委」）命令に対する取消訴訟である。判決は，朝日放送事件最高裁判決を引用しながら，使用者について，「労働者の労働関係上の諸利益に影響力ないし支配力を及ぼし得る地位にある一切の者と定義することは，外延が幾らで広がるような開放的な概念」となり，相当ではないとして，中労委の判断を退けている。

　ホールディングにおける純粋持株会社の使用者性の判断に難問があることは，本章第3節を参照。企業再編については，企業主の自由と労働基本権の保障という2つをいかに整合的に調整していくのかという，立法論も含めたさらなる検討

が必要であろう。

(c)　使用者への帰責

　現実社会では職場の上司や同僚が組合員に労働組合からの脱退を働いたり説得したりすることがある。この支配介入（労組法7条3号）が禁止されるのは「使用者」であるが，現実に支配介入を行った者の責任を使用者に帰責できるか。

　代表取締役などの会社代表者や労組法2条但書1号の利益代表者の行為は，原則的に，使用者に帰責できる。「利益代表者に近接する」管理職も「使用者の意を体して」支配介入を行った場合には，使用者との間で具体的な意思の連絡がなくとも，その行為は使用者に帰責できる（JR東海事件：最判平18・12・8）。同僚など，利益代表者に隣接する管理職でなくても，使用者から行為者に支配介入行為を行うよう指示や示唆がある場合も使用者に帰責できる。

2　不当労働行為の成立

(1)　不利益取扱い

(a)　不利益取扱いの概要

　不利益取扱いが成立するためには，労働組合・組合員は，①労働者が労働組合の組合員であること，労働組合に加入しようとしたこと，結成しようとしたこと，労働組合の正当な行為をしたことにつき，②そのことの故をもって，③その労働者を解雇しその他これに対し不利益な取扱いがなされたことの3要件を立証する必要がある（労組法7条1号1文前段）。不利益取扱いが禁止される趣旨は，使用者の労働者個人への不利益取扱いが他の労働者に悪影響を与え，組合活動に萎縮効果をもたらすことを抑制し，団結権を保障するところにある。不当労働行為における利益には組合活動上の利益も含まれるから，いわゆる栄転であっても不利益取扱いと判断されることがある（関東醸造事件：東京高判昭34・4・28）。

　労働組合に加入しないことや労働組合からの脱退を雇用条件とすること（同法7条1号1文後段，黄犬契約）と労働者が労委に救済申立をしたことを理由とした，報復的不利益取扱い（同法7条4号）も不利益取扱いの一態様である。

(b)　労働者が労働組合の組合員であること，正当な行為をしたこと

　労働組合の行為には，職員互助会・親睦会など組合結成準備に向けた活動も含まれる。組合大会などの組織決定に基づく，全ての活動が労働組合の行為となる。政治活動・社会運動・共催活動などの付随的活動，組合員の自発的行為もこれに含まれる。組合内部で意見の対立があることもある。少数派が行う組合執行部へ

の批判活動も労働組合の正当な行為である（北辰電気製作所事件：東京地判昭56・10・22）。

「正当な行為」であるかどうかは，基本的には，組合活動の正当性や争議行為の正当性に照らしながら，不当労働行為として保護すべきか否かの観点から判断される。

(c)　不当労働行為意思

労組法7条の規定からは労働者の正当な行為などの「故をもつてする」（同条1号）または「理由とする」（同条4号）不利益取扱いが禁止される。つまり，使用者が組合活動などの事実を認識し，その故にその労働者を不利益に取扱おうと意図し，それを実現したことが必要である。これを使用者の不当労働行為意思（あるいは「反組合的意図（ないし動機）」）という。今どき，不当労働行為を公言して行う使用者はまれである。密かに姑息に行われる行為から使用者の内面の意思を読み解くことは難しい。この評価は労使関係の対立・使用者の日常的な労働組合に対する態度，不利益措置の内容とそれが労働組合に及ぼす影響の程度，不利益措置がなされた時期，前例の有無などの具体的な事実を客観的・総合的に判断される。

解雇などにおいて，不当労働行為意思が認められ，かつ解雇を正当化する事由も認められるとき，不利益取扱いが成立するかが問題となる（「理由（動機）の競合」）。これについては解雇事由のうちいずれが決定的であるかをもって判断するという見解とその必要はなく組合活動がなかったならば解雇されなかったという程度に客観的に有力な原因があれば足りるとする見解がある。

取引関係上，支配的な地位にある取引先などの第三者によって，使用者の不利益取扱いが強要された場合，使用者に不当労働行為意思が認められるかが問題になる。判例（山恵木材事件：最判昭46・6・15）はこれを肯定する。

(d)　労働者を解雇しその他これに対し不利益な取扱いをすること

労組法7条1号の不利益扱い類型の具体的態様には多様なものがある。例えば，解雇・退職強要，有期労働契約の更新拒絶，配転・出向・転籍，昇進・昇格，懲戒処分などの人事上の不利益取扱い，賃金・一時金などの労働条件や福利厚生などの法律上の不利益取扱いだけではなく，仕事外し，各種催しに参加させない，挨拶をしないなどの嫌がらせなどの精神上・事実上の不利益取扱いもある。

採用拒否は，不利益取扱いの一態様となる（有期の季節工の採用拒否について，万座硫黄事件：中労委昭27・10・15，医療法人の事業譲渡に伴う譲渡先の採用拒否につ

いて，中労委（青山会）事件：東京高判平14・2・27）。にもかかわらず，JR北海道・日本貨物鉄道事件：最判平15・12・22は，労組法 7 条 1 号 1 文前段と後段の関係で，採用拒否が不利益取扱いになるのは後段の黄犬契約に限られるとして，前段における採用拒否が不利益取扱いになることを原則的に否定する。この不当労働行為制度を歪曲した胡乱な解釈には学説上の批判も多い。

(2)　団体交渉拒否

　労組法 7 条 2 号は，使用者が「雇用する労働者の代表者と団体交渉することを理由なくて拒むこと」を，団体交渉拒否として禁止する。団交については，第 3 章第 3 節を参照。

(3)　支 配 介 入
(a)　支配介入の概観

　労組法 7 条 3 号本文は，使用者が労働組合の結成もしくは運営することを支配しもしくはそれに介入すること，および労働組合の運営のための経費の支払につき経理上の援助を与えること（「経費援助」）を，支配介入として禁止する。もっとも企業別組合という特質から，①労使交渉・協議時間に対する賃金保障，②労働者の福利厚生基金に対する寄附，③最小限の組合事務所の貸与は経費援助に該当しない（同条但書）。この規定を形式的に判断するのではなく，労働組合の組合活動保障として，例えば，チェック・オフ（使用者が組合費を組合員の給与から控除して一括して組合に引き渡すこと），会社什器の利用，電気・ガス料金・電話代の会社負担など，これ以外の便宜供与も実質的に認めていくという理解が一般的である。

　支配介入は，使用者が労働組合の結成と運営に対して妨害・干渉行為を行うことであり，使用者による組合つぶし・組合切り崩しといった組合弱体化行為である。支配介入が禁止される趣旨は，労働組合の自主性・独立性を確保してその団結力を維持・強化するところにある。その具体的態様には，例えば，労働組合の役員・中心人物・組合員に行われる不利益な配転や懲戒解雇などの懲戒処分，使用者の組合結成への批判，労働者への組合脱退や組合不加入への働きかけ，組合の役員選挙や組合の内部運営への介入といった組合活動の妨害，組合事務所貸与の中止，組合の勢力を弱めるための第 2 組合や親睦団体の結成・支援行為など多様なものがある。

(b)　支配介入の意思

　労組法 7 条 3 号には同条 1 号の「故をもつて」という文言がないものの，支配介入となるために意思が必要かという問題がある。これは外形的事実から認識される支配介入の意思があればよいと解されている。山岡内燃機事件：最判昭29・5・28においても，判決は「客観的に組合活動に対する非難と組合活動を理由とする不利益取扱の暗示とを含むものと認められる発言により，組合の運営に対し影響を及ぼした事実がある以上，たとえ，その発言者にこの点につき主観的認識乃至目的」がなくても，「組合の運営に対する介入があったものと解するのが相当である」と述べられている。

　支配介入による実害の発生が必要かという問題もある。これは，使用者の支配介入行為自体の違法性が評価に晒されるため，その結果が具体的に発生する必要はないとされている。

(c)　使用者の言論の自由と支配介入

　使用者の言論は憲法21条の表現の自由として保障されるが，労働基本権を保障した憲法28条との調整も要請される。使用者の行き過ぎた言論は，支配介入となりうる。

　プリマハム事件：最判昭57・9・10は，会社が組合幹部の団交決裂宣言をそのままスト決行宣言と捉えて，ストのためのストと非難した上で，「会社も……重大な決意をせざるえません」との社長声明文を掲示したものである。判決は，「使用者の言論が不当労働行為に該当するかどうかは，言論の内容，発表の手段，方法，発表の時期，発表の時期，発表者の地位，身分，言論発表の与える影響などを総合して判断し，当該言論が組合員に対し威嚇的効果を与え，組合の組織，運営に現実的影響を及ぼす場合はもちろん，一般的に影響を及ぼす可能性のある場合は支配介入になる」として，諸般の事情を総合考慮しながら，支配介入の成否を判断している。

(d)　組合間差別と支配介入

　会社の中に会社に協調的な労働組合（その多くは多数組合）と対抗的な労働組合（その多くは少数組合）が併存したり，企業内組合と企業外の合同労組が分属することがある。この場合，使用者は各組合に対しても，中立保持義務・誠実交渉義務・平等取扱い義務を負う。したがって，使用者は，いずれの組合に対して同一時期に同一の条件を示し，同一の方法で交渉を行うことが原則となる（日産自動車（残業代）事件：最判昭60・4・23）。このため，使用者が，①団交上，少数

組合や特定組合との団交を拒否すること，②多数組合とだけ交渉し，その結果の受諾を少数組合に求めるなどの団体交渉方法に差を設けること，③多数組合には組合事務所，掲示板の貸与，チェック・オフなどの便宜供与を行っているのに少数組合にはこれを行わないといった行為は，組合間差別の不当労働行為（労組法7条3号の支配介入）になる。

　ところで，労使には団交上の「取引の自由」がある。このため，同一時期に，同一の条件，同一の資料開示のもとで交渉した結果として，組合間の合意内容に相違が生じたとしても，また，多数組合との合意結果を少数組合に要求することも，原則として，中立保持義務に違反しない（前掲日産自動車（残業代）事件）。しかし，「団体交渉の場面としてみるならば，合理的，合目的な取引活動とみられるべき使用者の態度であっても，当該交渉事項についてはすでに当該組合に対する団結権の否認ないし同組合に対する嫌悪が決定的動機となって行われた行為があり，当該団体交渉がそのような既成事実を維持するために形式的に行われているものと認められる特段の事情がある場合」には，使用者の行為は不当労働行為（労組法7条3号の支配介入）になる（前掲・日産自動車（残業代）事件）。

　賃金・処遇など労働条件にかかわる複数組合間の組合間差別は，使用者の人事考課や査定を通じて，結果として組合間に賃金の格差が生じてしまうこともあり，それが不当労働行為意思に基づくものかどうかの判断は難問になる。この場合，労委は大量観察方式の立証を肯定しており，賃金差別を主張する労働組合において，比較対象となる集団との間に平均的考課による有意な差異が存在し，その原因が使用者の組合嫌悪の意思に基づくことを証明できれば，使用者側で差異の合理性を証明できない限り，不当労働行為になると判断している（紅屋商事事件：最判昭61・1・24）。もっとも，これは不当労働行為を主張する組合と，比較対象となる集団との間に均一性が必要であり，これを欠く場合には個別立証が求められるとの裁判例（北辰電気製作所：東京地判昭56・10・22）がある。

　同様の問題として，併存する両組合の要求に対して，使用者が同じ「前提条件」（「差し違え条件」ともいう。これは団交において組合の要求に対し，使用者がそれを受け容れる・譲歩する交換条件として提示する条件のことである）を提示し，一方組合は受諾するが，もう一方の組合が受諾しないため，この条件拒否組合については賃上げなどが行われず，結果として賃金等の格差が生じることがある。ここでは，条件の諾否という団交の結果として，双方の組合の組合員の間で労働条件の格差が生じており，形式的には組合間差別の問題は生じていないと理解できなくはな

い。このため，これを不当労働行為と認定しうるかは難問になる。例えば，合理
化反対を標榜している少数組合にとって「組合は生産性の向上に協力する」とい
う前提条件に合意することは，組合の運動方針を真っ向から否定し，屈服を迫る
ものであり，とうてい飲める話ではない。このような団交の前提条件に使用者が
固執すると，少数組合は自由意思に基づく選択が著しく阻害された状態で団交上
の不合意という「強制された自己決定」をせざるえなくなる。これをどう考える
のか。日本メール・オーダー事件（最判昭59・5・29）においては，労使が，団
体交渉の前提条件に固執して合意に至らないケースで，使用者が組合において受
容できない条件を提示し，これに固執することによって合意の可能性を失わせる
ような場合は，不当労働行為となると判断されている。

3　労働委員会による救済手続

(1)　行政救済命令における労働委員会の裁量

　労委には不当労働行為の成否を判定し，被申立人（使用者）に対して行政救済
命令を発することで，不当労働行為を受けた申立人（労働組合・労働者）を救済
する権限がある。不当労働行為の救済は，不当労働行為を排除し，申立人をして
不当労働行為がなかったと同じ事実上の状態を回復させることを目的とするもの
であり（「原状回復主義」とよばれる），申立人に対して私法上の損害の救済を与え
ることや被申立人に懲罰を科すことを目的にするものではない（在日米軍調達部
事件：最判昭37・9・18）。

　労委による行政救済の醍醐味は，継続的労使関係における機微やそこに見え隠
れする微妙な労使関係の文脈を読み解きながら，「不利益扱い」「支配介入」「（組
合間）差別」などにかかわる事実関係を専門的知見から評価して，個々の事案の
解決に適切な救済内容を命ずるための広範な行政裁量が認められている点にある
（第二鳩タクシー事件：最大判昭52・2・23）。なお，労委には不当労働行為の成否
の判断については裁量権は認められていない（寿建設研究所事件：最判昭53・11・
24）。

　救済命令については，①解雇にかかわる現職復帰命令およびバック・ペイ支払
命令（労組法7条1号または3号），②昇給（または一時金）差別是正命令（同条1
号または3号），③団体交渉命令（同条2号），④協定書調印命令（同条2号），⑤
配転命令の撤回および現職復帰などの人事その他労働者の身分に関する作為命令
（同条1号または3号），⑥組合活動の便宜に関連する作為命令（同条3号），⑦不

作為命令（同条 3 号），⑧（使用者に対して同種の不当労働行為を繰り返さない旨を公約させる）ポスト・ノーティス命令など，多様なバリエーションがある。

　労委のポスト・ノーティス命令については，使用者の良心の自由を侵害するのではないかという問題がある。この点，ポスト・ノーティス命令は不当労働行為と認定されたことを関係者に周知徹底させ，同種行為の再発を抑制しようとする趣旨のものであり，「深く陳謝する」などの文言は，同種行為を繰り返さない旨の約束文言を強調するにすぎないものであるから，会社に対し陳謝の意思表明を要求することは命令の本旨とするところではなく，これをもって憲法19条に違反するとはいえないという判例がある（亮正会高津中央病院事件：最判平 2・3・6，オリエンタルモーター事件：最判平 3・2・22）。

(2)　労働委員会による救済手続

　不当労働行為救済手続きは，被申立人の行った不当労働行為に対しては，それを受けた申立人が，各都道府県にある都道府県労働委員会（以下，「都道府県労委」）に対して，不当労働行為の救済申立をすることから始まる。申立期間は不当労働行為の日から 1 年間である（労組法27条 2 項）。申立人は，行政救済を選択せずに，最初から司法救済を選択することもできるし，あるいは行政救済と司法救済を並行して求めることもできる。

　都道府県労委が救済申立に理由があると判断した場合には救済命令を，理由がないと判断した場合には棄却命令を発する。労委は，審査手続の間，いつでも当事者に和解を勧めることができる（労組法27条の14）。労委は，和解で解決できないかどうかを検討し，その見込みがあれば和解を試みる（和解中心主義）。そして 6 ～ 7 割の事件は和解によって解決されている。

　都道府県労委命令に不服がある当事者は，中労委に再審査を求めることもできるし，また，地方裁判所に行政訴訟（行政事件訴訟法に基づく取消訴訟）を提起することもできる。裁判所でも 3 回争えるため，不当労働行為解決までに相当に時間がかかることになる（いわゆる「五審制の問題」）。中労委に再審査が申立てられた場合，中労委でも都道府県労委と同様な手続きを経て，命令が発せられる。

　使用者による引き延ばし策を防止するために，取消訴訟の受訴裁判所が，判決確定に至るまで，労委の命令の全部または一部に従う旨を使用者に命じることができるという緊急命令の規定があり（労組法27条の20），これに違反した場合，50万以下の過料の制裁がある（労組法32条）。

不当労働行為救済の全体構造

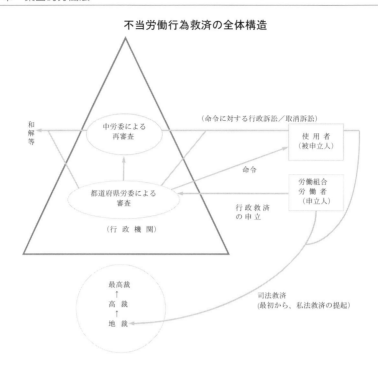

　とはいえ，いわゆる五審制の問題において，不当労働行為事件が最終決着するまでに，10年以上の歳月を要することもまれでないと言われている。裁判所が労働事件の独自性を理解せず，私法上の解決を志向する解釈態度をとりがちなこともある中で，労委が流動的な労使関係の変化に対応しながら，公正な労使関係の構築に向けた迅速かつ効果的な解決のために，何ができるのかをあらためて真摯に考えていく必要がある。

コラム 3-6　行政救済と司法救済

　不当労働行為について，労働組合と労働者には労委による行政救済とともに，裁判所での民事裁判による司法救済（私法上の救済）を求めるという選択肢がある。行政救済は，不当労働行為によって生じた，労使関係上の事実状態を是正して将来の正常な労使関係秩序を回復させ，その確保を実現することを目的としている。このため，実質的で弾力的かつ柔軟な救済が可能である。不当労働行為としての解雇については，原職復帰，バック・ペイ（解雇期間中の賃金）の支払い，ポスト・ノーティスなどの救済を行うが，損害賠償などの司法上の救済は認められない。行政救済において，バック・ペイの支払いを命じるか，その場合に中間収入（解

雇期間中に他で得た賃金）を控除するか否かなどは労委の裁量事項に属するが，中間収入をまったく控除しないことは違法であると判断されている（第二鳩タクシー事件：最大判昭52・2・23）。これに対して，司法救済においては，私法上の権利・義務の存否の判断に力点がおかれ，過去の行為の違法性，有効・無効の効力，現在の権利義務の存否が判断され，団結権侵害の損害賠償の支払いを命じることができる。この場合には，解雇無効，バック・ペイ，損害賠償の支払いとなるが，裁判所は，中間収入の控除については危険負担の規定（民法536条）に従わなければならない。

　つぎに，労組法 7 条各号の規定から直接的に司法救済のための私法的効力を導くことができるか否かをめぐっては，医療法人新光会事件（最判昭43・4・9）において，最高裁は，「不当労働行為の禁止の規定は，憲法28条に由来し，……これに違反する法律行為は，旧法・現行法を通じて当然に無効」であるとして，労組法 7 条各号は私法上の強行規定と解し，不当労働行為としての解雇は私法上も無効としている。

　また，労組法 7 条 2 号にかかわり，労働組合からすれば，使用者の団交拒否は迅速に行政救済が行われなければ，時すでに遅しということになる。このため，裁判所に団交応諾仮処分を申立て，決定による迅速な救済と間接強制により，その実効性を確保する方法が模索された。ところが，新聞之新聞社事件（東京高決昭50・9・25）決定は，労組法 7 条 2 号が私法上の具体的団体交渉請求権を保障していると解しながら仮処分を認めても，使用者の債務内容の特定は困難であり，強制執行の可能性には疑問があるとして，その有用性に疑問符をつけた。そうした中，国鉄労働組合が，旧国鉄に対して，団体交渉応諾確認請求を求めて裁判を行ったところ，東京地裁は，労組法 7 条は労働組合と使用者との間でも私法上の効力を有していることから国鉄労働組合は「団体交渉を求める法律上の地位」を有しており，使用者はこれに応ずべき地位にあることを確認し，高裁・最高裁ともこれを肯定した（国鉄事件：最判平 3・4・23）。

　労組法 7 条 3 号については，これを民法709条の不法行為であるとして損害賠償救済を行う判例の系譜が参考になる。使用者の言論の自由と労組法 7 条 3 号の支配介入の成否の問題にかかわり，使用者の反組合的言論が不法行為にあたるとしてこれを肯定した，JR 西日本（可部鉄道部・日勤教育）事件：最判平19・6・26，神奈川県厚生農業協同組合事件：横浜地判平18・9・21，名古屋自動車学校事件：名古屋地判平24・1・25などがある。

第4章　労働法の将来

川端　「今日のテーマは，ベーシックインカム（最低生活保障，以下BI）だ。これは，現在の社会保障制度を廃止し，これに代えて，赤ん坊を含むすべての人に対し，例えば月額7万円といった現金給付を無条件で行うというものだ。」

長谷山　「貧困者や被保険者といった特定の人に給付される生活保護や社会保険制度と，BIとは区別されるわけですね。」

武井　「社会保険や社会福祉の廃止は分からなくないのですが，最後のセーフティネットである生活保護まで廃止するのですか。」

山合　「そこは，意見が分かれているところだ。なぜ今，BIが主張されているのだろう。」

滝野　「小さな政府の実現ですね。社会保障給付は国家支出の6割を占めているだけではなく，従事する公務員の数も圧倒的だ。これをなくせば，公務員の削減による人件費の縮小だけではなく，労働法制や社会保障法制の廃止や縮小につながりますから。」

西島　「あと，ジェンダーの視点からですね。日本の社会保障は，年金，医療，生活保護等，世帯単位で行われていますが，BIは，まさに個人単位の政策ですね。」

川端　「そうだね。BIは，世帯単位ではなく，個人単位の支給であることのほか，他の収入に関係なく支給されること，どのように使おうと自由であることという原則が重要だ。」

川端　「財務省も大賛成だろうけど，厚生労働省は反対だろうね。莫大な予算と人員とを失うことになる。」

山合　「最大の問題点は，財源確保ですね。スマホ計算したら，国民1人当たり月7万円としても，7万円×12か月×1億2千万人で，約101兆円になりますね。」

武井　「でも，2018年度の社会保障費約33兆円，社会保障給付費約115兆円という数字をみると実現可能かな。でも，医療関係費用が含まれているから，そう単純ではないのか。」

滝野　「賃金収入にBIの7万円が加われば，より豊かな生活が送れますよね。各人の収入が増加するから，景気も回復するかもしれない。高所得者層よりも，低所得者層のほうが消費行動が高いと指摘されていますから。」

西島　「でも，何もしなくても7万円もらえるなら，きっと働くなる人が出てきますよね。パチンコに入り浸ったりして。"働かざる者食うべからず"ですよ。」

> 手島　「子供も数が多ければ多く支給されるから，究極の少子化対策かもしれない。でも，導入している国はあるのかな？」
>
> 武井　「一部だけど実施している国もあるんだ。スイスの国民投票では約77%の反対で否定されたが，フィンランドでは，約2000人を対象に月560ユーロ（約7万円）を支給する実験が行われている。」
>
> 川端　「労働法への影響はどうだろうか。」
>
> 長谷山　「経済界は大歓迎ですよね。7万円が一律支給されていれば，その分の賃金を抑えることや，雇用調整もやりやすくなる。」
>
> 西島　「さらに，事業主としての社会保険料負担がなくなるのは大きいです。」
>
> 滝本　「労働組合の立場は微妙ですね。将来のAI（人工知能）の普及に伴う失業増加への対応策として考えることもできます」

　国家の責任においてセイフティネットを作り（公助），社会保険のように皆で保険料を拠出して社会連帯する（共助）という社会保障制度の本質を考えれば，自助に基づくBIのみの社会の将来は，果たしてはバラ色なのであろうか。このことは，労災や失業という働く者に対する補償である労働保険が廃止された影響を考えれば，なおさらであろう。読者の皆さんはどのように考えるだろうか。

1　AIと労働法

(1)　AIによる労働力代替

　現在は，第4次産業革命の時代と呼ばれている。すなわち，蒸気による動力が発明された第1次産業革命，電気と石油という大量エネルギーを生み出した第2次産業革命，コンピュータによるIT化が進展した第3次産業革命に次ぐものである。IT（Information and Communication Technology）とは，コンピュータなどによるインターネットの技術革新を意味するのに対し，人工知能を意味するAI（Artificial Intelligence）とは，機械を自動制御するシステムで，ITの一部でもある。なお，AI，IoTおよびビッグデータ等の活用により，産業構造の改革を目指す第4次産業革命に加えて，「持続可能性」や環境問題への配慮を強調する第5次産業革命も提言されていることも注目されよう。

　最近，居酒屋や飲食店に行くと，店員の注文はなく，卓上のタブレットで注文する，料理も本部から送られてきた食材をロボットが調理する，会計もスマートフォン決済となり，飲食店には，バックヤードの店員ひとりがいるだけであり，今後は無人化が当たり前となる。また高齢者による自動車事故が報道されること

が少なくないが，自動車が不可欠な地域における AI 運転の自動車の登場は，高齢者にとって朗報であろう。さらに外国語会話学校の講師も AI となり，会話学校や通訳さえも不要となる。

　このように，AI 技術は，生活に合理化や利便性をもたらし，特に企業にとっての大幅な人件費削減，人員不足解消等のメリットを生むが，反面において，飲食店員，タクシー運転手，外国語講師等の職の喪失を招くことにもなろう。これが，人口知能による「労働力代替」と呼ばれる現象であり，わが国において，AI 代替の対象となる職業が600以上，わが国の労働力人口が従事する職業のほぼ半分が消失するとのオックスフォード大学の報告が話題を呼んでから，すでに 7 年が経過している。また，経済産業省の調査によれば，国内の AI 関連市場規模は，86兆円以上と想定される一方で，管理部門145万人，商品開発部門136万人，製造・商品企画部門262万人が失職すると予測されている。

　そして，従事する仕事の内容だけでなく，採用のありかた自体も変化しており，AI による就職選考が一部で始まっている。たとえば，応募者はコンピュータのモニターと対面し，質問を受け，それ AI が分析して合否を判断していく。これは，応募者の多い企業の第 1 次選抜としてだけでなく，面接試験としても利用されるが，出身大学や外見に左右されないよう，人間の主観を排除して客観的な選抜という趣旨に基づくであろう。人間である試験担当者が相手の場合には面接対策も可能であるが，AI は喜びや恐怖感も含めて細かな感情や性格まで読み取ることが可能と言われており，現在のような面接対策も困難となる。しかし，AI に記憶されるデータは人間がインプットするものであり，そこには偏見によるバイアスが入り込む余地は否定できないし，多様な人材確保という面接試験の目的からすると，疑問の余地がないわけではない。

　かつて,19世紀初頭（1811～1817年）のイギリス北・中部の織物工業地帯に広がったラッダイト運動（Laddite Movement）という機械打ちこわし運動を世界史で学んだ人は多いであろう。第 1 次産業革命の技術革新は，大量生産，品質安定，コスト削減等の成果を上げたが，これにより失業した手工業職人たちから元凶と目された機械の破壊運動が行なわれた。同様に，急激な IT テクノロジーの進展に伴う技術的失業（technological unemployment）に対し，経済学において20世紀末のネオ・ラッダイト運動が提唱されたが，大きな潮流とはならなかった。AI 革命についても第 3 のラッタイド運動が起きることはあり得ないであろうが，技術革新が新しい産業や職種を生み出してきたことも否定できない。現在求められて

いるものは，構造変化に対応するソフトな労働移動へのサポートと，教育訓練・雇用保険の充実であろう。今後のポスト・パンデミック社会では，いっそうAIが進展することが予定されるだけに，回避不可能な課題である。

(2)　プラットエコノミーと労働法

AIだけでなく，ITがわれわれの生活や働き方に，ますます大きな影響を与えている。たとえば，近年，プラットホームエコノミーという言葉が聞かれる。これは，インターネットweb siteのプラットホームを介して，顧客に商品やサービスを提供する業態を意味するもので，シェアリングエコノミーとか，ギグエコノミーとも言われる。たとえば宅配企業のA社の場合，登録したレストランに注文すると，アプリから最も近い場所にいる登録済みの配達人に連絡し，オーダーした料理を顧客に配送してもらうシステムとなっている。顧客はレストランまでわざわざ行く必要がないし，レストラン側も，配達コストを料理代に上乗せするだけで，顧客の獲得が可能となる。

同様の営業形態はタクシー等でも行われており，通常の運転手は雇用契約を締結している場合が多いのに対し，U社と配達員との間では業務委託契約が締結されている。したがって，配達員は労働者ではないとして，配達中に事故にあっても労災補償はなく，労働時間の上限もないだけでなく，最低賃金の保障もないから，呼び出しコールがなければ収入もない。さらに，いつ委託契約が解除されるかわからないし，報酬の引き上げ等について集団的に交渉することも困難であるばかりか，むしろ，報酬の一方的引下げが話題になったばかりである。また，顧客の理不尽な評価を理由に仕事が回ってこないとの指摘もある。

わが国でも，コンビニ経営者が労働法上の労働者であるかが議論されている。が，たとえば，労基法や労災保険が適用されるのか，あるいは団体交渉等の権利が保障されているかが問題となる。裁判所は，いずれも否定している（国・中労委（セブンイレブン・ジャパン）事件（東京地判令4・6・6），（セブンイレブン・ジャパン（共同加盟店主）事件東京地判（令元・11・21）が，従来の使用従属性の判断基準でも労働者性が認められる請負や自営業者にも，最低賃金や労災補償等の規定を準用することも考慮されるべきであろう。なお，2021年9月より，フードデリバリー・ギグワーク配達員も，労災保険の特別加入（労災保法33条以下）に加入できることになった。

ところで，イギリス最高裁（旧貴族院）は，2021年2月，ウーバー社のハイヤー

ドライバーが「労働者」（日本の「労働者」よりも広い概念である）該当するとして，最低賃金や労働時間の適用を認めている。わが国でも，東京都労働委員会は，U社配達員を労組法上の労働者と認定している（2022.11.25命令）。

2　少子化と労働法

(1)　少子化の現状と原因

国連の定義によれば，総人口のうち65歳以上の高齢者が7％を超えた社会を「高齢化社会」（aging society），14％を超えた社会は「高齢社会」（aged society）と呼ばれる。わが国は，高度経済成長のピークであった1970年に高齢化社会に突入し，1994年に高齢社会を迎えた（当初は1995年と予測されていた）。高齢化社会から高齢社会までの期間が長ければ長いほど望ましいのだが，わが国では，この間が24年にすぎず，これは50年から100年かかっている欧州の国々と比較しても突出した数字となっている（たとえば，フランスで126年，スウェーデン85年，アメリカ72年イギリス46年，ドイツ40年である）。

その後，わが国は，2007年には28％を超える超高齢者社会に突入しているが，この間わずか13年である。さらに2020年には，28.8％を超え，国民の約3割が高齢者である。

これらの現象は，高齢化というよりも，少子化という表現が正しい。女性（15歳から49歳）が一生に子供を産む数を示す合計特殊出生率の推移をみても，1947年には4.32であったものが，2005年の1.26を底として，2021年には1.39の低い水準にとどまっている。人口を維持するには，合計特殊出が2.08以上必要と指摘されているが，現在の少子化が続けば，今世紀の終わりには，わが国の総人口は現在の半分になると推計されている。このため，わが国では深刻な労働力不足や社会保障の担い手の急激な減少が予測され，国連からは移民を受け入れるよう求められている。政府は数々の少子化対策を行ってきているが，成功していない。

少子化の原因としてはさまざまな要因をあげることができるが，主として女性の晩婚化・未（非）婚化と男性非正規労働者の増加をあげることができる。初婚年齢については，1950年には男性25.9歳，女性は23.0歳であったが，2020年で男性31.0歳，女性29.4歳と，晩婚化と男女差の縮小が目立っている。これにより，第1子出生時の母の平均年齢は，1975年には25.7歳であったが，平成27年に30.7歳と高齢出産となっている。また生涯未婚率（45〜49歳と50〜54歳の未婚率の平均値）をみると，1950年には男性1.5%，女性1.4%であったのが，2015年にはそれぞれ

23.4%，14.1%と大幅に増加しており，2040年には各々29.5%,18.7%になると推測されている。少子化の原因は女性の未婚化が大きく，少子化克服に成功したフランスのように，シングルマザー（ファーザー）の権利を認めること，さらに高齢者給付に偏りがちであるわが国でも，子供に対する給付（児童手当や教育費援助等）をより増加させる必要があろう。

これに対し，男性側の要因としては，非正規労働者が約4割を占め，非正規労働者の年収は，男性で200万円未満が57.6%，女性で83.2%とワーキングプアの存在があげられる（総務省統計局「労働力調査」（2019年2月））が，結婚できない理由として，男性の20.6%が「正規の職の仕事がないから」と回答している（同）。このため，賃金をはじめとする非正規労働者の労働条件の改善も含めて，子供をもつ男女労働者が安心して働ける環境づくりが，何よりも求められている。

(2)　外国人労働者の受け入れ

以上のような労働力不足という状況は，必然的に外国人労働者の受け入れを求めることになる。わが国の入管法（入国管理および移民関連法）は，従来，単純労働者を受け入れず，専門・熟練労働者のみを受け入れ，例外的に，1993年から技能技術の習得を目的とした技能実習生の受け入れが始まっている。しかし，昨今の人手不足に対応するため，2018年，政府は，「経済財政運営と改革の基本方針2018」（いわゆる骨太方針）を発表し，そこでは，「少子高齢化の克服による持続的な成長経路の実現」に向けた施策のひとつとして，新たな外国人材の受け入れについて，中小企業や特定産業の人出不足解消対策として，従来の専門的・技術的を有する労働者だけでなく，即戦力が期待される一定の専門性・技能を有する外国人材を受け入れる新たな在留資格として，介護，建設・造船，外食，農業，家事使用人等の特定技能制度を創設したが成功したとは言い難い。従来の技能実習生についても，賃金未払い，ハラスメント，労災隠しだけでなく，年間失踪者が1万人を超える事態となっている。

ところで，外国人労働者問題とは，実際にはアジア系労働者問題である。外国人労働者の受け入れについては，近年世界に広がっている移民排斥の視点で見るのではなく，移民労働者と権利や労働条件わが国双方にとって納得できる制度にしなければならない。つまり，ここでは日本という国がアジアの人々とどのように向き合っていくかという視点が不可欠である。アジア系労働者を低賃金労働者として，一時的な安上がり労働者として使用するのではなく，熟練・専門労働者

にはその相応しい処遇を行い，未不熟練労働者に対しては技能習得を可能にするような政策が求められているが，外国人労働者の流入により，日本国民の賃金が引き下げられることがあってはならないであろう。

(3)　女性・高齢者の活用

　もっとも，外国人労働者を受け入れるためには，教育，住宅，医療，福祉等の整備が不可欠となるから，やみくもに外国人労働者を受け入れるべきではなく，女性や高齢者の雇用促進が不可欠となってくる。このため，男女ともに結婚・出産後あるいは介護時にも安心して働き続けられる職場環境の整備，社会保険における専業主婦（夫）優遇制度のような性に中立的ではない制度の廃止等が求められる。高齢者については，60歳以上の被用者年金が不支給ないし減額となる在職老齢年金の廃止（労働していることがサンクションとされるべきではない）等，就労に中立的な社会保険制度の再構成も必要であるほか，雇用における年齢差別の問題を無視することができない。

　アメリカでは，年齢差別禁止法（Age Discrimination Act）により，40歳以上の労働者に対する強制退職制度や労働条件に対する不利益取扱いが禁止されている。わが国では，定年制を設ける義務はないが，設ける場合の年齢は60歳を下回ってはならないと定められている（高年齢者雇用安定法（以下，高年法）8条）。例外は炭鉱労働者のみであるが，たとえば58歳定年制は違法であり，定年なしとして扱われる（牛根漁業協同組合事件：福岡高宮崎支判平17・11・30）。しかし，厚生年金の支給開始年齢が65歳となっていることから，現行法では，事業主は，定年制の廃止，65歳定年制への移行，65歳までの再雇用のいずれかの雇用継続措置義務を課されている（高年齢者雇用安定法9条）。これに加えて，2021年の同法改正により，以上の措置の対象を70歳まで拡大する措置が事業主の努力義務とされた（同法10条の2）。

　公務員の定年延長をみてみると，2021年の国家公務員法改正により，現在60歳である国家公務員および地方公務員の定年年齢を，2024年から2年に1歳ずつ引き上げて，2031年4月に65歳とする段階的定年延長制度が設けられた（国公法81条の2第2項，同法附則8条及び地公法28条の6第2項，同法附則21条）。これを受けて，将来的には，65歳定年制を導入し，同時に65歳定年制を民間の事業主の努力義務とする高年法改正が予想される。このほか，旧雇用対策法を改正した労働施策総合推進法によれば，労働者の募集・採用に際して年齢を基準としない義務が

事業主に課されている（9条）。もっとも年齢差別という特質から，例外が多く設けられる必要があること（無期契約で大学卒を一括採用する場合等），労働可能年齢（原則として15歳の3月まで禁止——労基法56条1項）のように権利開始年齢は問題とならず（これは立法政策の問題である），一律定年制のような権利終了年齢が，年齢差別の特徴であろう。

　従来の裁判例では，整理解雇の対象として55歳以上の者という人選基準は合理的である（たとえば53歳以上という整理解雇基準は，一般的に恣意使用者に恣意が入る余地がないから合理的な基準とする三井石炭鉱業事件：福岡地判平4・11・25が代表的裁判例である）とか，55歳以上の賃金引き下げを定める就業規則の不利益変更は合理的である（たとえば第三銀行事件：三重地判平16・10・28）とされてきたが，一律定年制も含めて，今後は年齢差別に該当しないかが問題となろう（秋北バス事件最高裁判決：最大判昭43・12・25は，人事の刷新・経理の改善等，企業の組織及び運営の適正化のための制度として合理的であるとしているが，制度の合理性を使用者側の合理性のみで判断していることに問題が残るであろう）。

　ともかく，ワーク・ライフ・バランスをより充実したものとすることにより，男女が安心して子どもを産める環境作りが不可欠である。

3　グローバリゼーションと労働法

(1)　グローバリゼーションとは何か

　グローバリゼーション（globalization）とは，直訳で世界化と訳されたり，地球規模化ともいわれるが，国家や地域等の境界を越えて地球規模で活動が拡大される現象をいう。また，技術革新の進捗により，国や地域を超えて，経済の自由化や人的交流を増大化させるものであり，あくまで国家を中心としたうえで，各国間の関係を深める国際化とは区別される概念である。グローバリゼーションとは，基本的には各地域における自由貿易体制を確立することにあるから，結果として，市場規模が拡大されてビジネスチャンスが広がり，また新しい技術が開発され，賃金の安い途上国へ生産工場を海外に移転することが容易となり，途上国には新しい産業や雇用が生まれ，先進国でも安価な製品・商品の購入が可能となる。しかし，その半面において，これは先進国の産業空洞化を招き，技術・医術者の国外流失，労働者の雇用喪失・賃金低下をもたらし，貧富の差が拡大する面も否定できない。

　グローバリゼーションに伴うネットビジネスの地球規模での拡大も生じる。わ

が国でも，あらゆる商品を取り扱うアメリカの EC サイト（自社の商品やサービスをインターネット上に置いた独自運営の web サイトで販売するサイト（electric commerce））を運営し，また web サービスの巨大会社である A 社は，今や，食料品，日用品，書籍，電化製品とあらゆる商品の注文に対応している。「いつでも，どこでも，だれとでも」と宣伝されているように，国境や地域あるいは時間（時差）に関係なく 1 年365日，24時間の営業が可能であるだけでなく，利用者も，時間に関係なく，かつ外出する必要もなく，これらの商品をインターネットで購入することができる（これは，前述のU社についても同様である）。これは，当然に商店，コンビニ，スーパーあるいはレストラン，食堂の売り上げを低下させ，その雇用を減少させるだけでなく，A社の場合には，利益の大部分がシステム使用料として海外に持ち出され，わが国に店舗をもたないため，税金を日本に支払う義務はない（現在では，今後のわが国での事業展開のために，納税しているとのことである）。さらに，ネットによる商品購入履歴や，ニュース，書籍，広告等に関する膨大な閲覧記録がビッグデータとして採取されており，個人のプライバシー保護の観点からも問題となっている。

(2)　規制緩和と労働法

　諸外国では産業別・職業別組合が中心であるから，当然ながら労働市場は企業を超えて存在する。全国規模の労働組合と使用者団体との間で締結される労働協約は，「産業の法」あるいは「職業の法」と呼ばれるにふさわしい機能を果たしており，職業上の格付が同じであれば，どの企業においても同一の処遇を受けることができる。まさに，同一労働同一賃金の原則が支配しているのである。これに対し，わが国では企業別労働協約が支配的であり，労働条件は企業を超えることはない。産業別・職業別労働協約が産業・職業レベルにおける労働市場を形成しているのに対し，企業別労働協約はたかだか企業内での処遇を決定するものにすぎない。

　ところで，このようなわが国における労働市場改革を行うものとして，労働法の規制緩和の必要性が主張されている。このことは，グローバリゼーションによる多国籍企業の活動を円滑に遂行するためには，各国の労働法の規制を緩和すべきというものである。わが国でも，とくに解雇規制を緩和して多国籍企業を誘致する労働特区の新設が提言されていたことがある。これは，政府が「世界で一番ビジネスをしやすい」環境づくりを目標として提唱したもので，医療，雇用，教

育，都市再生，農業等の7分野で計画されており，労働（雇用）特区では，起業
5年以内の企業や一定比率以上の外国人を雇用する企業（グローバル企業）にお
ける無期契約への転換権を合意により適用除外したり，解雇の要件や手続きを緩
和すること等の労働法の規制緩和が主張されている。最近でも，一切の割増賃金
をなくす高度プロフェッショナル社員制度や教員の変形労働時間制度の導入のよ
うな規制緩和が行われたばかりである。

　そこでの議論に出されるのが，すでに労働者は自立しているのだから，労働組
合運動や労働法による保護はもはや不要であるというものである。すなわち，労
働運動が盛んにおこなわれ，かつ労働法が成立した19世紀後半から20世紀前半で
は，労働者は貧しく，使用者に対し従属的な立場に置かれていたため，弱い立場
に置かれていたため，これを保護する必要があった。しかし，21世紀の労働者は
豊かであり，自立した存在となっているのであるから，これを保護する必要もな
いし，保護すればかえって労働者の自立を阻害するというものである。しかし，
本当に労働者像は変容したのであろうか。たしかに，業務遂行に一定の裁量性を
有する労働者や，高収入の労働者等も登場しているが，これらはむしろ少数派に
過ぎないし，解雇される可能性もないわけではない。この意味において労働者は
多様化したに過ぎず，法的規制が不可欠であることに変わりはない。

　労働という人間生活の重要な一部一部であることを考慮すれば，規制なしとい
うことはあり得ない。欧州などでは，宗教的・文化的あるいは社会的な規範によ
り，1日8時間労働，週1日休息制度が定着している。このような社会的基盤を
有しないわが国では，過労死・過労自殺が社会問題となっているが，労働者に与
えられた業務の質と量（ノルマ）自体を規制しない限り，働き方改革にも限界が
あろう。また上述の労働特区における解雇の規制緩和についても，たとえば年次
有給休暇をポータブル化して，社会的権利として認めることや，現在の企業内市
場を外部労働市場化することにより，解雇されても労働者の不利益が最小限にと
どまるような施策が前提となろう。

　この意味において，労働における規制緩和はあり得ず，規制の組み換えがあり
得るに過ぎない。たとえば，かつての労基法では，女性労働者は，深夜（22時か
ら5時）労働が禁止され，休日労働も制限されていた（旧61条）。これは，女性は
弱いものであるから保護されるべきという考え方だけでなく，家事，育児あるい
は介護は女性の仕事であるとみられていた時代には，深夜や休日に女性が仕事を
しているのでは，これらの家事等がおざなりになるとの考え方が背後に存在した

ものである。これが，職場と家庭双方における男女の格差を大きくしている要因であるとの認識により，労基法の同規定は廃止された。これは，1つの規制緩和であり，同時に男女共通規制という規制の組み換えが求められたのである。医学的には，女性だけでなく，男性にとっても深夜業は健康に悪影響をもたらすのであり，男女が平等に家庭責任を負担すべきとの観点から，深夜労働に関する男女の共通規制という新たな規制が求められているのである。

ところで，労働法の目的は，企業活動の進展をサポートする効率性と，労働者を保護する公正性が求められる。国際労働機関（ILO）の目的が，労働者保護とならんで国際間の経済競争の公正性があることに留意されるべきであるし，わが国の最低賃金法の目的にも，事業者間の公正競争の確保が挙げられている（同法1条）。低賃金かつ長時間労働の追求が可能な国家や事業主は，安価な製品の輸出や販売が可能となるが，これは，不正な競争であるというのが，労働法の基本理念である。このため，効率性と公正性とは車の両輪ではなく，効率性追求の手段も公正でなければならないのである。

私たちは，商品は安ければ安いほど望ましいと考えるのは当然である。しかし，価格が安いというのには，それなりの原因があるのであり，その原因が，従事する労働者の低賃金によるものとすればどうであろうか。消費者としては商品が安いほどよいが，労働者としては困るという二分論は許されないのである。深夜営業は利用者にとって便利だが，そこには深夜も働かざるを得ない労働者がいるということである。確かに，深夜業が不可欠な業種があることは否定できないとしても，エネルギー資源の乏しいわが国において，その消費が激しい深夜労働がほんとうに必要であるかは検討されるべきであろう。

労働法は，まさに私たちの生活そのもののあり方を考える契機を与えるものである。

事 項 索 引

判 例 索 引

執筆者紹介

編者　山田 省三・石井 保雄

（担当箇所）

山田省三　中央大学名誉教授・弁護士　イントロ,2-10,2-11-3,2-12-ト,3-1,4

石井保雄　獨協大学法学部教授　1-ト～3,3-2,3-5

――・――・――・――

奥貫妃文　相模女子大学人間社会学部教授　1-4・コ,2-7

勝亦啓文　元・桐蔭横浜大学法学部教授　2-3,3-4

河合塁　岐阜大学地域科学部教授　2-1,2-6,2-12-1～4

後藤究　長崎県立大学地域創造学部専任講師　2-2

滝原啓允　大東文化大学法学部准教授　2-11-4

東島日出夫　桐蔭横浜大学非常勤講師　2-8

長谷川聡　専修大学法学部教授　2-4,2-9,2-11-ト～2・コ

春田吉備彦　熊本学園大学商学部教授　2-12-5・コ,3-6

松井良和　茨城大学人文社会科学部専任講師　2-5,3-3

＊「イントロ」はイントロダクション，「ト」はトピック，「コ」はコラムの略

トピック 労働法〔第2版〕

2020年4月20日　第1版第1刷発行
2023年4月1日　第2版第1刷発行

8752：P348　￥3200E 012-012-003

編　者　山田　省三
　　　　石井　保雄
発行者　今井貴・稲葉文子
発行所　株式会社　信山社
〒113-0033 東京都文京区本郷6-2-9-102
Tel 03-3818-1019　Fax 03-3813-1411
info@shinzansha.co.jp
出版契約 2023-8752-3-02011　Printed in Japan

ⓒ著者, 2023　　組版／翼／印刷・製本／藤原印刷
ISBN978-4-7972-8752-3　C3332　分類328.608

ブリッジブック社会保障法(第3版)／菊池馨実 編

ナビゲート社会保障法(第2版)／小島晴洋

変わる福祉社会の論点(第3版)
　　　／増田幸弘・三輪まどか・根岸忠 編著

最低賃金と最低生活保障の法規制／神吉知郁子

賃金の不利益変更—日韓の比較法的研究／朴 孝淑

国民健康保険の保険者／新田秀樹

社会保障改革の視座／新田秀樹

相談支援の法的構造—「地域共生社会」構想の理論分析
　　　／菊池馨実 編著

参加・貢献支援の社会保障法—法理念と制度設計
　　　／西村 淳

所得保障法制成立史論／林健太郎

社会保障法研究　1〜17号 続刊／岩村正彦・菊池馨実 編

フランス社会保障法の権利構造／伊奈川秀和

社会保障法における連帯概念／伊奈川秀和

年金財政はどうなっているか／石崎 浩

契約者としての高齢者／三輪まどか

障害者の雇用と所得保障／永野仁美

障害者権利条約の実施—批准後の日本の課題
　　　／長瀬修・川島聡 編

日本の障害差別禁止法制／池原毅和

信山社

法律学の森シリーズ
変化の激しい時代に向けた独創的体系書

フランス労働法概説／野田 進

信山社

現代雇用社会における自由と平等
—24のアンソロジー　山田省三先生古稀記念

新田秀樹・米津孝司・川田知子・長谷川聡・河合塁 編

山田省三先生(中央大学教授)の問題関心を踏まえながら、複雑化する現代の労働法理論、雇用政策、社会保障などにアプローチし、様々な角度から一石を投ずる意欲的で多才な論文を収録。

【執筆者一覧（掲載順）】山田省三／山川隆一／川口美貴／鎌田耕一／長谷川聡／滝原啓允／山﨑文夫／米津孝司／石井保雄／森戸利和／小俣勝治／松井良和／廣石忠司／川田知子／高橋賢司／河合塁／春田吉備彦／新谷眞人／西和江／新田秀樹／小西啓文／石崎浩／東島日出夫／朴承斗／中島　徹

信山社